新能源汽车专业"岗课赛证"融通活页式创新教材

新能源汽车电机及控制系统检修

组编　行云新能科技（深圳）有限公司
主编　邹　晔　孙慧芝　顾　旭
参编　吴立新　刘　涵　顾骁勇　叶　林　张　坤
　　　陈铭宽　梁向东　袁俊坤　苏学园　周晨旸

机械工业出版社

本书是针对新能源汽车相关专业"岗课赛证"进行编写的教材,主要内容包括电机、电机控制系统、前驱电动总成的拆装与检修等方面的相关知识。全书以"做中学"为主线,以程序性知识为主体,配以必要的陈述性知识和策略性知识,重点强化"如何做",将必要知识点穿插于各个"做"的步骤中,同时将"课程思政"融入课程的培养目标,在实训教学中渗透理论的讲解,使读者边学习、边实践,能够将所学到的知识融会贯通。本书可提高读者独立思考、将理论运用于实践的能力,使其成为从事新能源汽车相关工作的高素质技能型专业人才。

本书内容通俗易懂,可作为职业院校新能源汽车运用与维修、新能源汽车技术、新能源汽车检测与维修技术等相关专业的教材,也可供从事相关专业工作的工程技术人员参考。

图书在版编目（CIP）数据

新能源汽车电机及控制系统检修 / 行云新能科技（深圳）有限公司组编；邹晔，孙慧芝，顾旭主编.—北京：机械工业出版社，2023.7（2025.7重印）
新能源汽车专业"岗课赛证"融通活页式创新教材
ISBN 978-7-111-73816-9

Ⅰ.①新… Ⅱ.①行… ②邹… ③孙… ④顾… Ⅲ.①新能源-汽车-驱动机构-控制系统-维修-教材 Ⅳ.①U469.720.7

中国国家版本馆CIP数据核字（2023）第168946号

机械工业出版社（北京市百万庄大街22号 邮政编码100037）
策划编辑：谢　元　　　　责任编辑：谢　元　丁　锋
责任校对：韩佳欣　王　延　　封面设计：马精明
责任印制：单爱军
中煤（北京）印务有限公司印刷
2025年7月第1版第4次印刷
184mm×260mm · 15印张 · 320千字
标准书号：ISBN 978-7-111-73816-9
定价：59.90元

电话服务　　　　　　　　　网络服务
客服电话：010-88361066　　机　工　官　网：www.cmpbook.com
　　　　　010-88379833　　机　工　官　博：weibo.com/cmp1952
　　　　　010-68326294　　金　书　网：www.golden-book.com
封底无防伪标均为盗版　　　机工教育服务网：www.cmpedu.com

新能源汽车专业"岗课赛证"融通活页式创新教材

丛书编审委员会

主 任 吴立新　行云新能科技（深圳）有限公司

副主任 吕冬明　机械工业教育发展中心
　　　　 李林超　深圳大学
　　　　 胡剑平　深圳市海梁科技有限公司
　　　　 穆　毅　深圳市海梁科技有限公司
　　　　 庞浩博　北京博伟东方科技有限公司

委 员 邹　晔　无锡职业技术学院
　　　　 高晓琛　淄博职业学院
　　　　 张立荣　淄博职业学院
　　　　 杨秀芳　扬州工业职业技术学院
　　　　 张　力　山东交通职业学院
　　　　 程　章　安徽交通职业技术学院
　　　　 郑丽萍　泉州职业技术大学

资源说明页

本书附赠 16 个富媒体资源。

获取方式：

1. 微信扫码（封底"刮刮卡"处），关注"天工讲堂"公众号。
2. 选择"我的"—"使用"，跳出"兑换码"输入页面。
3. 刮开封底处的"刮刮卡"获得"兑换码"。
4. 输入"兑换码"和"验证码"，点击"使用"。

通过以上步骤，您的微信账号即可免费观看全套课程！

首次兑换后，微信扫描本页的"课程空间码"即可直接跳转到课程空间，或者直接扫描内文"资源码"即可直接观看相应富媒体资源。

《新能源汽车电机及控制系统检修》课程空间码

序

2020年10月，国务院办公厅印发《新能源汽车产业发展规划（2021—2035年）》，明确提出，深化"三纵三横"研发布局，提高创新能力。"三纵"是指纯电动汽车、插电式混合动力汽车、燃料电池汽车；"三横"是指动力电池与管理系统、驱动电机与电力电子、网联化与智能化技术，是新能源汽车的核心技术。在国家的产业规划与政策支持下，我国的新能源汽车产业蓬勃发展。2022年10月，党的二十大报告指出，建设现代化产业体系。坚持把发展经济的着力点放在实体经济上，推进新型工业化，加快建设制造强国、质量强国、航天强国、交通强国、网络强国、数字中国。这为推动新能源汽车发展、助力实体经济指明了方向。

2023年7月3日，随着一辆银色新能源汽车在广州驶下生产线，我国第2000万辆新能源汽车诞生，这标志着我国新能源汽车在产业化、市场化的基础上，迈入了规模化、全球化的高质量发展新阶段。从1995年我国第一辆新能源汽车"远望号"起步，到首个1000万辆的突破，历时27年；而从第1000万辆到第2000万辆下线，仅用时17个月。时间和数字的变化，展示了我国新能源汽车崛起的加速度，勾勒出我国汽车产业高质量发展轨迹。汽车被誉为"现代工业皇冠上的明珠"，是公认最能体现国家制造实力的重要标志之一。在燃油车时代，中国汽车工业努力从旁观者变成了参与者。随着百年汽车迈向电动化、智能化、网联化和共享化的"新四化"的新征程，我国敏锐捕捉全球汽车产业转型升级和绿色发展的主要方向，以前瞻性的战略判断和提前布局，成为新能源汽车领域的领跑者。

根据公安部统计，截至2024年底，我国新能源汽车保有量达3140万辆，呈高速增长态势，但售后维修领域的人才培养速度并没有跟上前端产业的发展。目前，我国有50万家汽车修理厂，真正能够维修新能源汽车的，还不到1万家。新能源汽车维修技师不仅要掌握维修、检测原理，还必须持有汽车维修工证和低压电工证。因此，传统燃油汽车的修理厂基本无法维修新能源汽车。《制造业人才发展规划指南》显示，到 2025 年，节能与新能源汽车的人才总量预计达到 120 万人，但人才缺口预计可达 103 万人。

比亚迪拥有一系列的核心技术，比如电池、电机、电控以及车身结构等技术，在燃料电池、氢能等领域，比亚迪也走在了行业的前列。2022 年比亚迪新能源汽车销量 186.3 万辆，位居全球新能源汽车销量第一。行云新能作为搭接产业和教育的桥梁，自 2015 年就与比亚迪在院校中开展校企合作，最早将比亚迪新能源汽车技术、产品和人才培养标准引入院校中，并与比亚迪一起参与《汽车维修业经营业务条件 第 1 部分：汽车整车维修企业》《新能源汽车维修维护技术要求》两项国家标准制定。为解决新能源汽车行业人才短缺的现状，行云新能以比亚迪等新能源汽车企业技术、产品和岗位需求为根本，结合比亚迪的生产制造、检测维修、辅助研发设计等核心岗位的技能要求，开发出中—高—本（高技能）衔接的"新能源汽车全产业链人才培养技能树"，构建"岗课赛证"的综合育人体系，并以比亚迪"油转电"训练体系为基础，建立新能源汽车技能训练工作站培训体系，多元化解决新能源汽车售后维修领域人才短缺的难题。

为了响应高速发展的新能源汽车产业对素质高、专业技术全面、技能熟练的大国工匠、高技能人才的迫切需求，为了响应《国家职业教育改革实施方案》提出的"建设一大批校企'双元'合作开发的国家规划教材，倡导使用新型活页式、工作手册式教材并配套开发信息化资源"的倡议，行云新能科技（深圳）有限公司联合多名中职、高职、本科、技工技师类院校中具有丰富教学实践经验的汽车专业教师与比亚迪汽车工业有限公司合作，历时两年，共同完成了"新能源汽车专业'岗课赛证'融通活页式创新教材"的编写工作。

结合目前新能源汽车专业教材的设置特点，"新能源汽车专业'岗课赛证'融通活页式创新教材"包括《新能源汽车电学基础与高压安全》《新能源汽车构造》《新能源汽车电机及控制系统检修》《新能源汽车动力电池及管理系统检修》《新能源汽车电气技术》《新能源汽车充电技术》《新能源汽车保养与故障诊断技术》共七本。

多年的教材开发经验、教学实践经验、产业端工作经验使我们深切地感受到，教材建设是专业建设的基石。为此，本系列教材力求突出以下特点：

1）以学生为中心。活页式教材具备"工作活页"和"教材"的双重属性，这种双重属性直接赋予了活页式教材在装订形式与内容更新上的灵活性。这种灵活性使得教材可以依据产业发展及时调整相关教学内容与案例，以培养学生的综合职业能力为总目标，其中每一个能力模块都是完整的行动任务。按照"以学生为中心"的思路进行教材开发设计，将"教学资料"的特征和"学习资料"的功能完美结合，使学生具备职业特定技能、行业通用技能以及伴随终身的可持续发展的核心能力。

2）以职业能力为本位。在教材编写之前，我们全面分析了新能源汽车的整车设计端、制造端、销售端、售后服务端这四个产业端，根据新能源汽车企业对机电维修工、新车销售顾问、售后服务顾问、质检工程师等岗位的能力要求，对职业岗位进行能力分解，提炼出完成各项任务所应具备的知识和能力。以此为基础进行教材内容的选择和结构设计，学以致用，实现人才培养与社会需求的无缝衔接，真正体现工学结合的本质特征。同时，在内容设置方面，还尽可能与国家及行业相关技术岗位职业资格标准衔接，力求符合职业技能鉴定的要求，为学生获得相关的职业认证提供帮助。

3）以学习成果为导向。新能源汽车内含多个系统，涉及维护、保养、检修、更换、标定等多种工作任务，这使得相关专业的学生在学习过程中往往会感到无从下手。我们利用了活页式教材的特点来解决此问题。活页式教材是一种以模块化为特征的教材形式，它将一本书分成多个独立的模块，以某种顺序组合在一起，从而形成相应的教学逻辑。教材的每个模块都可以单独制作和更新，便于保持内容的时效性和精准性。通过发挥活页式教材的特点，我们将实际工作所需的理论知识与技能相结合，以工作过程为主线，便于学生在实际的操作过程中掌握工作所需的技能和加深对理论知识的认知。

总体而言，本系列活页式教材以学生为中心，以职业能力为本位，以学习成果为导向，让学生在教师指导下经历完整的工作过程，创设沉浸式教学环境，并在交互体验的过程中建构专业知识，训练专业技能，从而促进学生自主学习能力的提升。在学习任务中，以学习目标、知识索引、情境导入、任务分组、工作计划、进行决策、任务实施、评价反馈等环节为主线，帮助学生在动手操作和了解行业发展的过程中领会团结合作的重要性，培养执着专注、精益求精、一丝不苟、追求卓越的工匠精神。在每个能力模块中引入了拓展阅读，将爱党、爱国、爱业、爱史与爱岗教育融入课程中。为满足"人人皆学、处处能学、时时可学"的需要，本系列活页式教材还搭配了微课等数字化资源辅助学生学习。

虽然本系列教材的编写者在新能源汽车应用型人才培养的教学改革方面进行了一些有益的探索和尝试，但由于水平有限，教材中难免存在错误或疏漏之处，恳请广大读者给予批评指正。

丛书编委会

前言

党的二十大报告提出，统筹职业教育、高等教育、继续教育协同创新，推进职普融通、产教融合、科教融汇，优化职业教育类型定位。产教融合是培养智能网联汽车产业端所需的素质高、专业技术全面、技能熟练的大国工匠、高技能人才的重要方式，也是本教材体系建设的重要依据。

2007年，国家发展改革委发布了《产业结构调整指导目录（2007年本）》，新能源汽车正式进入发展改革委的鼓励产业目录。也正是从2007年开始，国内关于发展新能源汽车的呼声越来越高。乘着奥运会为新能源汽车带来的东风，2009年1月，科技部、财政部、国家发展改革委、工业和信息化部共同启动了"十城千辆"工程，通过提供财政补贴，计划用3年左右的时间，每年发展10个城市，每个城市推出1000辆新能源汽车开展示范运行，涉及这些大中型城市的公交、出租、公务、市政、邮政等领域，力争使全国新能源汽车的运营规模到2012年占到汽车市场份额的10%。2010年5月31日，财政部、科技部、工业和信息化部、国家发展改革委联合印发了《关于开展私人购买新能源汽车补贴试点的通知》，论证后对符合条件的城市开展私人乘用车的试点，对购买插电式混合动力汽车和纯电动汽车的车主予以补贴。在政策的大力支持下，我国的新能源汽车产业蓬勃发展，新能源汽车产销量飞速增加。中国汽车工业协会公布的产销数据显示，2015年新能源汽车生产340471辆，销售331092辆，跃居世界第一。2020年9月，我国新能源汽车生产累计突破了500万辆，实现了《节能与新能源汽车产业发展规划（2012—2020年）》中提出的目标。2022年2月，我国新能源汽车生产累计突破了1000万辆。2023年7月3日，我国第2000万辆新能源汽车在广州正式下线。从2009年的"十城千辆"工程到第1000万辆新能源汽车的下线，我国用时13年，从第1000万辆新能源汽车下线到第2000万辆新能源汽车下线，我国仅用了1年零5个月的时间。新能源汽车产业的飞速发展也带来了人才紧缺的问题，教育部、人力资源和社会保障部、工业和信息化部2016年联合发布的《制造业人才发展规划指南》指出，到2025年，节能与新能源汽车的人才总量预计达到120万人，但人才缺口预计可达103万人，其中，新能源汽车维修领域将面临80%的人才空白。为了缓解新能源汽车领域的人才紧缺问题，开设新能源汽车运用与维修、新能源汽车技术、新能源汽车检测与维修技术等新能源汽车相关专业的职业院校越来越多，为了融合信息技术、贴合产业发展，促进中职、高职、职教本科类院校汽车类专业建设，特开发本教材。

本教材围绕新能源汽车相关专业"岗课赛证"综合育人的教育理念与教学要求，基于"学生为核心、能力为导向、任务为引领"的理念编写。在对新能源汽车技术人才岗位特点、1+X职业技能等级证书和"校—省—国家"三级大赛体系进行调研的基础上，分析出岗位典型工作任务，进而创设真实的工作情景，引入企业岗位真实的生产项目，强化产教融合深度，从而构建整套系统化的课程体系。

全书分为新能源汽车驱动电机及驱动控制系统的认知、新能源汽车电机的认知、驱动电机控制系统的检测与维修、新能源汽车驱动系统的维护与保养、新能源汽车驱动系统的检测与维修共五个能力模块并下设17个任务。

能力模块		理论学时	实践学时	权重
能力模块一	新能源汽车驱动电机及驱动控制系统的认知	6	4	10%
能力模块二	新能源汽车电机的认知	15	20	36%
能力模块三	驱动电机控制系统的检测与维修	6	16	23%
能力模块四	新能源汽车驱动系统的维护与保养	4	10	15%
能力模块五	新能源汽车驱动系统的检测与维修	1	14	16%
总计		32	64	100%

本书由无锡职业技术学院邹晔、山东交通职业学院孙慧芝、佳木斯技师学院顾旭主编；行云新能科技（深圳）有限公司吴立新、无锡职业技术学院刘涵、无锡职业技术学院顾骁勇、无锡职业技术学院叶林、山东交通职业学院张坤、佳木斯职业学院陈铭宽、佳木斯职业学院梁向东、行云新能科技（深圳）有限公司袁俊坤、行云新能科技（深圳）有限公司苏学园、行云新能科技（深圳）有限公司周晨旸参与编写。

由于编者水平有限，本书内容的深度和广度难免存在欠缺，欢迎广大读者予以批评指正。

编 者

活页式教材使用注意事项

 根据需要,从教材中选择需要夹入活页夹的页面。

 小心地沿页面根部的虚线将页面撕下。为了保证沿虚线撕开,可以先沿虚线折叠一下。注意:一次不要同时撕太多页。

选购孔距为80mm的双孔活页文件夹,文件夹要求选择竖版,不小于B5幅面即可。将撕下的活页式教材装订到活页夹中。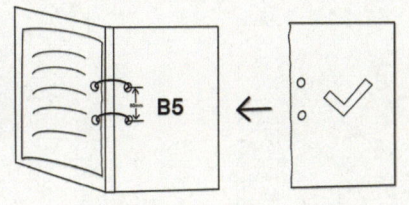

 也可将课堂笔记和随堂测验等学习资料,经过标准的孔距为80mm的双孔打孔器打孔后,和教材装订在同一个文件夹中,以方便学习。

温馨提示:在第一次取出教材正文页面之前,可以先尝试撕下本页,作为练习

目 录

序
前言

能力模块一 新能源汽车驱动电机及驱动控制系统的认知 / 001

任务一　调研分析驱动电机控制系统的结构 / 002
任务二　调研分析驱动电机的类型及应用 / 014
任务三　调研分析驱动电机控制系统的发展 / 024

能力模块二 新能源汽车电机的认知 / 039

任务一　了解电磁学基础知识 / 040
任务二　直流电机原理与拆装 / 053
任务三　三相异步电机原理与拆装 / 063
任务四　开关磁阻电机原理与拆装 / 075
任务五　永磁同步电机原理与拆装 / 086
任务六　检修转子位置传感器故障 / 097

能力模块三 驱动电机控制系统的检测与维修 / 113

任务一　检测 IPM 故障 / 114
任务二　检修电驱动热管理系统 / 131
任务三　了解制动能量回馈系统 / 143

能力模块四

新能源汽车驱动系统的维护与保养 / 159

任务一　完成电机的维护与保养 / 160

任务二　完成变速器的维护与保养 / 176

能力模块五

新能源汽车驱动系统的检测与维修 / 193

任务一　拆卸与安装前驱电动总成 / 194

任务二　检修前驱电动总成机械类故障 / 203

任务三　检修前驱电动总成电气类故障 / 210

参考文献 / 226

新能源汽车电机及控制系统检修

新能源汽车电机
及控制系统检修

能力模块一
新能源汽车驱动电机及驱动控制系统的认知

任务一 调研分析驱动电机控制系统的结构

学习目标

知识目标
- 掌握驱动电机控制系统的定义及作用。
- 了解比亚迪驱动三合一的集成方案。
- 掌握秦 EV 前驱电动总成的内部结构。

技能目标
- 能够正确认知前驱电动总成的结构。
- 能够正确认知永磁同步电机的结构。

素养目标
- 认真严谨、积极主动,安全生产、文明施工。
- 获得多途径检索知识、分析解决问题以及多元化思考解决问题的方法,形成创新意识。
- 严格执行各项规章制度及 6S 现场管理,培养精益求精的工匠精神。

知识索引

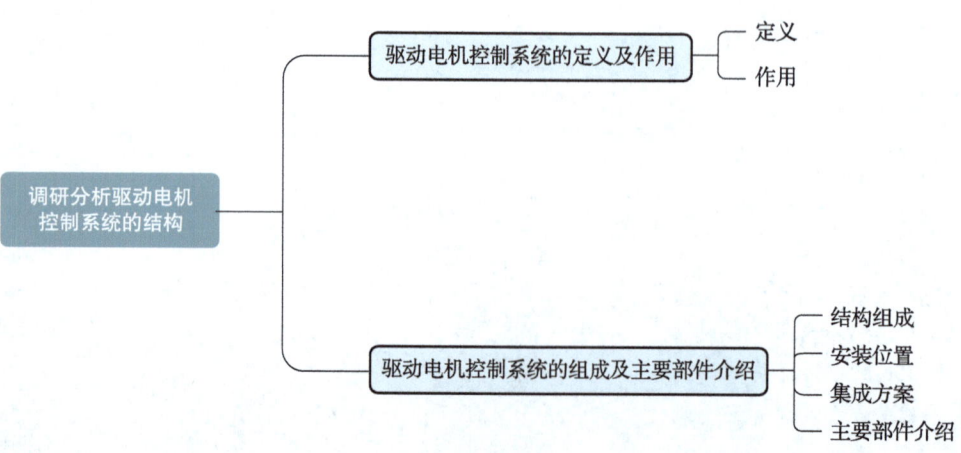

能力模块一　新能源汽车驱动电机及驱动控制系统的认知

情境导入

比亚迪弗迪动力的三合一电驱动总成自 2018 年量产发布以来，除了在自家的车型全面配套使用外，也已经对外配套在东风柳汽 S50、开沃汽车的一款纯电动汽车、国机智骏的一款纯电动汽车、新一代长城欧拉 iQ 及四川野马的几款车型上，目前比亚迪与丰田合作的车型也都会采用弗迪动力的三合一电驱动总成，另外欧洲车企已经在和比亚迪商谈纯电动力总成及基于 DM-i 的混合动力技术合作方案。驱动电机控制系统与三合一电驱动总成密切相关，作为一名助理工程师，你被你的主管要求给新员工讲解驱动电机控制系统的结构。

获取信息

引导问题 1

请查阅相关资料，简述驱动电机控制系统的作用。
_____
_____

竞赛指南

2022 年全国职业院校技能大赛——汽车技术赛项里的纯电动汽车技术模块就是围绕纯电动汽车"三电"系统的"低压上电异常""高压上电异常""车辆无法正常行驶""车辆无法（交流）充电"现象设置故障来对参赛选手进行综合考查的。

若想要在竞赛中取得优异的成绩，对新能源汽车驱动电机及控制系统的深入学习就是必不可少的。

驱动电机控制系统的定义及作用

1. 定义

驱动电机控制系统是电动汽车的三大核心系统之一，也是车辆行驶的主要动力系统。驱动电机控制系统的特性决定了车辆的主要性能指标，直接影响车辆动力性、经济性和用户驾乘感受。

电动汽车的动力通过柔性的电缆传输，因此驱动电机和变速器的布置方案相对多样化。由于大多数电动汽车省去了联轴器和中央传动轴等装置，所以电动汽车的结构也比较简单。不论驱动系统采用哪种布置方案，从结构上来说，纯电动汽车一般都包括整车控制系统、电源系统、驱动电机控制系统、辅助系统这几部分，由此可见驱动电机控制系统的重要性。

2. 作用

驱动电机控制系统就如同电动汽车的神经中枢，将驱动电机、动力电池和其他辅助系统连接并且加以控制。整车控制器（vehicle control unit，VCU）会根据获取到的加速、制动、档位、旋变、温度等输入信号，向电机控制器发出相应的控制指令，从而控制驱动电机进行起动、加速、减速、制动能量回馈。本书将主要以比亚迪 2019 款秦 EV（下文统称"秦 EV"）车型所采用的驱动电机控制系统为例来介绍相关技术，其外观如图 1-1-1 所示。

图 1-1-1　比亚迪 2019 款秦 EV 外观图

该车型是采用比亚迪 e 平台的核心技术——"33111"（图 1-1-2）所生产的纯电动乘用车。其中，第一个"3"代表的是驱动电机、电机控制器和减速器三合一。e 平台让纯电动汽车的结构更简单、更安全、更可靠。通过对原本繁杂、分立的零部件进行标准化、集成化设计，让纯电动汽车的核心零部件体积变小、质量变小，满足现代新能源汽车轻量化的目的。

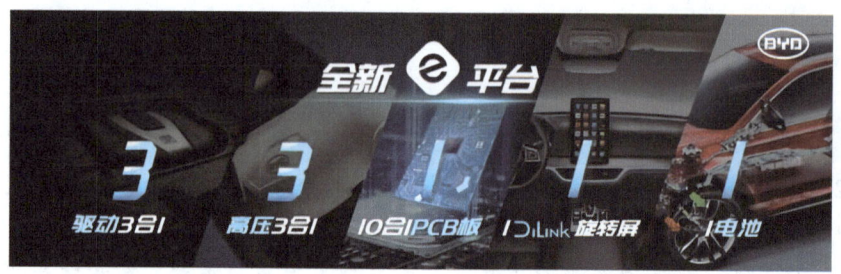

图 1-1-2　比亚迪 e 平台"33111"技术

> **引导问题 2**
>
> 请查阅相关资料，简述秦 EV 的驱动电机控制系统的组成。
> _____
> _____

> **引导问题 3**
>
> 请查阅相关资料，简述秦 EV 的驱动电机控制系统的安装位置。
> _____
> _____

驱动电机控制系统的组成及主要部件介绍

1. 结构组成

秦 EV 的驱动电机控制系统又称前驱电动总成或三合一驱动系统，主要由驱动电机控制器（motor control unit，MCU）、驱动电机、单档变速器组成，如图 1-1-3 所示。

2. 安装位置

秦 EV 的前驱电动总成位于前舱中部，在充配电总成的下方，如图 1-1-4 所示。充配电总成安装位置如图 1-1-5 所示。

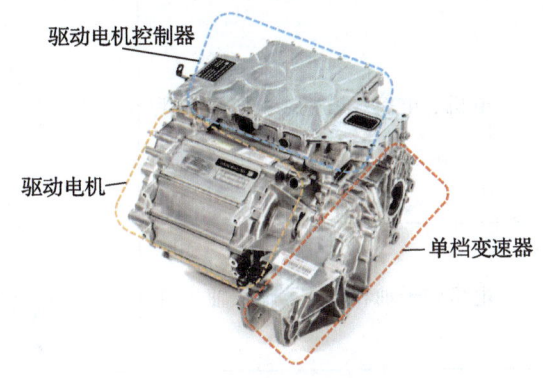

图 1-1-3 秦 EV 前驱电动总成

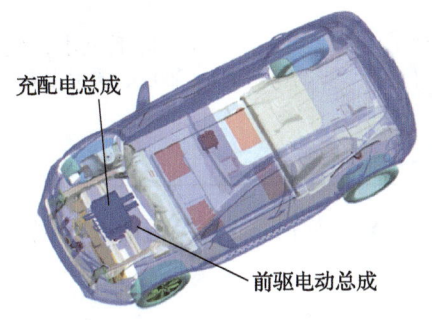

图 1-1-4 秦 EV 前驱电动总成安装位置示意图

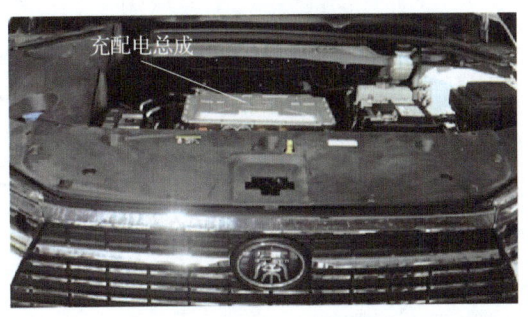

图 1-1-5 秦 EV 充配电总成安装位置（实车图）

3. 集成方案

本着"高品质、高电压、高集成、高转速、高性能、低成本"的开发理念，在秦 EV 的设计中，驱动电机及电机控制器采用直连的方式，减少了三相电缆，驱动电机和电机控制器共用冷却系统（通过 VCU 控制电动水泵、电动风扇进行循环冷却），成本降低 33%，体积减小 30%，质量减小 25%，功率密度增加 20%，转矩密度增加 17%，其集成方案见表 1-1-1。

表 1-1-1 比亚迪驱动三合一集成方案

集成内容	示意图	集成目的
电机、电控端子直连，取消三相电缆		降低成本

（续）

集成内容	示意图	集成目的
电机、电控水道直连，取消水管	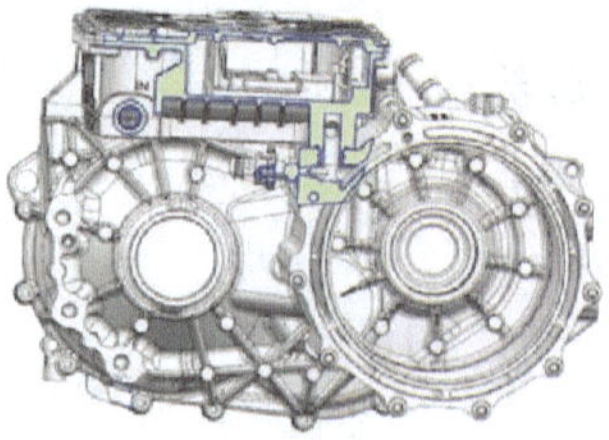	降低成本
电机转子轴和减速器输入轴共用	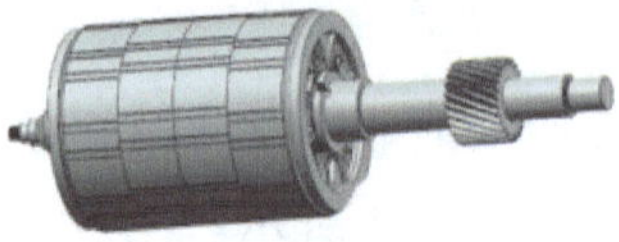	提高同轴度，减小噪声
电机壳体和减速器壳体共用	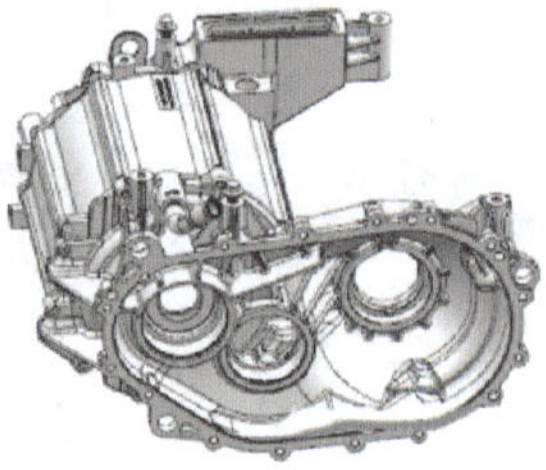	降低成本，提高同轴度，提高装配精度

除了秦 EV，在比亚迪的众多车型中，例如唐 EV、宋 Pro 及相关混动车型搭载的也都是三合一驱动总成。

4. 主要部件介绍

（1）驱动电机

1）定义。作为新能源汽车的"动力心脏"，驱动电机是一种将电能转化为动能，并用来驱动其他装置的电气设备，是与汽车加速性、最高车速、爬坡度（一般车辆的最大爬坡度不超过 40%）等重要指标及行车体验直接相关的核心部件。

2）组成。在秦 EV 中，采用的驱动电机为永磁同步电机，下面以此为例简要介绍驱动电机的结构组成。永磁同步电机主要由电机的转子、定子、电机外壳、旋转变压器（又称旋变传感器，简称旋变）、转子前/后轴承、电机前/后端盖以及三相绕组等部件组成，如图 1-1-6 所示。

各部件安装位置见表 1-1-2。

表 1-1-2 永磁同步电机主要部件安装位置说明

部件	说明
旋变定子	安装在后端盖上，用于检测电机转子位置、转速信号
旋变转子	安装在电机转轴上，与旋变转子总成配合反映转子角度位置
转子	布置在定子内部，用于磁能向动能的转化
三相绕组	安装在定子铁心上，用于接入三相交流电产生磁场
定子	安装在壳体内部，用于增强通电线圈的磁性

图 1-1-6　永磁同步电机结构图

其中，旋转变压器如同永磁同步电机的"眼睛"，可精确检测转子的位置、方向、速度，用来对驱动电机（或回收能量时的发电机）进行方向、转速的控制。

（2）旋转变压器

1）定义。旋转变压器是一种输出电压随转子转角变化的信号元件。在秦 EV 中，当励磁绕组以一定频率的交流电压励磁时，输出绕组的电压幅值与转子转角成正、余弦函数关系，因此这种旋转变压器又称正余弦旋转变压器。

2）作用。旋转变压器主要负责检测电机的转速、旋转方向（正转或反转）、电机位置（旋转角度）。如果旋变信号失效或丢失，车辆将无法上"OK"电，旋变信号相当于发动机上的曲轴位置传感器信号，旋变信号通过硬线信号传输到电机控制器后解码转换成车速。

图 1-1-7　秦 EV 驱动电机旋转变压器安装位置

3）安装位置。旋转变压器安装在电机后端盖处，如图 1-1-7 所示。

4）组成。旋转变压器由旋变定子和旋变转子组成，其定子固定于电机定子或端盖上，以检测和输出转子位置信号；其转子由多个硅钢片组成，与电机同轴，以跟踪电机转子的位置，如图 1-1-8 所示。

图 1-1-8　旋转变压器结构

旋变转子上有一个盘,它是用透磁通的金属制成的,其形状特殊,非圆形,像凸轮盘。该盘被一个固定在壳体上的电磁绕组环所包围着,该电磁绕组环起着定子作用。

电磁绕组环由励磁线圈 A、正弦线圈 S 以及余弦线圈 C 三个单线圈构成,S、C 两线圈互成 90° 安装,如图 1-1-9 所示。其中,励磁线圈 A 负责输入,正弦线圈 S 与余弦线圈 C 负责输出。

5)工作原理。励磁线圈通入正弦曲线的励磁电压后,励磁线圈周围产生的交变磁场作用在转子盘上,转子盘将交变磁场的磁通引向接收线圈,接收线圈将感应到一个交变电压,如图 1-1-10 所示。该交变电压与转子盘的位置成一定的关系,与励磁电压存在相位差,如图 1-1-11 所示。

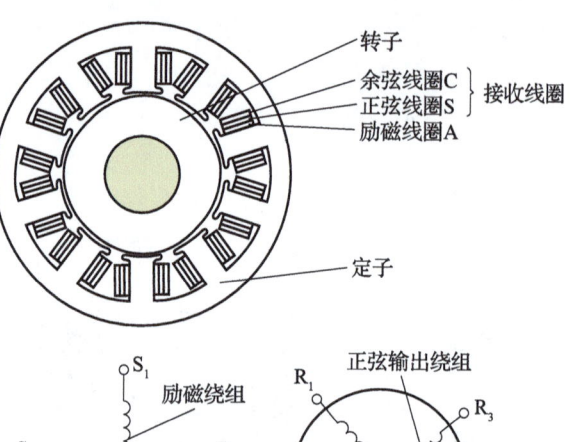

图 1-1-9 旋转变压器电磁绕组环结构

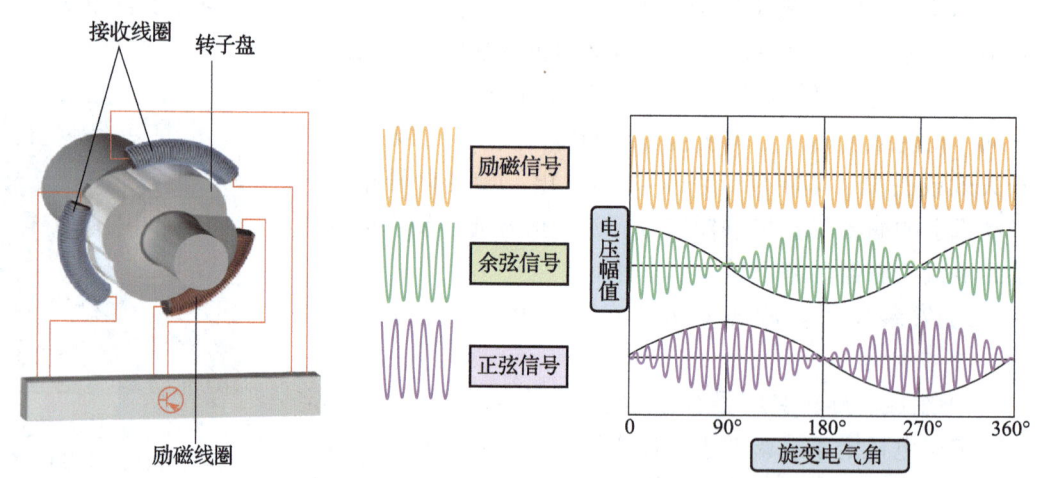

图 1-1-10 旋转变压器工作原理示意图　　图 1-1-11 旋转变压器工作时的波形变化

6)控制策略。当电机转子与旋转变压器转子一同转动时,旋转变压器转子转过定子绕组,改变了定子绕组与转子之间的磁通,使得正弦线圈和余弦线圈收到励磁绕组感应,输出信号幅值产生一定变化,呈正弦和余弦波形,如图 1-1-12 所示。波形的幅值和相位随着旋转变压器转子位置的变化而变化,因此可以准确判断出电机转子的位置、转速以及方向。

(3)驱动电机控制器

1)定义。驱动电机控制器是一种用于控制动力电池与驱动电机之间能量传输的装置。其作为动力电池和电机之间的能量转换单元,是电驱动系统的控制中心,又称智

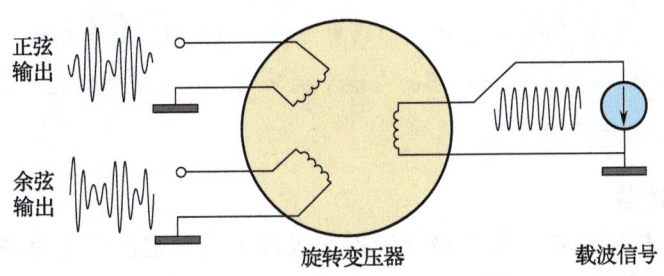

图 1-1-12　旋转变压器的控制策略

能功率模块（intelligent power module，IPM）。

2）组成。驱动电机控制器主要组成部分包括智能功率模块、绝缘栅双极型晶体管（insulated gate bipolar transistor，IGBT）模块、信号数据采集模块、关联电路等硬件以及电机控制算法与逻辑保护等软件。

IGBT 是一种由 MOS 场效应晶体管（MOSFET）和双极结晶体管（BJT）组合成的复合全控型电压驱动式功率半导体器件，被认为是电动汽车的核心技术之一。

IPM 把功率开关器件（IGBT）和驱动电路集成在一起，而且内有过电压、过电流和过温等故障检测电路，并可将检测信号传输到中央处理器（CPU）。

3）功能。驱动电机控制器的功能如下：

①具有采集转矩请求、旋变等信号，控制电机正向、反向驱动以及正、反转发电的功能。

②具有高压输出电压和电流限制的功能。

③具有电压跌落保护、过流保护、过温保护、IPM 过温保护、IGBT 过温保护、功率限制、转矩限制等功能。

④具有能量回馈控制、主动泄放、被动泄放控制的功能。

4）工作原理。旋转变压器检测转子位置并判断其状态，接通电机控制器内相应的 IGBT，此时高压直流电经电机控制器内的 IGBT 进行逆变后流入定子绕组线圈，通电产生旋转的磁场（电能转换成磁能，即电感），利用右手法则判定磁极，同性相斥、异性相吸，使转子的永磁体随之转动。W 相晶体管导通，V 相晶体管通过脉冲宽度调制（PWM）控制电流的大小和频率，实现电机的调速。其控制原理如图 1-1-13 所示。

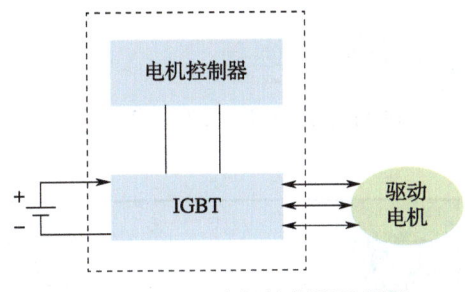

图 1-1-13　电机控制器原理图

当车辆在减速或滑行时，驱动电机会利用旋转磁场切割导线，将汽车的部分动能转化为电能，进行能量回馈。旋转磁场来自转子，被切割的导线是定子绕组。转子旋转产生变化磁场（机械能转化成磁能），定子绕组线圈产生电能（磁能转换成电能，即电磁感应）；每转动 180°产生的电压方向（极性）改变一次（进去低电位，出来高电位），从而产生交流电。最后经过电机控制器内的 IGBT 模块整流变成直流电输出给动力电池包充电。

注意：当电动汽车（EV）电池组的荷电状态（SOC）>95% 或插电式混合动力汽车（PHEV）的 SOC>90% 时，能量回馈的电能不会给动力电池充电。当动力电池有故障时，能量回馈的电能也不会给动力电池充电。

（4）单档变速器

1) 定义。单档变速器又称单级减速器，也称单档固定齿比变速箱，是采用固定传动比将电机转速降低并增大转矩的装置，不同车型，传动比不同。

2) 组成。比亚迪秦 EV 车型前驱动力总成采用单档变速器，如图 1-1-14 所示。其单档变速器由输入轴和输出轴组成，输入轴一端与驱动电机转轴相连，另一端则由壳体提供支承，中间装有一个主动齿轮与输出轴从动齿轮相啮合。输出轴上有大、小两个齿轮，大齿轮为从动齿轮，与输入轴齿轮相啮合，小齿轮为主减速器主动齿轮，与主减速器大齿圈相啮合，驱动差速器总成旋转。输出轴两端用圆锥滚子轴承进行支承。变速器具有固定的传动比，总减速比是 10.7。

图 1-1-14 比亚迪秦 EV 单档变速器

变速器润滑油采用壳牌 S3 ATF MD3，加注量为（0.65±0.05）L。

3) 功能。变速器主要是实现对驱动电机的减速增矩作用。比亚迪秦 EV 车型前驱动力总成采用单档变速器，通过电机的正转或反转使汽车前进或倒退，动力由电机传给变速器，变速器将动力直接传给两个车轮，减小了动力损失，且结构简单、易于制造、生产成本低。

任务分组

进行任务分工，填入表 1-1-3 中。

表 1-1-3 学生任务分配表

班级		组号		指导教师	
组长		学号			
组员角色分配					
信息员		学号			
操作员		学号			
记录员		学号			
安全员		学号			
任务分工					
（就组织讨论、工具准备、数据采集、数据记录、安全监督、成果展示等工作内容进行任务分工）					

工作计划

按照前面所了解的知识内容和小组内部讨论的结果，制订工作方案，落实各项工作负责人，如任务实施前的准备工作、实施中的主要操作及协助支持工作、实施过程中相关要点及数据的记录工作等，并将结果填入表 1-1-4 中。

表 1-1-4　工作计划表

步骤	工作内容	负责人
1		
2		
3		
4		
5		
6		
7		
8		

进行决策

1）各组派代表阐述资料查询结果。
2）各组就各自的查询结果进行交流，并分享技巧。
3）教师对各组的计划方案进行点评。
4）各组长对组内成员进行任务分工，教师确认分工是否合理。

任务实施

引导问题 4

扫描二维码观看视频，了解如何认知驱动电机控制系统，并简述操作要点。

【微课】认知驱动电机控制系统

参考操作视频，按照规范作业要求完成操作步骤，完成数据采集并在表 1-1-5 和表 1-1-6 中进行记录。

表 1-1-5　实训准备

序号	设备及工具名称	数量	设备及工具是否完好
1	比亚迪秦 EV	1 台	□是　□否

（续）

序号	设备及工具名称	数量	设备及工具是否完好
2	实训工作页	1本	□是 □否
3	笔	1支	□是 □否
质检意见	原因：		□是 □否

表1-1-6 驱动电机控制系统的认知

序号	步骤	记录	完成情况
1	请在秦EV实车上准确找出前驱电动总成，指出其结构组成，并说出各个主要部件的作用 		已完成□ 未完成□
2	请在比亚迪三合一驱动总成上找出旋变传感器，并指出其结构组成		已完成□ 未完成□
3	请找出永磁同步电机的安装位置，并指出旋变定子、旋变转子、转子、三相绕组、定子的位置 		已完成□ 未完成□
4	请找出单档变速器的安装位置		已完成□ 未完成□
总结提升			已完成□ 未完成□
质检意见	原因：		已完成□ 未完成□

评价反馈

1）各组代表展示汇报 PPT，介绍任务的完成过程。

2）以小组为单位，对各组的操作过程与操作结果进行自评和互评，并将结果填入表 1-1-7 中的小组评价部分。

3）教师对学生工作过程与工作结果进行评价，并将评价结果填入表 1-1-7 中的教师评价部分。

表 1-1-7 综合评价表

班级		组号		姓名		学号	
实训任务							
评价项目		评价标准				分值	得分
小组评价	计划决策	制订的工作方案合理可行，小组成员分工明确				10	
	任务实施	能够正确检查并设置实训工位				5	
		能够准备和规范使用工具设备				5	
		能够正确认知前驱电动总成的结构				20	
		能够正确认知永磁同步电机的结构				20	
		能够规范填写任务工单				10	
	任务达成	能按照工作方案操作，按计划完成工作任务				10	
	工作态度	认真严谨、积极主动，安全生产、文明施工				10	
	团队合作	小组组员积极配合、主动交流、协调工作				5	
	6S 管理	完成竣工检验、现场恢复				5	
		小计				100	
教师评价	实训纪律	不出现无故迟到、早退、旷课现象，不违反课堂纪律				10	
	方案实施	严格按照工作方案完成任务实施				20	
	团队协作	任务实施过程互相配合，协作度高				20	
	工作质量	能准确完成认知驱动电机控制系统的任务				20	
	工作规范	操作规范，三不落地，无意外事故发生				10	
	汇报展示	能准确表达、总结到位、改进措施可行				20	
		小计				100	
综合评分		小组评价分 ×50% + 教师评价分 ×50%					
总结与反思							

（如：学习过程中遇到什么问题→是如何解决的 / 解决不了的原因→心得体会）

任务二 调研分析驱动电机的类型及应用

学习目标

知识目标
- 掌握不同类型驱动电机的性能指标与优缺点。
- 了解驱动电机在主流车型上的应用。
- 掌握驱动电机铭牌的识读方法。

技能目标
- 能够准确找到驱动电机铭牌的位置。
- 能够正确识读驱动电机的参数。

素养目标
- 认真严谨、积极主动,安全生产、文明施工。
- 获得多途径检索知识、分析解决问题以及多元化思考解决问题的方法,形成创新意识。
- 严格执行各项规章制度及 6S 现场管理,培养精益求精的工匠精神。

知识索引

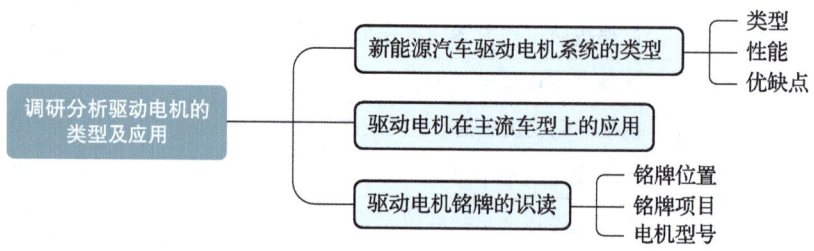

情境导入

你毕业后在某 4S 店担任助理工程师,主管要求你给新员工讲解不同种类的驱动电机的特点、各大牌车企一般会选用怎样的电机以及如何根据电机铭牌获取信息这三个方面的知识,你准备查阅整理相关资料以完成此次任务。

📧 获取信息

❓ 引导问题 1
请查阅相关资料，简述三相交流异步电机的优缺点。

❓ 引导问题 2
请查阅相关资料，简述永磁同步电机的优缺点。

新能源汽车驱动电机系统的类型

1. 类型

电动汽车驱动电机是影响整车性能的关键因素之一，电机类型的选择、车辆驱动方式的确定、电机控制系统的可靠性与安全性是电动汽车开发时首先应考虑的问题。

当前应用于电动汽车中的驱动电机主要包括直流电机（DC machine）、三相交流异步电机（asynchronous machine）、永磁同步电机（permanent magnet synchronous machine，PMSM）和开关磁阻电机（switched reluctance machine，SRM）等类型。

2. 性能

直流电机、三相交流异步电机、永磁同步电机和开关磁阻电机四种典型电机的性能比较见表 1-2-1。

表 1-2-1　四种典型电机的性能比较

项目	类型			
	直流电机	三相交流异步电机	永磁同步电机	开关磁阻电机
转速范围 /（r/min）	4000~6000	12000~20000	4000~10000	≥15000
功率密度	低	中	高	较高
功率因数（%）		82~85	90~93	60~65
峰值效率（%）	85~89	94~95	95~97	85~90
负载效率（%）	80~87	90~92	85~97	78~86
过载能力（%）	≤200	300~500	≤300	300~500
恒功率区比例	—	1:5	1:2.25	1:3

（续）

项目	类型			
	直流电机	三相交流异步电机	永磁同步电机	开关磁阻电机
电机质量	大	中	小	小
电机外形尺寸	大	中	小	小
可靠性	一般	好	优良	好
结构坚固性	差	好	一般	优良
调速控制性能	最好	好	好	好
控制器成本	低	高	高	一般

3. 优缺点

（1）直流电机

直流电机具有起动转矩大、调速控制简单、技术成熟等优点，但是直流电机的电枢电流需要由电刷和换向器引入，换相时易产生电火花，导致换向器容易烧蚀、电刷容易磨损等问题，需要经常更换，维护工作量较大；同时电刷部分存在接触磨损，不仅使电机效率降低，还限制了电机运行的最高转速。因此，直流电机常用在小功率的电动汽车驱动系统中，如小型代步车、景区观光车等。

（2）三相交流异步电机

目前多数电动汽车采用三相交流异步电机（又称感应电机）作为驱动电机，随着功率电子器件和功率变换器的快速发展，采用矢量控制技术可以使驱动系统实现无级变速，传动效率得到大幅提高，具有更好的可控性和更宽的调速范围。特别是感应电机在采用笼型转子结构时，具有结构简单、坚固耐用、价格便宜、工作可靠、效率高和免维护等优点。此外，感应电机在工业中已有较长时间的应用，具有丰富的生产经验和大量的生产工厂，生产成本较低。

（3）永磁同步电机

永磁同步电机具有功率密度高（>1kW/kg）、全工作区域内效率高（效率最高可达97%）、低速输出转矩能力强等优点。采用矢量控制的电机驱动控制系统，具有动态性能好、转矩脉动小、调速范围宽等优点。永磁同步电机在电动汽车驱动系统中应用，可以达到减小系统体积、改善汽车加速性能和行驶平顺性等目的，因此受到了全世界各大汽车生产厂商的重视。但永磁材料强度较低，有些永磁材料在高温作用下会发生磁性衰减现象，再加上近年来永磁材料价格不断上升，使高效三相交流异步电机和开关磁阻电机重新被纳入研究人员的视线。

（4）开关磁阻电机

开关磁阻电机是一种新型电机，在电机的转子上没有集电环、绕组等转子导体和永磁体等装置。它的结构比其他电机简单，效率可达85%~90%，转速可达15000r/min。其转矩 – 转速特性好，在较宽的转速范围内，转矩和转速可以灵活控制，并且有起动转矩高和起动功率低等机械特性。开关磁阻电机结构坚固、可靠性好、质量小、便于维修、成本较低；但是开关磁阻电机的控制系统较复杂，调节性能和控制精度要求高，工作时的转矩脉动大，噪声也较大，体积也比同样功率的感应电机大一些。

> **引导问题 3**
>
> 　　请查阅相关资料，简述新能源汽车企业选择永磁同步电机作为汽车动力源的理由。
> _____
> _____
> _____

> **引导问题 4**
>
> 　　请查阅相关资料，简述新能源汽车企业选择三相交流异步电机作为汽车动力源的理由。
> _____
> _____
> _____

驱动电机在主流车型上的应用

目前，永磁同步电机和三相交流异步电机已成为新能源汽车企业在乘用车领域中的主流选择。

永磁同步电机的"永磁"是指在制造电机转子时加入了永磁材料，提升电机在低速时的转矩性能，这也是永磁同步电机与三相交流异步电机的最大区别。所谓同步，指的是电机中的转子转速与定子绕组的电流频率始终保持一致，通过控制电机的定子绕组输入电流频率来控制电动汽车的车速。

而三相交流异步电机中由于转子总是在"追赶"定子旋转磁场的转速，并且为了能够切割磁力线而产生感应电流，转子的转速总是要比定子旋转磁场的转速慢，这也就形成了异步运行。

在性能方面，永磁同步电机和三相交流异步电机各有千秋。

永磁同步电机本身具有转矩密度高、功率密度高、效率高、调速性能好等优点，再加上具备体积小、质量小等优势，相比其他种类的电机，在相同质量与体积下，永磁同步电机能够为新能源汽车提供最大的动力输出与加速度。新能源汽车对空间与自重要求极高，因此新能源汽车企业通常会优先选择永磁同步电机作为汽车动力源。但它并不是没有缺点，除了原料带来的成本问题外，它还有在高温下磁性衰减的问题，这也是为何中小型纯电动汽车不能进行长时间的高速巡航。

与永磁同步电机相比，三相交流异步电机则具有结构简单、过载能力强、高速性能较好以及温升区间较大、不易发生退磁现象等优势；这也是一些以性能标榜的电动跑车以及中大型 SUV 会偏爱它的原因，如特斯拉 Model S（图 1-2-1）、特斯拉 Model X（图 1-2-2）、蔚来 ES8（图 1-2-3）等都在使用。相对来说，它的缺点则体现在转矩密度、功率密度、效率偏低，并且还伴随着体积大、质量大等问题。总体来看，可以理解为搭载永磁同步电机的电动汽车续驶能力相对更强一些，搭载三相交流异步电机的电动汽车加速性能更好。

图 1-2-1　特斯拉 Model S

图 1-2-2　特斯拉 Model X

图 1-2-3　蔚来 ES8

引导问题 5

请查阅相关资料，简述我们可以从驱动电机的铭牌上获得哪些信息。

_____

_____

_____

驱动电机铭牌的识读

1. 铭牌位置

驱动电机需要按照国家标准在电机壳体上张贴铭牌，如图 1-2-4 和图 1-2-5 所示。

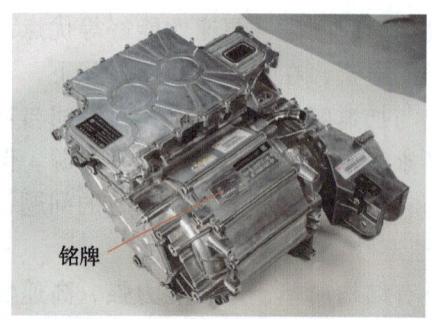

图 1-2-4　比亚迪三合一驱动总成的电机铭牌张贴于机壳上

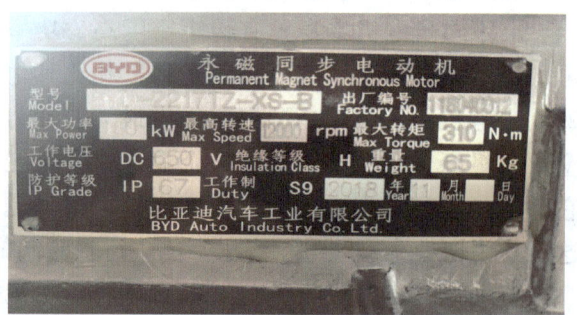

图 1-2-5　比亚迪某款永磁同步电机的铭牌

2. 铭牌项目

学会识读电机铭牌上的数据是正确、合理地使用电机的参考和依据，铭牌上标明的主要项目见表 1-2-2。

表 1-2-2 永磁同步电机铭牌项目及说明

序号	项目	说明
1	型号	型号用以表明电机的系列、几何尺寸和极数，由汉语拼音字母、国际通用符号和阿拉伯数字组成
2	额定功率	指电机在额定状态下运行时电机轴端输出的机械功率，单位为 W 或 kW
3	额定电压	指电机在额定状态下运行时，加在定子绕组上的线电压，单位为 V
4	额定转速	指对应于额定电压、额定电流，电机运行于额定功率时的转速，单位为 r/min
5	峰值功率	指电机在峰值转矩状态下运行时，电机轴端输出的机械功率，单位为 W 或 kW
6	最大转速	指电机正常运行时所能达到的最大转速，体现了永磁同步电机调速能力的大小，单位为 r/min
7	最高效率	指电机在整个运行区间内所能达到的最高效率
8	功率因数	电机有效功率与视在功率的比值。它表征着电机运行时从电网吸收的无功功率的大小。一般来说，对于相同转速的电机，容量越大，功率因数越高；相同容量的电机，转速越高，功率因数越大
9	联结方式	永磁同步电机常用的定子绕组联结方式主要有星形联结和三角形联结
10	绝缘等级	指电机制造时所用绝缘材料的耐热品级，一般有 B 级、F 级、H 级、C 级
11	冷却方式	为防止电机在工作过程中产生的铜耗和铁耗使电机温升过高，一般需要采取冷却措施。永磁同步电机常用的冷却方式有水冷和风冷
12	定额（工作制）	即电机的工作方式，是指电机在正常使用时的延续时间，一般分为连续制（S1）和断续制（S2~S10）

3. 电机型号

驱动电机型号通常由驱动电机类型代号、尺寸规格代号、信号反馈元件代号、冷却方式代号、预留代号五部分组成，如图 1-2-6 所示。

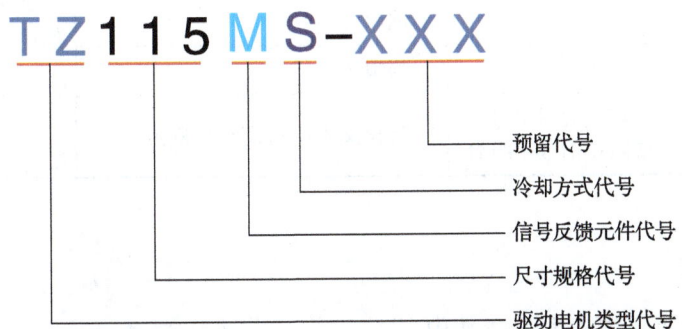

图 1-2-6 驱动电机型号示例

但不同车企电机型号命名规则会有所差异，图1-2-7所示为比亚迪某车型永磁同步电机型号，型号中还包含了品牌自定义的部分，即品牌名称与内部编号。

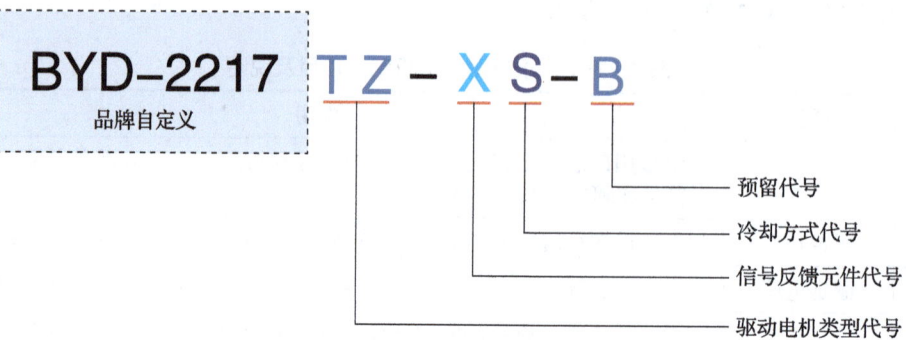

图1-2-7　比亚迪某车型永磁同步电机型号

电机型号所包含的信息，可根据表1-2-3进行解读。

表1-2-3　电机型号中各代号含义说明

名称	代号	说明	备注
驱动电机类型	KC	开关磁阻电机	其他类型驱动电机的类型代号由制造商参照GB/T 4831—2016进行规定
	TF	方波控制型永磁同步电机	
	TZ	正弦控制型永磁同步电机	
	YR	异步电机（绕线转子）	
	YS	异步电机（笼型）	
	ZL	直流电机	
尺寸规格	阿拉伯数字	一般采用定子铁心的外径来表示；对于外转子电机，采用外转子铁心外径来表示	
信号反馈元件	M	光电编码器	无传感器不必标注
	X	旋转变压器	
	H	霍尔元件	
冷却方式	S	水冷方式	非强迫冷却方式（自然冷却）不必标注
	Y	油冷方式	
	F	强迫风冷方式	
预留	英文大写字母或阿拉伯数字组合	其含义由制造商自行确定	

任务分组

进行任务分工，填入表1-2-4中。

表 1-2-4 学生任务分配表

班级		组号		指导教师	
组长		学号			
组员角色分配					
信息员		学号			
操作员		学号			
记录员		学号			
安全员		学号			
任务分工					
（就组织讨论、工具准备、数据采集、数据记录、安全监督、成果展示等工作内容进行任务分工）					

工作计划

按照前面所了解的知识内容和小组内部讨论的结果，制订工作方案，落实各项工作负责人，如任务实施前的准备工作、实施中的主要操作及协助支持工作、实施过程中相关要点及数据的记录工作等，并将结果填入表 1-2-5 中。

表 1-2-5 工作计划表

步骤	工作内容	负责人
1		
2		
3		
4		
5		
6		
7		
8		

进行决策

1）各组派代表阐述资料查询结果。
2）各组就各自的查询结果进行交流，并分享技巧。
3）教师对各组的计划方案进行点评。
4）各组长对组内成员进行任务分工，教师确认分工是否合理。

任务实施

引导问题 6

扫描二维码观看视频，了解永磁同步电机的组成并记录。

_____
_____
_____

【微课】永磁同步电机的结构

参考操作视频，按照规范作业要求完成操作步骤，完成数据采集并在表 1-2-6 和表 1-2-7 中进行记录。

表 1-2-6　实训准备

序号	设备及工具名称	数量	设备及工具是否完好
1	比亚迪秦 EV	1 台	□是　□否
2	实训工作页	1 本	□是　□否
3	笔	1 支	□是　□否
质检意见	原因：		□是　□否

表 1-2-7　电机铭牌参数认知

序号	步骤	记录	完成情况
1	请在秦 EV 实车上准确找出电机铭牌的位置		已完成□ 未完成□
2	请根据铭牌信息确定驱动电机的种类并记录		已完成□ 未完成□
3	请简述该类型的驱动电机的优缺点		已完成□ 未完成□
4	请根据铭牌信息确定信号反馈元件的种类并记录		已完成□ 未完成□
5	请根据铭牌信息确定驱动电机的冷却方式并记录		已完成□ 未完成□
6	请根据铭牌信息确定驱动电机的最大功率并记录		已完成□ 未完成□
7	请根据铭牌信息确定驱动电机的工作电压并记录		已完成□ 未完成□
总结提升			已完成□ 未完成□
质检意见	原因：		已完成□ 未完成□

评价反馈

1）各组代表展示汇报 PPT，介绍任务的完成过程。

2）以小组为单位，对各组的操作过程与操作结果进行自评和互评，并将结果填入表 1-2-8 中的小组评价部分。

3）教师对学生工作过程与工作结果进行评价，并将评价结果填入表 1-2-8 中的教师评价部分。

表 1-2-8 综合评价表

班级		组号		姓名		学号	
实训任务							
	评价项目		评价标准			分值	得分
小组评价	计划决策		制订的工作方案合理可行，小组成员分工明确			10	
	任务实施		能够正确检查并设置实训工位			5	
			能够准备和规范使用工具设备			5	
			能够正确识读驱动电机铭牌			20	
			能够正确解释不同类型的驱动电机的优缺点			20	
			能够规范填写任务工单			10	
	任务达成		能按照工作方案操作，按计划完成工作任务			10	
	工作态度		认真严谨、积极主动，安全生产、文明施工			10	
	团队合作		小组组员积极配合、主动交流、协调工作			5	
	6S 管理		完成竣工检验、现场恢复			5	
			小计			100	
教师评价	实训纪律		不出现无故迟到、早退、旷课现象，不违反课堂纪律			10	
	方案实施		严格按照工作方案完成任务实施			20	
	团队协作		任务实施过程互相配合，协作度高			20	
	工作质量		能准确完成识读电机铭牌的任务			20	
	工作规范		操作规范，三不落地，无意外事故发生			10	
	汇报展示		能准确表达、总结到位、改进措施可行			20	
			小计			100	
综合评分			小组评价分 ×50% + 教师评价分 ×50%				
总结与反思							
（如：学习过程中遇到什么问题→是如何解决的/解决不了的原因→心得体会）							

任务三 调研分析驱动电机控制系统的发展

学习目标

知识目标
- 了解驱动电机控制系统的发展趋势。
- 了解驱动电机控制系统的发展现状及困境。
- 掌握新能源汽车对驱动电机控制系统的要求。

技能目标
- 能够正确阐释驱动电机控制系统集成化的方向。
- 能够正确识别八合一驱动总成的各个部件。

素养目标
- 认真严谨、积极主动,安全生产、文明施工。
- 获得多途径检索知识、分析解决问题以及多元化思考解决问题的方法,形成创新意识。
- 严格执行各项规章制度及6S现场管理,培养精益求精的工匠精神。

知识索引

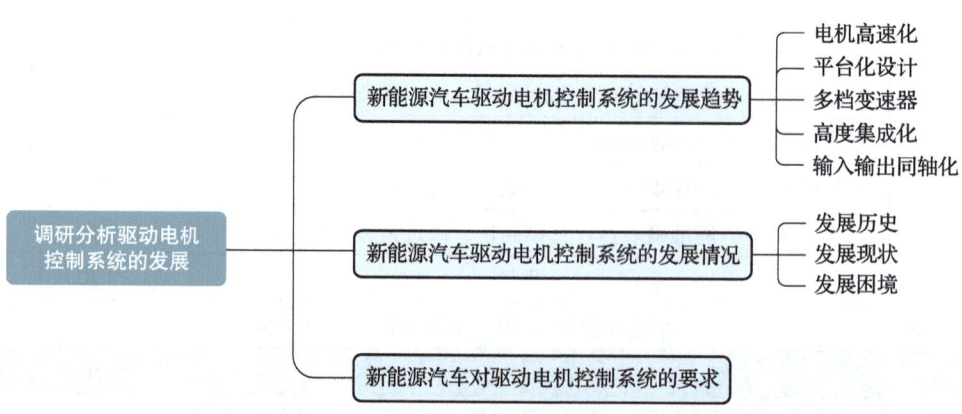

📖 情境导入

新能源汽车驱动电机控制系统不同于工业用电机控制系统,由于受到车辆空间限制和使用环境的约束,应用于普通电机控制系统中的电力电子技术、电机技术已经不能适应其需求。你作为一名助理工程师,准备向新入职的销售人员讲解当前新能源汽车领域驱动电机控制系统的发展趋势。

🤲 获取信息

引导问题 1

请查阅相关资料,简述新能源汽车驱动电机控制系统的发展趋势。

_____
_____
_____

新能源汽车驱动电机控制系统的发展趋势

电驱动系统集成化对于新能源汽车行业来说具有积极推动作用,但基于现阶段电动汽车供应链的技术水平,集成化过程中的设计和质量问题对于主机厂和供应商来说仍然是巨大的挑战。下面,我们从五个方面来分析集成化电驱动系统的发展趋势。

1. 电机高速化

高转速电机能够提高功率密度,同时减小体积、降低成本,对于提高电动汽车的动力性能来说尤为重要。当前市场上,电驱动系统的电机最高转速一般在12000r/min以上。但是,随着新技术、新材料的不断发展及应用,加上消费者对驱动效率、加速体验的重视及追求,采用更高转速的驱动电机成为集成化电驱动系统的必然发展趋势。大众、沃尔沃等品牌新能源汽车驱动电机的最高转速不断提升,达到14000~16000r/min,特斯拉 Model 3 驱动电机的最高转速达到17900r/min,目前面市的转速超过16000r/min的高转速电机主要应用于中高端的纯电动车型中。

2. 平台化设计

传统汽车产业是典型的规模经济产业,新能源汽车产业亦是如此。汽车产品平台化设计能够有效地缩短上市周期、降低研发成本。根据不同转矩、功率的需求以及不同级别的车型,可以规划不同系列的平台化电驱动产品,永磁同步平台化集成电驱动系统见表1-3-1。通过平台化设计集成电驱动系统,可以降低各部件的采购成本,实现技术经验共享。纯电动乘用车市场需要在短时间内产生规模效应、增量降本,因此集成化电驱动系统向平台化设计发展是大势所趋。

表 1-3-1　永磁同步平台化集成电驱动系统

项目	小功率平台	中等功率平台	大功率平台
定子直径 /mm	160	180~220	> 220
峰值功率 /kW	30~120	80~160	160~340
峰值转矩 /（N·m）	40~200	180~300	300~400

3. 多档变速器

目前全球主流的集成化电驱动系统多采用电机匹配单档变速器的架构，其结构简单、成本较低。但是，在高转速情况下，电机效率和转矩会急速地衰减，当电动汽车达到高速后没有提升的空间，因此，经济性不高。而多档化设计能使整车获得更好的动力性和经济性，获得更高的最高车速、更短的加速时间和更大的最大爬坡度；特别是在高速状态以及低负荷条件下，高速档和低速档之间的切换，可以使电机尽量工作在高效率区间。因此，将来随着技术成熟度的提高和成本的降低，多档变速器（图 1-3-1）必然会成为更多集成化电驱动系统的选择。

图 1-3-1　精进电动混合动力四档电磁换档自动变速器（EMAT）驱动总成

4. 高度集成化

高度集成化就是从一开始的全分体结构，逐步变化为电机与减速器共壳体，直到电机、控制器和减速器共壳体的集成模式。

这样从结构设计的角度减少了零部件的数量，缩小了体积，减小了质量，从而降低了成本。

5. 输入输出同轴化

目前减速器基本是平行轴结构，相比平行轴齿轮系，采用同轴的行星齿轮系在结构紧凑性方面优势明显，有助于系统功率密度和转矩密度的最大化；同时同轴结构可使结构紧凑性最大化，整车布置适应性好。

> **引导问题 2**
>
> 请查阅相关资料，简述集成度高的驱动总成系统具备哪些优势。

引导问题 3

请查阅相关资料，简述驱动总成系统的高集成度带来了哪些问题。

_____
_____
_____

新能源汽车驱动电机控制系统的发展情况

1. 发展历史

（1）驱动电机控制系统在国外的发展历史

博世、梅赛德斯-奔驰和宝马等汽车主机厂及零部件厂在 2003 年就一同建立了汽车开放系统架构（AUTomotive Open System ARchitecture，AUTOSAR）合作伙伴关系。该联盟制定的一系列标准规范使得控制系统软件的开发更高效，便于软件间的交互和版本更新，同时降低了开发成本，被越来越多的汽车主机厂、零部件厂和科研院校所采用。国外驱动电机控制系统的研发、生产、流程化和标准化等方面的完善程度很高，相关领域的研究起步较早，依靠长期的研发和经验积累，其整体技术水平领先于国内。

丰田公司早在 1997 年就发布了当时首款混合动力量产车型——第一代普锐斯（Prius），该车采用了丰田研发的新型混动系统 THS（Toyota Hybrid System）。在 2003 年丰田推出了第二代 Prius，该车搭载的驱动电机控制系统增设了升压（boost）变换电路，外形如图 1-3-2 所示，实现了系统损耗最小控制及电机功率密度的提升。增设的升压变换电路最高可将直流母线电压提升至 650V，而整个控制系统在体积上缩小 40%。

图 1-3-2　第二代 Prius 搭载的驱动电机控制系统外形

2009 年，博世公司基于英飞凌的功率半导体封装技术，自主研发了一款新型 IGBT 模块（关于 IGBT 模块的作用与意义，我们会在后面的章节学习），并设立工厂进行生产。2010 年，配备其自主研发 IGBT 模块的驱动电机控制系统 INVCON 完成量产化，博世还与标致公司合作研发出集发电机、电动机及控制系统为一体的 INV2CON。在 2017 年法兰克福车展上，博世推出了电驱动系统 eAxle，于 2019 年完成量产，外形如图 1-3-3 所示。eAxle 实现了"三合一"，即将变速器、电机及控制系统集成一体，这使其生产成本降低的同时，总体积也减小了超过 20%。这种集成化设计大大地减少了高压线缆的布置，增大了功率密度。

图 1-3-3　博世 eAxle 电驱动系统外形

以上厂商生产的电机控制系统一般采用硅基功率半导体元器件，受材料性能限制，需要进行结构设计才能满足散热要求。为进一步提高各项性能，宽禁带功率半导体元器件在驱动电机控制系统中的开发和应用已经成为一种趋势。在电机控制系统中应用的宽禁带功率半导体元器件一般以碳化硅（SiC）为基，用 SiC 替代 Si 所制成的功率器件的开关频率可达 100kHz，耐压值更高，工作温度适应性更好，可大大减小系统体积，使其具有更高的功率密度。

在 2007 年的 SiC 半导体国际会议上，丰田公司宣布，将在今后研发的混合动力车型中使用基于 SiC 功率器件的电机控制系统。2008 年，日产研发出基于 SiC 肖特基二极管的电机控制系统，并搭载于该公司的新能源车型上，使得控制系统的质量与体积减小了 15%~20%，极大地提升了功率密度。2014 年，丰田中央研究所联合电装公司开发出了应用 SiC 功率器件的电机控制系统，其体积减小为采用硅基功率器件同功能控制系统的 1/5，如图 1-3-4 所示，并可使混动车型燃油经济性提高 10%。可以看出，国外对 SiC 器件的开发起步早，在相关研究方面已经有了丰富的经验和成熟的技术。

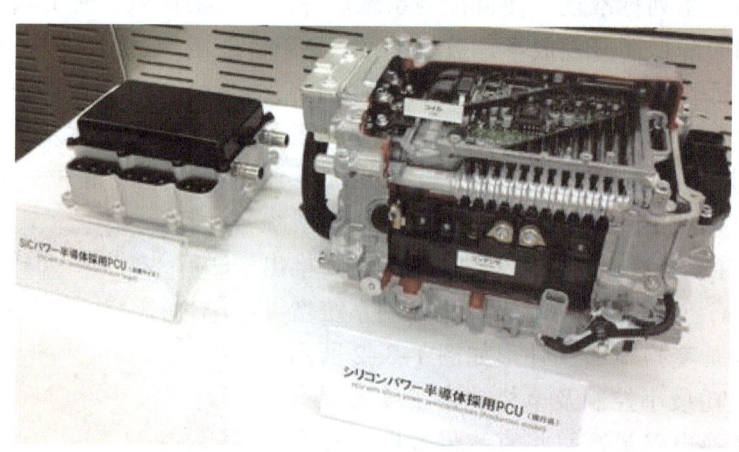

图 1-3-4　丰田 SiC 器件电机控制系统（左）和硅基功率器件电机控制系统（右）

（2）驱动电机控制系统在国内的发展历史

"八五"到"十三五"期间的新能源汽车发展规划体现出了我国对该领域研究的重视。在国家政策的大力支持下，经过二十余年的发展，总体上来看，我国已经基本实现了驱动电机控制系统甚至是电驱动系统的国产化，能够自主开发产品，并应用于纯电动汽车整车上，在软硬件开发上都有了一定的能力积累，近年来也有厂商进行 SiC 器件的自主化研发，以摆脱国外技术封锁。但国产电机控制系统在散热、功率密度、标准化和产品化等方面与国外同期产品都存在一定差距。能实现产品化电机控制系统、电驱动系统或功率器件的国内厂商主要有天津松正、精进电动和比亚迪等。

天津松正研发出了一款"五合一"驱动电机控制系统，如图 1-3-5 所示，其系统集成度较高，驱动

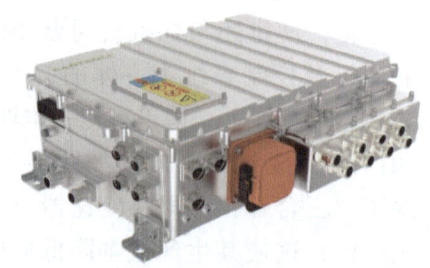

图 1-3-5　天津松正"五合一"驱动电机控制系统

电机类型为永磁同步电机,可应用于纯电动物流车,采用了轻量化设计,使得系统质量减小至 30kg。

精进电动在 2017 年实现了电驱动"二合一",2018 年发布了一款"三合一"纯电驱动系统 JJE-EDM3000F,集成了其自主研发电机、减速器和电机控制系统,如图 1-3-6 所示。

比亚迪自主研发出了 SiC MOSFET 模块,如图 1-3-7 所示,将在旗下所有电动汽车车型中实现 SiC 基功率器件对硅基功率器件的全面取代,相关车型在加速和续驶里程等性能指标上将会提升。

图 1-3-6　精进电动"三合一"纯电驱动系统　　图 1-3-7　比亚迪 SiC MOSFET 模块

2. 发展现状

早期的驱动电机控制系统并没有进行集成化设计,驱动电机、电机控制系统、减速器等部件均单独布置,各部件之间通过插接件(例如线束等)进行连接,因此当时的驱动电机控制系统十分繁杂。而随着技术壁垒逐渐被打破、技术成熟度不断提高以及新能源汽车市场的逐步繁荣,出于提升产品竞争力的需求,电驱动系统技术必须向着集成化的方向发展。

目前,各大主机厂已经将电驱动系统的深度集成化作为三电系统的重要发展方向之一。在当前进行量产的纯电动汽车中,三合一电驱动系统已成为主流。其将电机、电控系统和减速器集成在一起,根据车辆的类型将其与车桥相结合或提供更加轻巧的三合一电驱动系统,在电机转速、电能转化效率、机械空间紧凑化、线束精简化等方面都起到了很大的作用。

目前,电动汽车的驱动电机控制系统已经有了多种集成方式,从最初的电机 + 减速器的二合一驱动总成发展至大规模使用的电机 + 电机控制器 + 减速器的三合一驱动总成再到最新的八合一驱动总成。

图 1-3-8、图 1-3-9 及图 1-3-10 所示分别为二合一驱动总成、三合一驱动总成及八合一驱动总成实物。

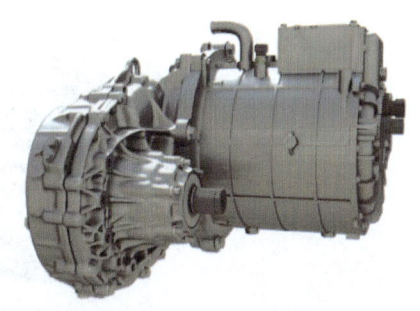

图 1-3-8　二合一驱动总成

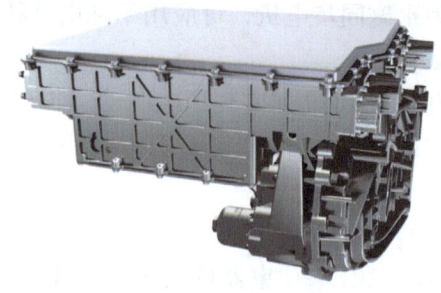

图 1-3-9　三合一驱动总成　　　图 1-3-10　八合一驱动总成

图 1-3-11 所示为搭载在比亚迪海豚车型上的 e 平台 3.0 八合一驱动总成，融合集成了电机控制器、单档变速器、驱动电机、DC/DC 变换器、双向车载充电机（OBC）、高压配电系统、动力域控制器（VBU），其中 VBU 包含了整车控制器（VCU）和电池管理系统（BMS）的部分功能。可以看到在传统三合一驱动总成的基础上，比亚迪 e 平台 3.0 的八合一驱动总成还集成了由双向车载充电机、DC/DC 变换器、高压配电系统、整车控制器、电池管理系统组合成的五合一电驱动模块，实现了更深度的整合能力，也实现了软硬件云端深度融合。

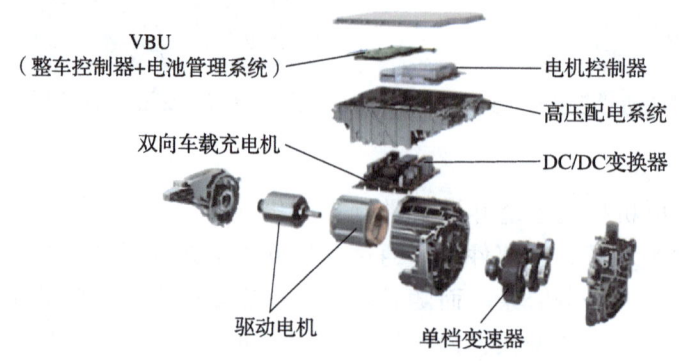

图 1-3-11　比亚迪海豚八合一驱动总成结构

集成化电驱动系统发展的初期，结构形式都较为简单。比如，图 1-3-12 所示的雪佛兰 Bolt 所搭载的二合一电驱动系统，将永磁同步电机和减速器集成在一起，再与车桥结合形成一体式电驱动桥，虽然该系统的连接部分仍然比较复杂，但是至少实现了

图 1-3-12　雪佛兰 Bolt 二合一电驱动系统

二合一的设计，缩短了各部件之间的距离，使得电驱动系统整体结构更加紧凑。

随着电驱动集成技术的不断发展，三合一电驱动系统出现，如图 1-3-13~图 1-3-15 所示。国外的特斯拉、日本电产、宝马、麦格纳、吉凯恩、博世、采埃孚，国内的比亚迪、上海电驱动、巨一科技、汇川技术、精进电动、上汽集团等公司均推出了三合一电驱动总成系统。

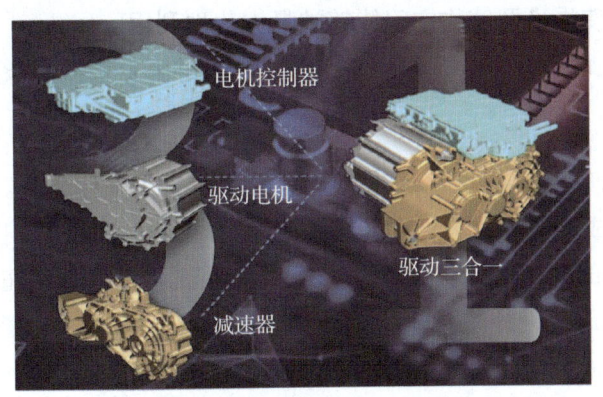

图 1-3-13　比亚迪三合一驱动总成

图 1-3-14　特斯拉 Model S 三合一驱动总成

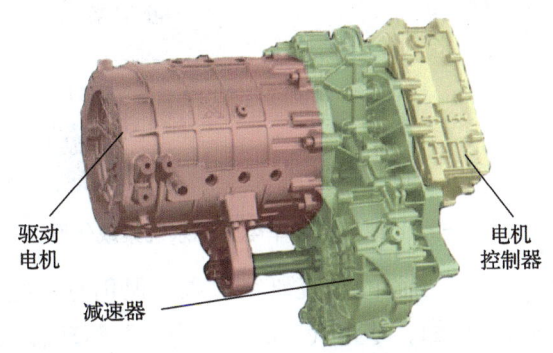

图 1-3-15　蔚来三合一 EDS 集成化电驱动系统

"三合一"驱动总成技术，将驱动电机、电机控制器、减速器集成为一个紧凑型的产品单元，其具有高集成度、高效率、高转速、高性能、高安全性的特点，是当前主流的电驱动总成技术方案，使得车辆各系统布局更加灵活，让消费者获得最大化的乘坐空间以及宽敞的车辆储物空间，也为汽车成为住宅、办公室以外的移动"第三空间"

打下了基础。

综上所述，集成度高的驱动总成系统具备的主要优势如下：

1）总成体积缩小，系统总质量减小，一定程度上也降低了汽车能耗、提升了续驶里程。

2）采用集成度高的多合一驱动总成系统，不仅使机舱变得更加简洁、汽车各系统布局更加灵活，也使乘坐及储物空间能够被最大化地利用。

3）通过集成化设计，多合一驱动总成系统也能够降低接口复杂度及成本。

3. 发展困境

不可否认的是，就目前来看，高集成度也确实带来了一些难题。

多合一驱动总成的集成化设计需要多维度开发和能力验证，如图1-3-16所示。其中系统总成导致各部件与空气接触面积减小，为保证各部件处于正常工作温度区间，整个散热系统需要重新设计优化。同时，噪声振动（NVH）、电磁兼容性（EMC）、安全性等性能指标的控制，以及零部件开发协同都是目前主机厂和供应商需要重点攻克的难题。在后期用车方面，动力总成的集成化可能对消费者产生不良影响。一定程度上，动力总成的集成会导致各部件的可靠性降低，各部件的质量控制尤为重要；当某个零部件出现问题，需要维修或者更换总成，会导致维修时间和成本的增加。

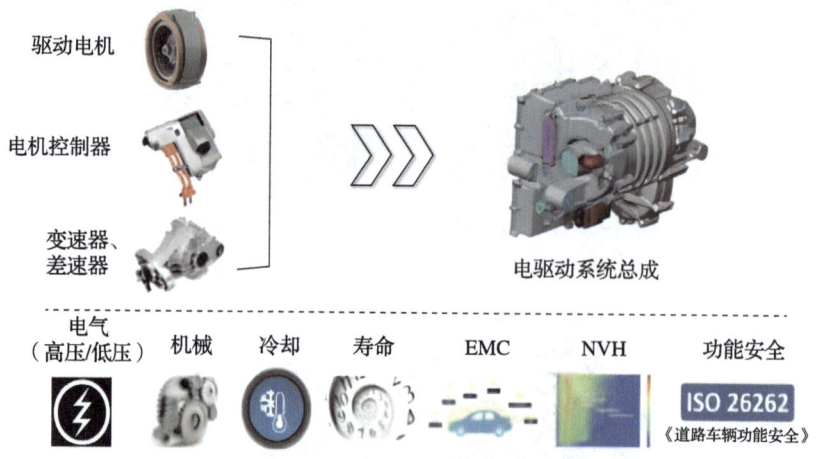

图1-3-16　纯电动汽车电驱动系统集成化设计

虽然三合一电驱动系统是当前的主流研究对象，但仍有一些公司对多合一集成设计进行了不同程度的尝试。比如，零跑汽车的"八合一"驱动总成技术是在"三合一"的基础上又集成了MCU、VCU、DC/DC变换器、OBC及配电单元（PDU），"三合一"和"五合一"两个模块集成在一起，称之为"八合一"。整个系统结构更加小巧，水冷系统的工作效率也得到大幅提升，但整体结构集成后柔性化程度降低，影响机舱的总布置。

> **引导问题 4**
>
> 请查阅相关资料,简述电动汽车对于驱动电机控制系统的要求。
>
> _____
>
> _____
>
> _____

新能源汽车对驱动电机控制系统的要求

对新能源汽车驱动电机控制系统和工业电机控制系统而言,它们的分类及控制的理论和方法大致是相同的。但由于应用场景的不同,新能源汽车对驱动电机控制系统的性能要求更加严格,具体差别可参考表 1-3-2。

表 1-3-2　新能源汽车应用与工业应用中对电机控制系统的要求对比

项目	类型	
	新能源汽车应用	工业应用
功率密度 /(kW/kg)	>1	0.2~0.5
电机效率 η(%)	>95	85~90
系统高效区(η>80% 的区域)	>70%	局部最优
动态控制	高动态性能控制	—
工作环境	-40~105℃,振动,最大加速度 >10g	-20~40℃,静止
系统制造成本 /(美元 /kW)	2~4	—

新能源汽车对于驱动电机控制系统的要求可以归纳为以下几点:

1)为满足车辆对于低速爬坡、频繁起停及起动初始加速等复杂工况的要求,其应具有低速大转矩的特性。

2)基于新能源汽车对于高速行驶和高速超车的需要,其基速以上(即高速)应具有较宽的恒功率区,其恒功率区范围应为恒转矩区的 3~10 倍。

3)为确保新能源汽车在全工作范围内具有高效率,从而提升车辆的续驶里程,电驱动系统效率在 95% 及以上区域覆盖需大于 50%。

4)新能源汽车对于整车空间与高效节能的要求需要电驱动系统具有高功率密度,如驱动电机功率密度应大于 1kW/kg,电机控制器的功率密度应为 3~4kV·A/kg。

5)环境适应度高,工作环境温度为 -40~105℃,最大振动加速度大于 10g。

6)可靠性高,电驱动系统的寿命应达到 20 万 km 以上。

7)结构坚固、体积小、质量小。

8)结构简单,成本低,适合大批量生产,便于维修。

新能源汽车电机及控制系统检修　　姓名　　　　班级　　　　日期

 任务分组

进行任务分工，填入表 1-3-3 中。

表 1-3-3　学生任务分配表

班级		组号		指导教师	
组长		学号			
组员角色分配					
信息员		学号			
操作员		学号			
记录员		学号			
安全员		学号			
任务分工					
（就组织讨论、工具准备、数据采集、数据记录、安全监督、成果展示等工作内容进行任务分工）					

工作计划

按照前面所了解的知识内容和小组内部讨论的结果，制订工作方案，落实各项工作负责人，如任务实施前的准备工作、实施中的主要操作及协助支持工作、实施过程中相关要点及数据的记录工作等，并将结果填入表 1-3-4 中。

表 1-3-4　工作计划表

步骤	工作内容	负责人
1		
2		
3		
4		
5		
6		
7		
8		

进行决策

1）各组派代表阐述资料查询结果。
2）各组就各自的查询结果进行交流，并分享技巧。
3）教师对各组的计划方案进行点评。
4）各组长对组内成员进行任务分工，教师确认分工是否合理。

任务实施

引导问题 5

想一想，目前电驱动系统的供货形态基本是总成化了，从二合一、三合一到目前八合一的出现，它的关键技术主要在哪些部件上？

_____
_____
_____

请根据图 1-3-17 所示结构，将与各部件名称匹配的序号填入表 1-3-5 中。

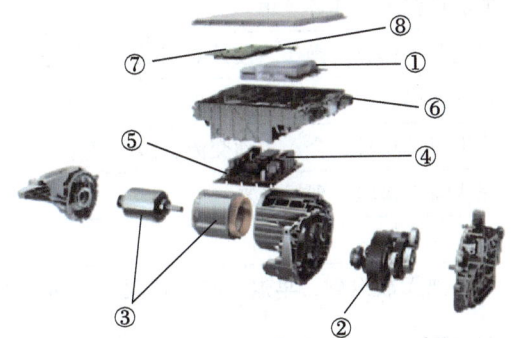

图 1-3-17　比亚迪海豚八合一电驱动总成

表 1-3-5　比亚迪海豚八合一电驱动总成结构

部件名称	序号
单档变速器	
整车控制器	
双向车载充电机（OBC）	
DC/DC 变换器	
电机控制器	
驱动电机	
高压配电系统	
电池管理系统	

📝 评价反馈

1）各组代表展示汇报 PPT，介绍任务的完成过程。

2）以小组为单位，对各组的操作过程与操作结果进行自评和互评，并将结果填入表 1-3-6 中的小组评价部分。

3）教师对学生工作过程与工作结果进行评价，并将评价结果填入表 1-3-6 中的教师评价部分。

表 1-3-6 综合评价表

班级		组号		姓名		学号	
实训任务							
评价项目		评价标准				分值	得分
小组评价	计划决策	制订的工作方案合理可行，小组成员分工明确				10	
	任务实施	能够正确检查并设置实训工位				5	
		能够准备和规范使用工具设备				5	
		能够正确阐述目前驱动电机控制系统集成化的发展方向				20	
		能够正确识别八合一驱动总成各个部件				20	
		能够规范填写任务工单				10	
	任务达成	能按照工作方案操作，按计划完成工作任务				10	
	工作态度	认真严谨、积极主动，安全生产、文明施工				10	
	团队合作	小组组员积极配合、主动交流、协调工作				5	
	6S 管理	完成竣工检验、现场恢复				5	
		小计				100	
教师评价	实训纪律	不出现无故迟到、早退、旷课现象，不违反课堂纪律				10	
	方案实施	严格按照工作方案完成任务实施				20	
	团队协作	任务实施过程互相配合，协作度高				20	
	工作质量	能准确完成制作 PPT 阐述驱动电机控制系统发展方向的任务				20	
	工作规范	操作规范，三不落地，无意外事故发生				10	
	汇报展示	能准确表达、总结到位、改进措施可行				20	
		小计				100	
综合评分		小组评价分 ×50% + 教师评价分 ×50%					
总结与反思							
（如：学习过程中遇到什么问题→是如何解决的/解决不了的原因→心得体会）							

工匠精神

全国劳动模范代康伟：
创造"行业第一"与"国际领先"

拿下中国汽车工业科学技术进步奖一等奖、北京市科学技术奖二等奖，连续两年获得"中国心"新能源汽车动力系统最高奖项，打造全球首款乘用车无模组动力电池，攻克全地形越野模式开发难题……8年来，全国劳动模范、北汽新能源工程研究院副院长代康伟带领团队，一直在电动汽车"三电"核心技术领域奔跑、攀登。

她和她带领的团队，就像一束永远向前的电流，突破电阻的同时发出光和热，并形成"电磁场"，为中国新能源汽车技术和产业的发展贡献力量。

2008年，代康伟加入北汽集团，成为当时为数不多"科班出身"的新能源汽车开发工程师。2013年，她开始专注纯电动乘用车的研发。

在完成整车控制器、电池管理系统开发后，她带领的三电团队迎来一道重要的选择题——电机控制器是自主开发，还是找供应商开发？"如果我们这次不努力，以后连努力的机会都没有了。"在核心技术研发上，代康伟带领团队做出了关键抉择。

但向山顶攀登的道路上，挑战只会越来越大。电动汽车电子零部件越来越多，一旦高安全等级控制器失效，将产生无法估量的事故风险。代康伟敏锐地认识到功能安全技术在未来电动汽车发展中的关键作用，决定在国内率先立项启动研发。

"就像当时我们做电控系统一样，一切从零开始。"代康伟回忆道，"没有可以借鉴的整车功能安全风险评估经验，没有三电功能安全系统设计方案，没有支撑开发的工具链和芯片……"在国内找不到同行者，代康伟就直接找到最权威的认证机构——德国莱茵TÜV集团，探讨电动汽车功能安全的标准与认证问题。在代康伟的推动下，双方签署战略协议，成就了一段合作佳话，最终还使北汽新能源成为国内唯一一家完整自主掌握电动化功能安全产品及流程技术的整车企业。

新能源汽车电机及控制系统检修　姓名　　　班级　　　日期

　　2020年10月28日,北汽新能源又一次登上中国汽车工业科学技术奖的领奖台。由公司独立完成并申报的"电动汽车三电平台关键技术与产业化"项目,获得中国汽车工业科学技术进步奖一等奖。

　　这是对代康伟带领的三电团队的肯定。电动汽车开发技术不断迭代,所以在这个领域,永远没有成熟的经验可以参考。代康伟定义目标的方法就是问自己:"如果我是一名消费者,我想要什么样的性能?油车已经做到的,电车做到了没有?"

　　秉承着这样的理念,她带领团队不断向前:完成高性能动力总成开发项目、通过系统集成创新提升能量密度从而增加续驶里程、通过动力电池精准热管理延长电池寿命……

　　12年来,代康伟从一名大学毕业生成长为带领500多名研发工程师的三电技术带头人。"在发展新能源汽车的国家战略指引下,在一个重视研发和创新的企业里,才会有我和三电团队的成长。"成为全国劳动模范,代康伟觉得担子更重、责任更大,"我要以更好的业绩回报北汽,回报国家。"

新能源汽车电机
及控制系统检修

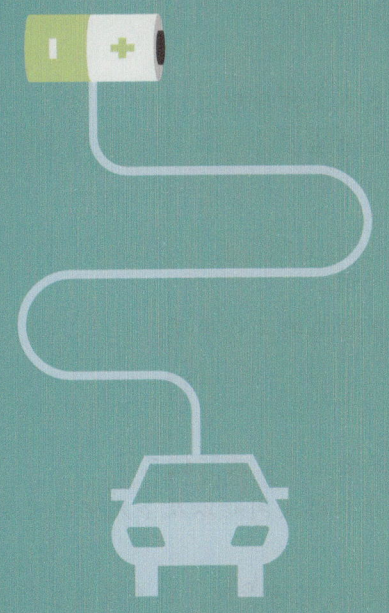

能力模块二
新能源汽车电机的认知

任务一　了解电磁学基础知识

学习目标

知识目标
- 掌握电动机和发电机的基本工作原理。
- 了解电机定子绕组的连接方法。

技能目标
- 能够正确连接电机定子绕组。
- 能够正确解释电动机与发电机的工作原理。

素养目标
- 认真严谨、积极主动，安全生产、文明施工。
- 获得多途径检索知识、分析解决问题以及多元化思考解决问题的方法，形成创新意识。
- 严格执行各项规章制度及6S现场管理，培养精益求精的工匠精神。

知识索引

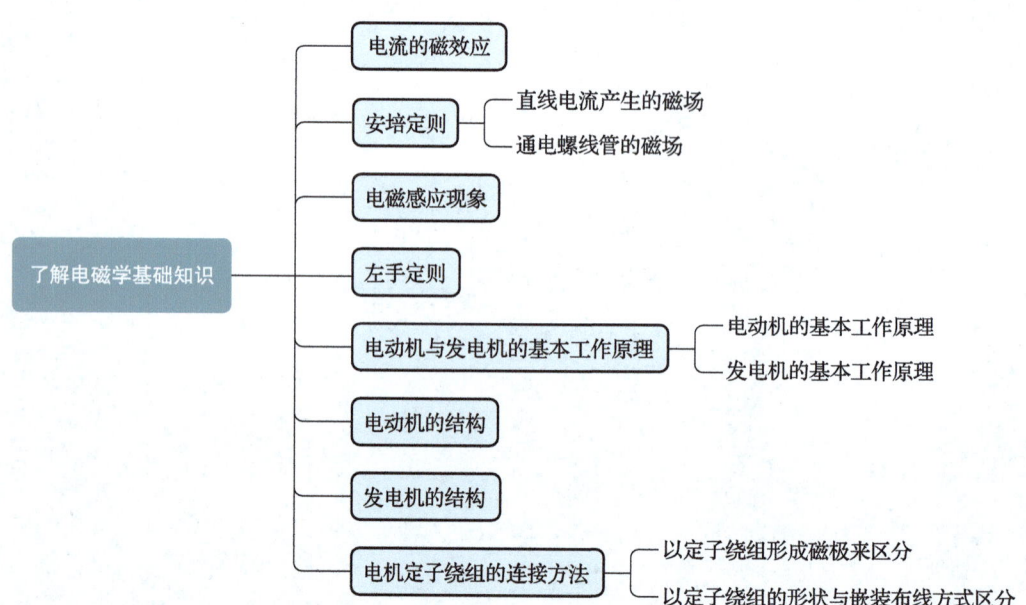

📖 情境导入

在学习不同种类的电机的结构与工作原理之前,我们需要了解一些电磁学基础知识。请查阅相关资料,了解与新能源汽车驱动电机有关的一些电磁学基础知识。

✉ 获取信息

❓ 引导问题 1

请查阅相关资料,简述什么是电流的磁效应。

_____
_____

电流的磁效应

如果我们想要认知电机的工作原理,那么我们就需要学习一些基础的电磁学知识。

18 世纪的科学家们认为电与磁不相关。而奥斯特（图 2-1-1）深受哲学家康德的自然力相统一思想的影响,深信"电与磁是有关系的"。1803 年他断言:"我们的物理学将不再是关于运动、热、空气、光、电、磁以及我们所知道的各种其他现象零散的罗列。我们将把整个宇宙容纳在一个体系中。"

图 2-1-1　丹麦物理学家、化学家汉斯·奥斯特

1820 年 4 月,在一次讲座中,奥斯特将导线（铂丝）的一端和伽伐尼电池的正极相连接,他碰巧在沿南北方向放置的导线下放有一枚小磁针,导线的另一端接到电池负极时小磁针转动了。实验可能没有给台下的观众留下深刻的印象,却使奥斯特激动万分。奥斯特于同年发表的论文中指出:在电流周围,小磁针的指向形成一个闭合的圆周。

这就是电流的磁效应:如果导线在小磁针上方并且两者平行,当导线通电时,磁针发生偏转;切断电流时,磁针又回到原位。这说明通电导线和磁体一样,周围存在磁场,即电流产生的磁场。实验还表明,当电路中的电流反向时,磁针的偏转方向也相反,这说明电流产生的磁场方向跟电流的方向有关。综上所述,通电导线周围存在与电流方向有关的磁场。

> **引导问题 2**
>
> 请查阅相关资料，简述如何判断通电螺线管的磁场方向。
>
> _____
> _____
> _____

安培定则

1820 年 9 月，法国物理学家安培在得知奥斯特实验后重复了奥斯特的实验并有了新发现，他很快就发表了论文，提出磁针转动方向和电流方向的关系服从右手定则，即安培定则，我们可以通过安培定则和电流方向确定电流激发的磁场的磁力线方向。

1. 直线电流产生的磁场

如图 2-1-2 所示，用右手握住载流直导体，大拇指指向电流方向，则弯曲四指所指的方向就是磁力线的方向。可见，直线电流磁场的磁力线是一些以导线上各点为圆心的同心圆，这些同心圆都在与导线垂直的平面上。

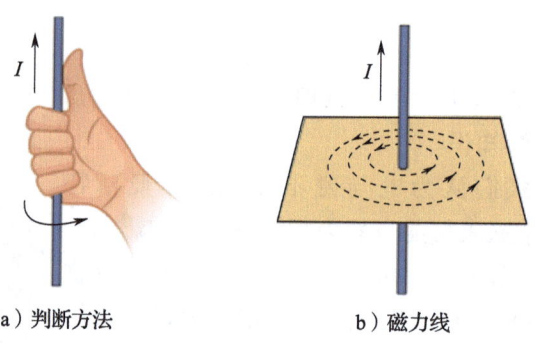

a）判断方法　　　　　　b）磁力线

图 2-1-2　直线电流的磁场判定

2. 通电螺线管的磁场

用右手握住通电螺线管，弯曲的四指指向电流方向，则大拇指所指的方向即为北极（N 极），如图 2-1-3a 所示。可见，通电螺线管的磁场的磁力线与条形磁铁的磁力线类似，是一些穿过螺线管横截面的闭合曲线，如图 2-1-3b 所示。

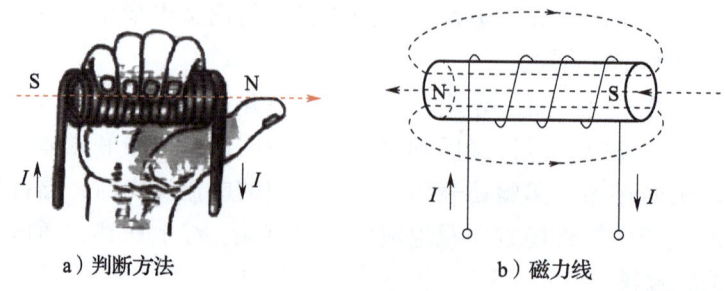

a）判断方法　　　　　　b）磁力线

图 2-1-3　通电螺线管的磁场

引导问题 3

请查阅相关资料,简述什么是电磁感应现象。

_____
_____
_____

电磁感应现象

迈克尔·法拉第(Michael Faraday,1791—1867)是英国物理学家、化学家,也是著名的自学成才的科学家,被世人称为"电学之父"和"交流电之父"(图 2-1-4)。

1820 年,奥斯特发现电流的磁效应,这一发现受到了当时科学界的关注。1821 年英国《哲学年鉴》的主编邀请法拉第的老师戴维撰写一篇关于电磁学实验的理论发展概况的文章,戴维把这一工作交给了当时正在英国皇家研究院做化学助理实验员的法拉第。

法拉第在收集整理电磁学文献资料的过程中,对电磁现象产生了极大的热情,并从此开始了电磁学的研究。他仔细地分析了电流的磁效应等现象,认为既然电能够

图 2-1-4 英国物理学家、化学家和科学家迈克尔·法拉第

产生磁,反过来,磁也能产生电,这个想法为日后人类利用电能奠定了基础。

1831 年 8 月,法拉第发现一个通电线圈的磁力虽然不能在另一个线圈中引起电流,但是当通电线圈的电流刚接通或中断的时候,另一个线圈中的电流计指针有微小偏转。法拉第眼前一亮,经过反复实验,证实了当磁作用力发生变化时,另一个线圈中就有电流产生。他又设计了各种各样的实验,比如两个线圈发生相对运动,磁作用力的变化同样也能产生电流。法拉第前后一共做了上百个类似的实验,最终认识到感应现象的暂态性,提出只有存在变化时,静止导线中的电流才能在另一根静止导线中感应出电流,而导线中的恒定电流不可能在另一根静止导线中感应出电流。

1831 年 11 月,法拉第向皇家学会提交报告,把这种现象定名为"电磁感应现象",并概括了可以产生感应电流的五种情况:变化的电流、变化的磁场、运动的恒定电流、运动的磁铁、在磁场中运动的导体。

电磁感应现象是指当闭合电路的部分导体在磁场中切割磁力线,或者穿过闭合电路的磁力线数量(即磁通量)发生变化时,闭合电路中就会有电流产生。此时产生的电动势称为感应电动势或感生电动势,产生的电流则称为感应电流或感生电流。

电磁感应现象反映了电和磁之间的相互联系和转化关系:当穿过闭合电路的磁通量发生变化时,闭合电路中就有感应电流产生。

取一条导线,将其两端接在电流表两极上,再拿一块条形磁铁,将其来回穿过导线围成的圈,电流表的读数发生变化,这就是电磁感应现象。

简单来说,电磁感应现象就是利用磁来生电,而电动机、发电机正是利用这个原

理发明的。因此，电机也被认为是一种依据电磁感应定律实现电能转换或传递的电磁装置。

电磁感应现象的发现是电磁学领域中最伟大的成就之一。它不仅揭示了电与磁之间的内在联系，而且为电与磁之间的相互转化奠定了实验基础，为人类获取大量而廉价的电能开辟了道路。电磁感应现象的发现，标志着一场重大的工业和技术革命的到来。事实证明，电磁感应在电工、电子、电气化、自动化方面的广泛应用，对推动社会生产力和科学技术的发展发挥了重要的作用。

引导问题 4

请查阅相关资料，简述什么是左手定则。

_____
_____
_____

左手定则

1885 年，英国电机工程师约翰·安布罗斯·弗莱明担任英国伦敦大学电机工程学教授时发现学生经常弄错磁场、电流和受力的方向，他想用一个简单的方法帮助学生记忆，"左手定则"由此诞生了。

载流导体在磁场中受到安培力的作用，其所受安培力的方向用左手定则判定，如图 2-1-5 所示。

左手定则（又称电动机定则）描述为：伸开左手，使拇指与其余四个手指垂直，并且都与手掌在同一平面内；让磁力线从掌心流入，使四指指向电流方向；拇指所指方向就是通电导线在磁场所受安培力方向。

安培力是通电导线中的带电粒子在磁场中受到的洛伦兹力（又称电磁力）的宏观表现，由安培最先通过实验发现。安培力的计算公式为

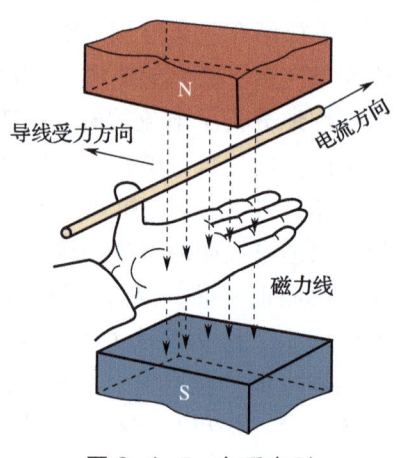

图 2-1-5　左手定则

$$F = BIl\sin\alpha$$

式中，F 是安培力的大小，单位为 N；B 是均匀外磁场的磁感应强度，单位为 T；I 是通电电流强度，单位为 A；l 是导体有效长度，单位为 m；α 是电流方向与磁力线之间的夹角。

在旋转电机中，作用在转子载流导体上的电磁力将使转子受到一个力矩（等于力乘以转子半径），这个力矩称为电磁转矩。电磁转矩在电机的能量形态转换中起到重要的作用。载流导体受力的大小与导体在磁场中的位置有关。当导体与磁力线方向垂直时，所受的力最大，这时电磁力 F 与磁感应强度 B、导体有效长度 l 以及通电电流强度 I 成正比，如图 2-1-6 所示。

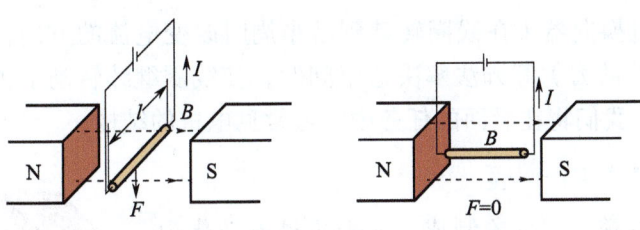

图 2-1-6　旋转电机中转子受力分析

 引导问题 5

请查阅相关资料，简述电动机的基本工作原理。

电动机与发电机的基本工作原理

1. 电动机的基本工作原理

电动机根据通电导体在磁场中受力运动的原理制成，能把电能转化为机械能，我们运用左手定则判断通电导体在磁场中的受力方向。电动机由两部分组成：能够转动的线圈和固定不动的磁体。在电动机里，能够转动的部分叫作转子，固定不动的部分叫作定子。电动机工作时，转子在定子中转动。

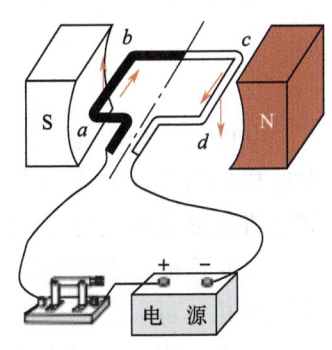

图 2-1-7　线圈受到的力使它顺时针转动

我们可以通过一个简单的装置理解电动机的工作原理。使一线圈静止在图 2-1-7 所示位置上，闭合开关，线圈受力并沿顺时针方向转动。

当线圈转动到图 2-1-8 所示平衡位置后，线圈仍会因为惯性越过平衡位置，但越过平衡位置之后线圈的受力方向发生改变，如图 2-1-9 所示，线圈最终会停在平衡位置。

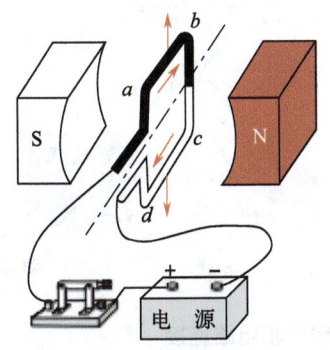　　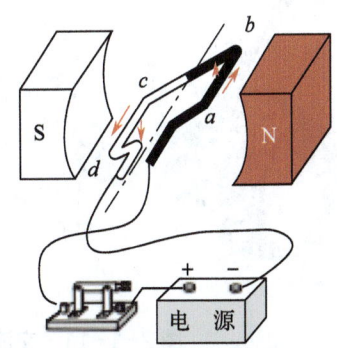

图 2-1-8　线圈到达平衡位置　　图 2-1-9　线圈受到的力使它逆时针转动

电动机会通过换向器（在线圈转动到后半周时改变电流的方向，使线圈在后半周也获得相同方向的动力）等方法解决这个问题，使线圈继续转动下去。实际的电动机上会有多个线圈，我们将在后面的任务中学习常见电机的结构。

2. 发电机的基本工作原理

发电机依据电磁感应现象制成，能把机械能转化为电能，我们可以根据右手定则判断发电机输出电流的方向。发电机也是由转子（转动部分）和定子（固定部分）两部分组成的，如图 2-1-10 所示，当闭合电路的部分导体在磁场中切割磁力线时产生电流，随着线圈的运动，电流的方向也在发生变化。

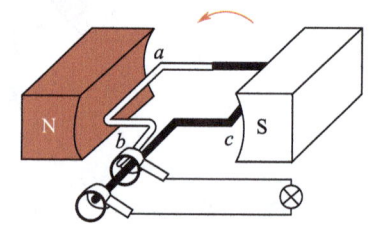

图 2-1-10 闭合电路的部分导体在磁场中切割磁力线

引导问题 6

请查阅相关资料，简述电机的分类。
_____
_____
_____

电动机的结构

电机是实现电能与机械能转化的一种设备。新能源汽车的电机同时具有电动机和发电机的特性，需要将电能转化为机械能时，电机表现出的就是电动机的工作特性；需要将机械能转化为电能时，电机表现出的就是发电机的工作特性。

按使用电源的不同，电机分为直流电机和交流电机，电力系统中的电机大部分是交流电机，可以是同步电机或者是异步电机（电机定子磁场转速与转子旋转转速不保持同步）。交流电机由转子、定子等组成，通过动力电子元件和高压蓄电池连接，电机装有一套定子绕组，该绕组流过交流电流时产生一个旋转磁场，如图 2-1-11 所示。

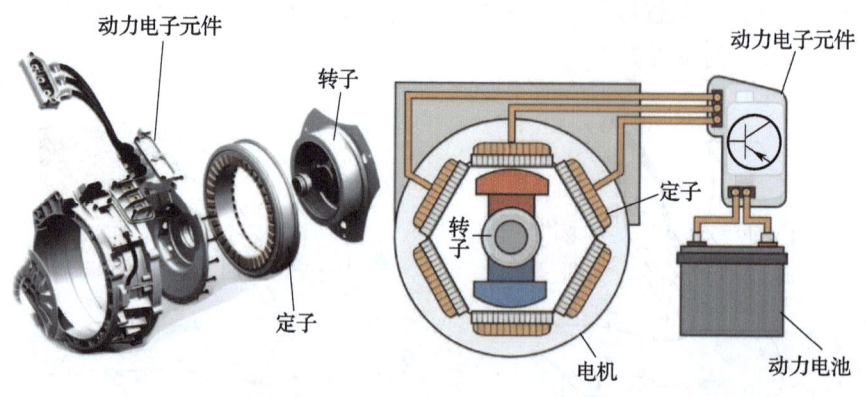

图 2-1-11 交流电机组成部件和电路连接

如图 2-1-12 所示，当交流电机作为电动机工作时，定子绕组会产生一个旋转磁场。转子是一个可以产生磁场的永磁体。同步电机的转速可通过感应交流电的频率精确控制。系统中装有一个电机控制器，对同步电机转速进行无级调整。转子位置传感器可持续检测转子的位移，控制电子器件以此测定电机实际转速。

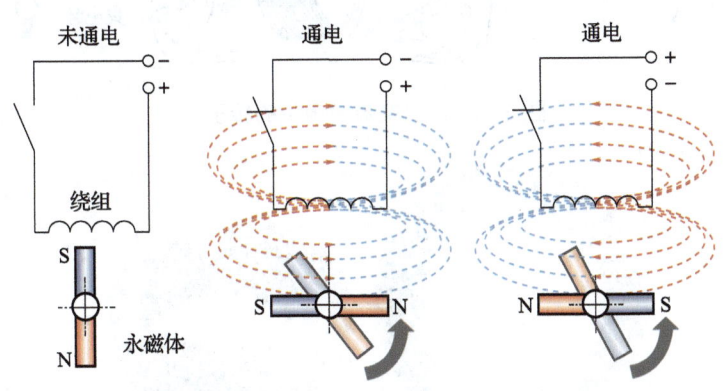

永磁体的旋转方向由绕组的磁场方向决定

图 2-1-12　电动机的工作原理

如果交流电机作为发电机工作，转子通过变速器从外部驱动。当转子的磁场通过定子绕组时，每一相的线圈上都会产生感应电动势。转子磁场会依次通过定子绕组。电力电子装置将获得的电能转化为高压直流充电电流，对高压蓄电池进行充电。

引导问题 7

请查阅相关资料，简述交流发电机的工作原理。

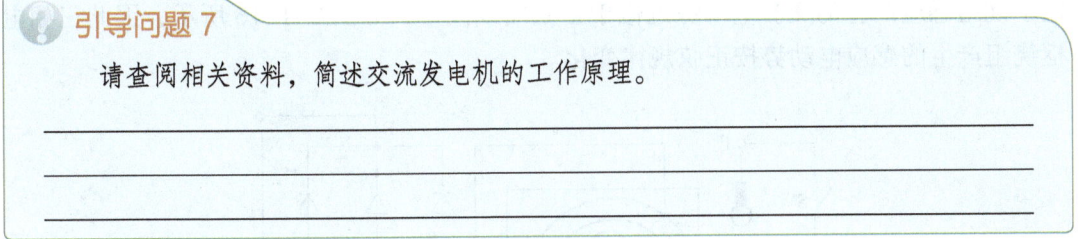

发电机的结构

发电机是传统燃油汽车的主要电源，其主要功能是在发动机正常运转时（怠速以上），向所有用电设备（起动机除外）供电，同时为蓄电池充电。随着汽车工业的发展，发电机经历了从直流发电机到交流发电机的发展过程。直流发电机依靠换向器换向，结构复杂、电磁干扰严重，已经被淘汰。20 世纪 70 年代，交流发电机开始被使用，凭借其发电性能好、结构紧凑、体积小、质量小的优点得到了迅速普及。目前应用最广的是三相交流发电机，其内部带有二极管整流电路，将交流电整流为直流电。

交流发电机由转子总成、定子总成、电刷组件、整流器、电压调节器、风扇和前/后端盖等组成。如图 2-1-13 所示，发电机的转子为磁极，其组成包括爪极、励磁绕组、集电环和转子轴等，由发动机带动而产生旋转磁场。如图 2-1-14 所示，发电机的定子为电枢，由定子铁心与对称的三相定子绕组组成，三相绕组彼此相隔 120° 电角度，功用是产生交流电动势。

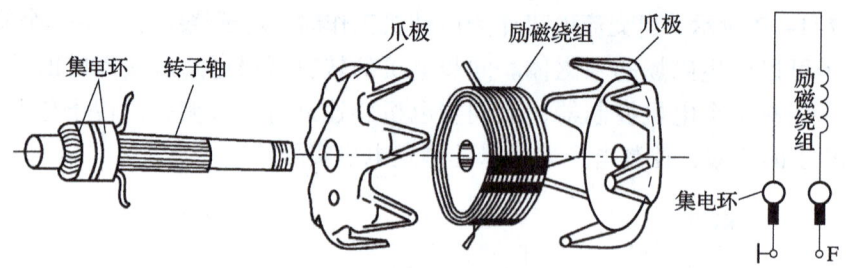

图 2-1-13 交流发电机的转子

a）定子铁心　　　　b）定子

图 2-1-14 交流发电机的定子

交流发电机的基本原理是电磁感应原理。如图 2-1-15 所示，当发电机的转子绕组中通入直流电，转子在发动机的带动下旋转，产生一个旋转的磁场，使得静止的定子绕组切割磁力线而产生感应电动势。由于转子磁极铁心制作成鸟嘴形特殊结构，可使定子绕组感应产生的交流电动势近似于正弦曲线波形，如图 2-1-16 所示，因此三相电枢绕组产生的感应电动势按正弦规律变化。

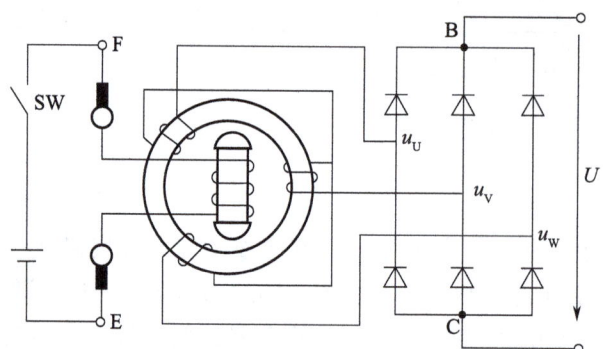

图 2-1-15 交流发电机发电示意图

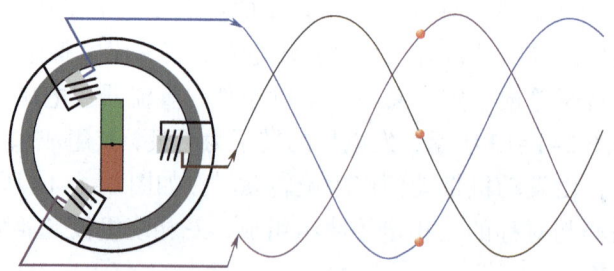

图 2-1-16 感应电动势输出波形示意图

引导问题 8

请查阅相关资料，简述定子绕组的分类。

_____
_____
_____

竞赛指南

在 2022 年全国职业院校技能大赛——汽车技术赛项里的纯电动汽车技术模块的样题中，有一道题是围绕纯电动汽车"三电"系统的"车辆无法行驶"现象设置的，这道题目为"驱动电机位置传感器内部余弦绕组断路"。

电机定子绕组的连接方法

1. 以定子绕组形成磁极来区分

根据电机的磁极数与绕组分布形成实际磁极数的关系，定子绕组可分为显极式与庶极式两种类型。

（1）显极式绕组

在显极式绕组中，每个（组）线圈形成一个磁极，绕组的线圈（组）数与磁极数相等。在显极式绕组中，为了使磁极的极性 N 和 S 相互间隔，相邻两个线圈（组）里的电流方向必须相反，则相邻两个线圈（组）的连接方式必须是尾端接尾端、首端接首端，即反接串联方式。

（2）庶极式绕组

在庶极式绕组中，每个（组）线圈形成两个磁极，绕组的线圈（组）数为磁极数的一半，因为另外半数磁极由线圈（组）产生磁极的磁力线共同形成。

在庶极式绕组中，每个线圈（组）所形成的磁极的极性都相同，因而所有线圈（组）里的电流方向都相同，则相邻两个线圈（组）的连接方式应该是尾端接首端，即顺接串联方式。

2. 以定子绕组的形状与嵌装布线方式区分

根据线圈绕制的形状与嵌装布线方式的不同，定子绕组可分为集中式和分布式两类。

（1）集中式绕组

集中式绕组一般仅由一个或几个矩形框线圈组成，绕制后用纱带包扎定型，再经浸漆烘干处理后嵌装在凸磁极的铁心上。直流电机、通用电机的励磁线圈，以及单相罩极电机的主极都采用这种绕组。

（2）分布式绕组

采用分布式绕组的电机定子没有凸形的极靴，每个磁极都是由一个或几个线圈按照一定的规律嵌装布线组成线圈组。根据嵌装布线排列的形式不同，分布式绕组又可分为同心式、叠式两类。

同心式绕组是同一线圈组的几个大小不同矩形线圈按同一中心的位置逐个嵌装排列成回字形的形式。同心式绕组又分单层与多层。一般单相电机和部分小功率三相异步电机的定子绕组采用这种形式。

叠式绕组是所有线圈的形状、大小完全相同（单双圈例外），分别以每槽嵌装一个线圈边，并在槽外端部逐个相叠、均匀分布的形式。叠式绕组又分单层叠式和双层叠式两种。在每槽里只嵌一个线圈边的为单层叠式绕组（简称单叠绕组）；每槽嵌两个不同线圈组的线圈边（分上下层）为双层叠式绕组（简称双叠绕组）。叠式绕组由于嵌装布线方式的不同，又有单双圈交叉布线排列与单双层混合布线排列之分。此外，从绕组端部的嵌装形状来看，可分为链形绕组、篮形绕组，其均属于叠式绕组。一般三相异步电机的定子绕组较多采用叠式绕组。

任务分组

进行任务分工，填入表 2-1-1 中。

表 2-1-1　学生任务分配表

班级		组号		指导教师	
组长		学号			
组员角色分配					
信息员		学号			
操作员		学号			
记录员		学号			
安全员		学号			
任务分工					
（就组织讨论、工具准备、数据采集、数据记录、安全监督、成果展示等工作内容进行任务分工）					

工作计划

按照前面所了解的知识内容和小组内部讨论的结果，制订工作方案，包括资料查阅渠道的落实、任务实施中的工作内容分工等，并将结果填入表 2-1-2 中。

表 2-1-2　工作计划表

步骤	工作内容	负责人
1		
2		
3		
4		
5		

进行决策

1）各组派代表阐述资料查询结果。
2）各组就各自的查询结果进行交流，并分享技巧。
3）教师对各组的计划方案进行点评。
4）各组长对组内成员进行任务分工，教师确认分工是否合理。

任务实施

1）电磁感应现象是指当_____的部分导体在磁场中切割磁力线，或者穿过闭合电路的磁力线数量（即磁通量）发生变化时，闭合电路中就会有电流产生。

2）左手定则（又称电动机定则）描述为：伸开左手，使拇指与其余四个手指垂直，并且都与手掌在_____内；让磁力线从掌心流入，使四指指向电流方向；_____就是通电导线在磁场所受安培力方向。

3）发电机是_____汽车的主要电源，其主要功能是在发动机正常运转时（急速以上），向所有用电设备（起动机除外）供电，同时为_____充电。

4）在显极式绕组中，为了使磁极的极性_____和_____相互间隔，相邻两个线圈（组）里的电流方向必须_____，即相邻两个线圈（组）的连接方式必须是_____接_____、_____接_____，即反接串联方式。

5）在庶极式绕组中，每个线圈（组）所形成的磁极的极性都相同，因而所有线圈（组）里的电流方向都_____，即相邻两个线圈（组）的连接方式应该是_____接_____，即顺接串联方式。

评价反馈

1）各组代表展示汇报 PPT，介绍任务的完成过程。
2）以小组为单位，对各组的操作过程与操作结果进行自评和互评，并将结果填入表 2-1-3 中的小组评价部分。
3）教师对学生工作过程与工作结果进行评价，并将评价结果填入表 2-1-3 中的教师评价部分。

表 2-1-3 综合评价表

班级		组号		姓名		学号	
实训任务							
评价项目		评价标准				分值	得分
小组评价	计划决策	制订的工作方案合理可行，小组成员分工明确				10	
	任务实施	能够正确检查并设置实训工位				5	
		能够准备和规范使用工具设备				5	
		能够正确解释电磁学的基本概念				20	
		能够正确解释电动机与发电机的基本工作原理				20	
		能够规范填写任务工单				10	
	任务达成	能按照工作方案操作，按计划完成工作任务				10	
	工作态度	认真严谨、积极主动，安全生产、文明施工				10	
	团队合作	小组组员积极配合、主动交流、协调工作				5	
	6S 管理	完成竣工检验、现场恢复				5	
		小计				100	
教师评价	实训纪律	不出现无故迟到、早退、旷课现象，不违反课堂纪律				10	
	方案实施	严格按照工作方案完成任务实施				20	
	团队协作	任务实施过程互相配合，协作度高				20	
	工作质量	能准确完成收集资料制作介绍电机发展历史的 PPT 的任务				20	
	工作规范	操作规范，三不落地，无意外事故发生				10	
	汇报展示	能准确表达、总结到位、改进措施可行				20	
		小计				100	
综合评分		小组评价分 ×50% + 教师评价分 ×50%					
总结与反思							

（如：学习过程中遇到什么问题→是如何解决的 / 解决不了的原因→心得体会）

任务二 直流电机原理与拆装

学习目标

知识目标
- 了解直流电机的概念。
- 掌握直流电机的结构组成。
- 掌握直流电机的工作原理。

技能目标
- 能够掌握永磁无刷直流电机的拆装注意事项。
- 能够正确使用常规维修工具拆装永磁无刷直流电机。

素养目标
- 认真严谨、积极主动，安全生产、文明施工。
- 获得多途径检索知识、分析解决问题以及多元化思考解决问题的方法，形成创新意识。
- 严格执行各项规章制度及6S现场管理，培养精益求精的工匠精神。

知识索引

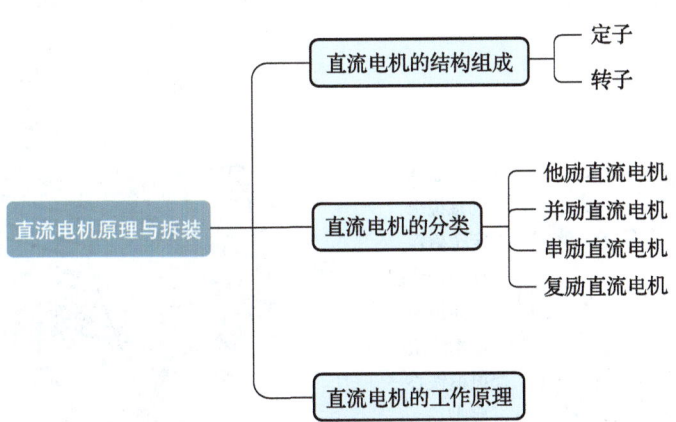

情境导入

某款搭载永磁无刷直流电机的纯电动汽车行驶约 49000km 之后，车主到店反映车辆行驶过程中电机有异常杂音。

经反复试车，维修技术主管判定电机定子、转子铁心可能有松动，指派你拆卸电机进一步检查。你准备与几个同事一起拆装该永磁无刷直流电机。

获取信息

引导问题 1

请查阅相关资料，简述直流电机的结构。

_____
_____
_____

直流电机的结构组成

直流电机是输出或输入为直流电的旋转电机，它是能实现电能和机械能互相转化的装置。由于控制方法简单、控制技术成熟，直流电机驱动系统被广泛用于电动汽车的各种电气传动装置之中。

直流电机主要由机座、电枢、主磁极、换向极、换向器、电刷装置、端盖、风扇、转轴、接线盒等组成。其中，静止部分叫作定子，转动部分叫作转子或电枢，直流电机的定、转子构造如图 2-2-1 所示。我国生产的 Z_2 系列直流电机具体结构如图 2-2-2 所示。

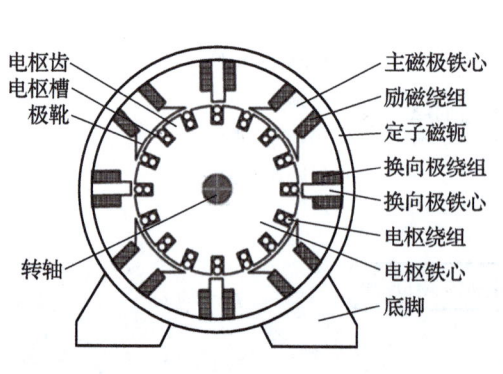

图 2-2-1　直流电机的定、转子构造

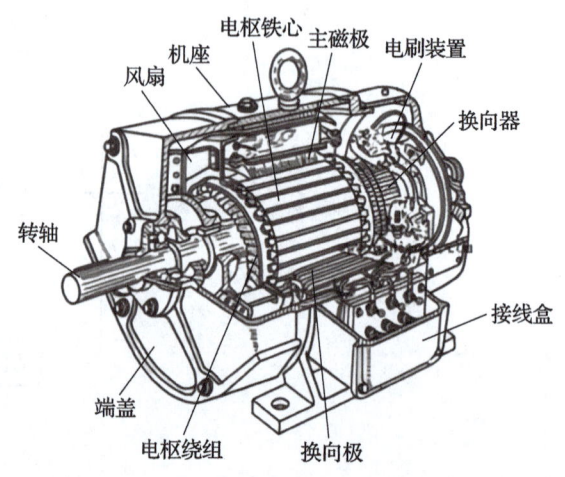

图 2-2-2　Z_2 系列直流电机具体结构

1. 定子

定子用来产生磁通和进行机械固定,主要由主磁极、换向极、电刷和机座等组成。

(1) 主磁极

主磁极的作用是产生气隙磁场,磁极可以是永磁体,也可以是电励磁式的。主磁极由主磁极铁心和励磁绕组两部分组成,如图2-2-3所示。铁心一般用0.5~1.5mm厚的硅钢片叠压铆紧而成,分为极身和极靴两部分,上面套励磁绕组的部分称为极身,下面扩宽的部分称为极靴,极靴宽于极身,既可以调整气隙中磁场的分布,又便于固定励磁绕组。励磁绕组用绝缘铜线绕制而成,套在主磁极铁心上。整个主磁极用螺钉固定在机座上。

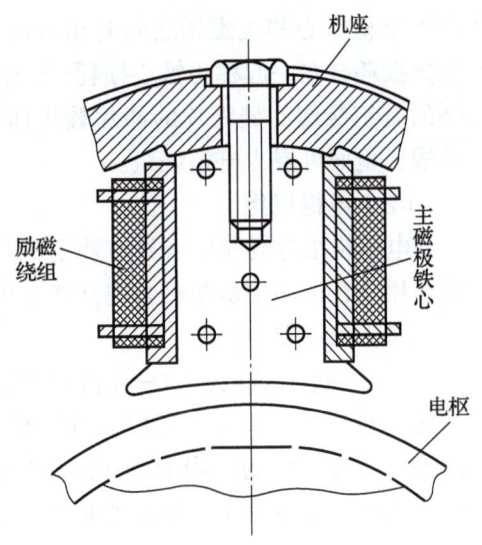

图2-2-3 直流电机的主磁极

(2) 换向极

换向极的作用是改善换向,减小电机运行时电刷下产生的火花。

(3) 电刷

电刷的作用主要是导通,作为转子电枢绕组的引出端,其结构如图2-2-4所示。目前,高端的新型直流电机基本采用先进的电子换向,称为无刷电机。

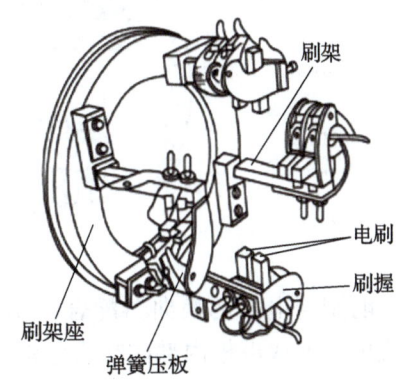

图2-2-4 直流电机的电刷

(4) 机座

机座又称磁轭,由铸钢或钢板制成,是磁路的一部分,也起到固定和支承作用。

2. 转子

转子又称电枢,主要由电枢铁心、电枢绕组及换向器等组成,如图2-2-5所示。电机端盖上装有轴承以支承电机转子旋转,端盖固定在机座两端。刷架安装在端盖上,电刷则与换向器相接触。转子的作用是当通电后在磁场中受力产生电磁转矩。电枢铁心由铁磁材料冲压、开槽、叠片而成,固定在转轴上。

图2-2-5 直流电机转子

在电机的定子和转子之间留有气隙,气隙的大小以及定子和转子的结构形式对电机性能有重要影响。

(1) 电枢铁心

电枢铁心有两个作用,一个是作为主磁路的主要部分;另一个是嵌放电枢绕组。

由于电枢铁心和主磁场之间的相对运动，会在铁心中引起涡流损耗和磁滞损耗（这两部分损耗合在一起称为铁心损耗，简称"铁耗"），为了减少铁耗，电枢铁心通常用0.5mm厚的有绝缘层的硅钢片的冲片叠压而成，固定在转轴上。电枢铁心沿圆周有均匀分布的槽，里面可嵌入电枢绕组。

（2）电枢绕组

电枢绕组有规律地嵌放在转子铁心槽内，两个端部与换向器连接，形成闭合回路。其作用是在运动中切割磁力线并产生电磁转矩（电动机）或电动势（发电机）。

（3）换向器

换向器是直流电机的一种特殊装置，是由许多换向片组成的整体，装在转子的一端，每两个相邻的换向片之间用云母片相互绝缘，在换向器的表面用弹簧压着电刷，转动的换向器与固定的电刷滑动接触，使转动的电枢绕组与静止的外电路相连接。换向器结构如图2-2-6所示。换向器是直流电机特有的结构特征，易于识别。

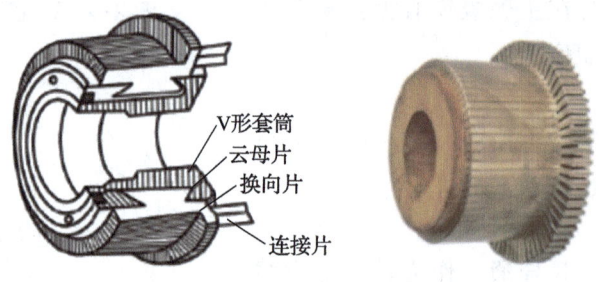

图2-2-6　换向器结构

电刷与电枢的换向器配合，实现电枢绕组的电流换向，对于电动机，是将外加的直流电变换成电枢内部的交变电流。

❓ 引导问题2

请查阅相关资料，简述直流电机的分类。

_____
_____
_____

直流电机的分类

按结构及工作原理，直流电机可分为无刷直流电机和有刷直流电机。采用永磁材料来替代传统电机的励磁绕组（或转子绕组）的永磁直流电机又分为永磁有刷直流电机和永磁无刷直流电机。

按励磁方式，直流电机可分为他励直流电机、并励直流电机、串励直流电机和复励直流电机等。汽车上常用的有并励直流电机和串励直流电机。

1. 并励直流电机

这种电机的励磁绕组同电枢线圈并联（图2-2-7），其励磁绕组称为并励绕组。由于并励绕组承受着电枢两端的全部电压，其值较高，为了减小它的铜耗，并励绕组必须具有较大的电阻以减小励磁电流。因此，并励绕组的匝数较多，用较细的导线绕成。

2. 串励直流电机

这种电机的励磁绕组同电枢绕组串联（图 2-2-8），其励磁绕组称为串励绕组。为了减小其电压降及铜耗，串励绕组应具有较小的电阻。因此，它总是用截面积较大的导线绕成，而且匝数较少。

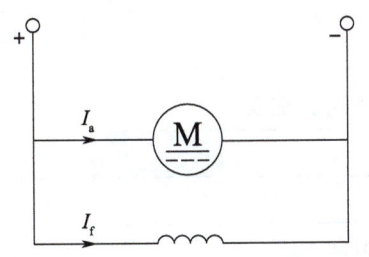
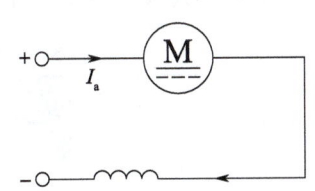

图 2-2-7　并励直流电机的电气原理　　图 2-2-8　串励直流电机的电气原理

> **引导问题 3**
>
> 请查阅相关资料，简述直流电机的工作原理。
> _____
> _____
> _____

直流电机的工作原理

图 2-2-9 所示为直流电机的工作原理示意图。其中，定子有一对 N、S 极，电枢绕组的末端分别接到两个换向片上，正、负电刷 A 和 B 分别与两个换向片接触。

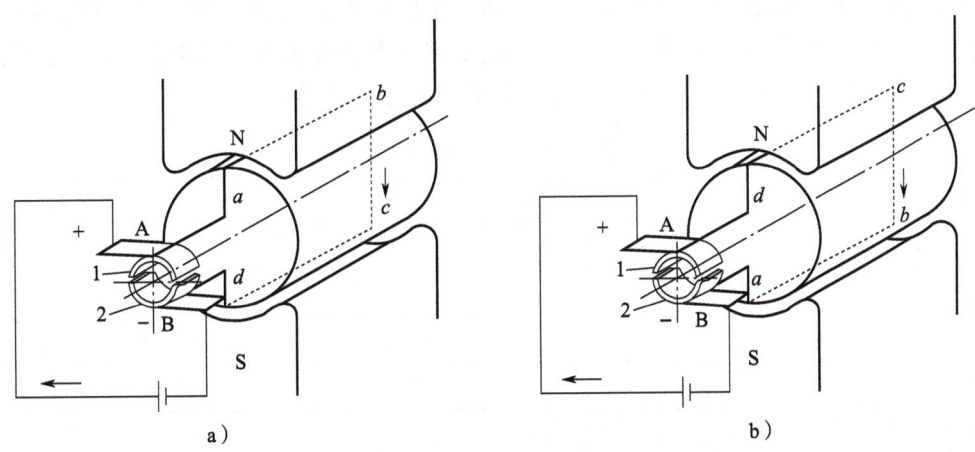

图 2-2-9　直流电机的工作原理示意图

如果给两个电刷加上直流电源，如图 2-2-9a 所示，则有直流电流从电刷 A 流入，经过线圈 abcd，从电刷 B 流出。载流导体 ab 和 cd 受到电磁力的作用，其方向可用左手定则判定,两段导体受到的力形成了一个转矩,使得转子逆时针转动。如果转子转到如图 2-2-9b 所示的位置,电刷 A 和换向片 2 接触,电刷 B 和换向片 1 接触,直流电流从电刷 A 流入,在线圈中的流动方向是 $d \rightarrow c \rightarrow b \rightarrow a$,从电刷 B 流出。此时载流导体 *ab* 和 *cd* 受到电磁力的作用方向同样可用左手定则判定,它们产生的转矩仍然使得转子逆时针转动。这就是直流电机的工作原理。

任务分组

进行任务分工,填入表 2-2-1 中。

表 2-2-1 学生任务分配表

班级		组号		指导教师	
组长		学号			
组员角色分配					
信息员		学号			
操作员		学号			
记录员		学号			
安全员		学号			
任务分工					
(就组织讨论、工具准备、数据采集、数据记录、安全监督、成果展示等工作内容进行任务分工)					

工作计划

按照前面所了解的知识内容和小组内部讨论的结果,制订工作方案,落实各项工作负责人,如任务实施前的准备工作、实施中的主要操作及协助支持工作、实施过程中相关要点及数据的记录工作等,并将结果填入表 2-2-2 中。

表 2-2-2 工作计划表

步骤	工作内容	负责人
1		
2		
3		
4		
5		
6		
7		
8		

进行决策

1）各组派代表阐述资料查询结果。
2）各组就各自的查询结果进行交流，并分享技巧。
3）教师对各组的计划方案进行点评。
4）各组长对组内成员进行任务分工，教师确认分工是否合理。

任务实施

引导问题 4

扫描二维码观看视频，了解如何拆卸和安装永磁无刷直流电机，并简述操作要点。

_____
_____
_____

【微课】直流无刷电机拆装

参考操作视频，按照规范作业要求完成操作步骤，完成数据采集并在表 2-2-3~表 2-2-5 中进行记录。

表 2-2-3　实训准备

序号	设备及工具名称	数量	设备及工具是否完好
1	永磁无刷直流电机	1 台	□是　□否
2	一体化集成工量具	1 套	□是　□否
3	耐磨手套	1 副	□是　□否
4	安全防护套装	1 套	□是　□否
5	警示牌	1 套	□是　□否
6	灭火器	1 套	□是　□否
7	三爪拉拔器	1 件	□是　□否
8	三层工具车	1 辆	□是　□否
9	绝缘工作台	1 台	□是　□否
质检意见	原因：		□是　□否

场地设备准备

任务实施前需要做好场地防护准备以及检查实训场地和设备设施是否存在安全隐患，如不正常须及时汇报教师，进行处理后方可实施任务。

安全要求及注意事项

1）严格按照实训步骤进行拆装作业，以免造成部件损伤。

2）拆装电机固定螺钉时，注意选用合适的工具，并控制力矩。
3）电机转子为永磁体，使用三爪拉拔器时注意力矩不宜过大、顶出速度不宜过快。
4）电机转子为永磁体，离开定子腔体之后，注意远离小件金属物品。
5）电机很多附件为塑料材质，取下时要注意方法和力矩。
6）拆装风扇固定卡簧时，注意佩戴护目镜，以免弹起损伤眼睛。

表 2-2-4　永磁无刷直流电机的拆卸

序号	步骤	记录	完成情况
1	使用十字螺钉旋具拆卸风扇罩上的 3 颗十字固定螺钉，取下风扇罩	拆卸工具： 防护工具：	已完成□ 未完成□
2	使用卡簧钳，将锁定的卡簧取出	拆卸工具：	已完成□ 未完成□
3	取下风扇	拆卸工具： 拆卸方法：	已完成□ 未完成□
4	使用 5 号内六角工具对角预松后端盖 6 颗固定螺钉，使用 5 号内六角工具拆卸后端盖 6 颗固定螺钉	拆卸工具： 螺钉颗数： 螺钉规格： 螺钉拆卸后的放置位置：	已完成□ 未完成□
5	使用 5 号内六角工具对角预松前端盖 6 颗固定螺钉，使用 5 号内六角工具拆卸前端盖 6 颗固定螺钉，取下前端盖	拆卸工具： 螺钉颗数： 螺钉规格： 螺钉拆卸后的放置位置： 前端盖拆卸后的放置位置：	已完成□ 未完成□
6	使用橡胶锤轻轻敲击转子使其壳体与后端盖分离		已完成□ 未完成□
7	将三爪拉拔器安装至壳体处，使用三爪拉拔器拉出壳体，慢慢转动拉拔器螺杆使电机转子和定子分离	拆卸工具： 转子拆卸方法： 转子拆卸后的放置位置：	已完成□ 未完成□
8	取下壳体，完成永磁无刷直流电机的拆卸		已完成□ 未完成□

（续）

序号	步骤	记录	完成情况
总结提升			已完成□ 未完成□
质检意见	原因：		已完成□ 未完成□

表 2-2-5　永磁无刷直流电机的组装

序号	步骤	记录	完成情况
1	使用拉拔器安装定子与转子，慢慢转动螺杆，使电机转子缓慢进入定子内 注意：不能直接放入，内有强磁，可能会导致夹伤	安装工具：	已完成□ 未完成□
2	使用橡胶锤轻轻敲击后端盖使其与壳体合并 注意：在进行合并时，及时调整后端盖及壳体位置，后端盖孔位与壳体孔位对齐，不能使用蛮力		已完成□ 未完成□
3	使用 5 号内六角工具安装后端盖内六角固定螺钉并紧固	螺钉紧固力矩：	已完成□ 未完成□
4	将前端盖对准螺钉孔位放入，使用橡胶锤轻轻敲击前端盖使其与壳体紧密贴合		已完成□ 未完成□
5	使用 5 号内六角工具安装前端盖内六角固定螺钉并紧固	螺钉紧固力矩：	已完成□ 未完成□
6	安装风扇并按压至指定位置		已完成□ 未完成□
7	安装风扇卡簧至指定位置		已完成□ 未完成□
8	将风扇罩对准螺钉孔位安装，使用十字螺钉旋具紧固风扇罩 3 颗十字固定螺钉		已完成□ 未完成□
9	完成永磁无刷直流电机的组装 清点工具放回原位，进行场地 6S 工作		已完成□ 未完成□
总结提升			已完成□ 未完成□
质检意见	原因：		已完成□ 未完成□

评价反馈

1）各组代表展示汇报 PPT，介绍任务的完成过程。

2）以小组为单位，对各组的操作过程与操作结果进行自评和互评，并将结果填入表 2-2-6 中的小组评价部分。

3）教师对学生工作过程与工作结果进行评价，并将评价结果填入表 2-2-6 中的教师评价部分。

表2-2-6 综合评价表

班级		组号		姓名		学号	
实训任务							
评价项目		评价标准				分值	得分
小组评价	计划决策	制订的工作方案合理可行,小组成员分工明确				10	
	任务实施	能够正确检查并设置实训工位				5	
		能够准备和规范使用工具设备				5	
		能够正确、规范地完成永磁无刷直流电机的拆卸				20	
		能够正确、规范地完成永磁无刷直流电机的组装				20	
		能够规范填写任务工单				10	
	任务达成	能按照工作方案操作,按计划完成工作任务				10	
	工作态度	认真严谨、积极主动,安全生产、文明施工				10	
	团队合作	小组组员积极配合、主动交流、协调工作				5	
	6S管理	完成竣工检验、现场恢复				5	
		小计				100	
教师评价	实训纪律	不出现无故迟到、早退、旷课现象,不违反课堂纪律				10	
	方案实施	严格按照工作方案完成任务实施				20	
	团队协作	任务实施过程互相配合,协作度高				20	
	工作质量	能准确完成拆装永磁无刷直流电机的任务				20	
	工作规范	操作规范,三不落地,无意外事故发生				10	
	汇报展示	能准确表达、总结到位、改进措施可行				20	
		小计				100	
综合评分		小组评价分×50% + 教师评价分×50%					
总结与反思							

(如:学习过程中遇到什么问题→是如何解决的/解决不了的原因→心得体会)

任务三 三相异步电机原理与拆装

学习目标

知识目标
- 了解三相异步电机的概念。
- 掌握三相异步电机的结构组成。
- 掌握三相异步电机的工作原理。

技能目标
- 能够掌握三相异步电机的拆装注意事项。
- 能够正确使用常规维修工具拆装三相交流异步电机。

素养目标
- 认真严谨、积极主动,安全生产、文明施工。
- 获得多途径检索知识、分析解决问题以及多元化思考解决问题的方法,形成创新意识。
- 严格执行各项规章制度及6S现场管理,培养精益求精的工匠精神。

知识索引

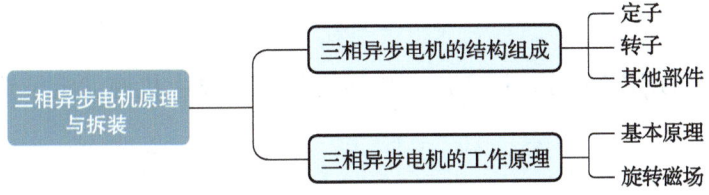

情境导入

某款搭载三相异步电机的纯电动汽车行驶约40000km之后,车主到店反映车辆行驶过程中,前机舱有异响,速度越快响声越大,但是仪表无故障灯提示。

维修技术主管判定驱动电机轴承故障,指派你拆卸电机进一步检查。你准备与几个同事一起拆装该三相异步电机。

获取信息

引导问题 1

请查阅相关资料，简述三相异步电机的结构。

_____
_____
_____

三相异步电机的结构组成

三相异步电机的种类很多，但各类三相异步电机的基本结构是相同的，它们都由定子和转子这两大基本部分组成，在定子和转子之间具有一定的气隙。此外，还有端盖、轴承、风扇、风扇罩、接线盒、吊环等其他部件，其结构如图 2-3-1 所示。

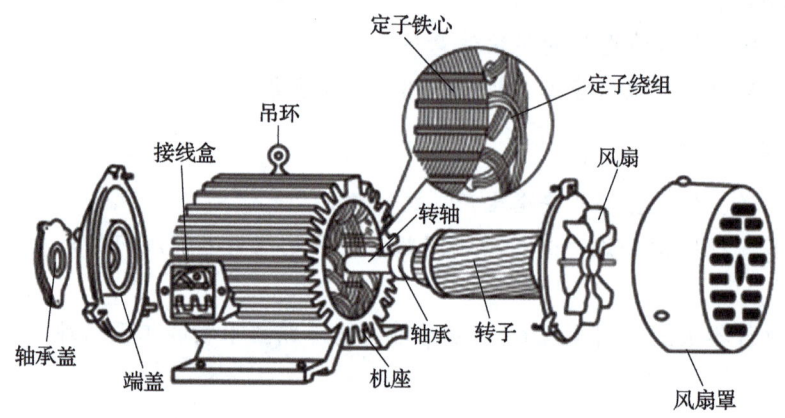

图 2-3-1 三相异步电机的结构

1. 定子

定子是电机的固定部分，用于产生旋转磁场，主要由机座、定子铁心、定子绕组等组成。

（1）机座

机座是电机的支架，主要用于支承铁心并且固定端盖。中小型异步电机的机座一般用铸铁制成，有的小型电机采用铝合金铸成。封闭式电机机座外表有散热片，防护式电机机座两侧开有通风孔，便于散热。机座内腔是一个圆柱形的空间，用来安装定子铁心、定子绕组以及整个转子。

（2）定子铁心

定子铁心是电机磁路的一部分，由冲成圆环形、厚度为 0.35~0.5mm 的硅钢片叠压而成，如图 2-3-2a 所示。定子冲片（图 2-3-2b）采用硅钢片是因为其导磁性能好、铁耗小。硅钢片表面有绝缘层，使各片之间互相绝缘，以减小铁心的涡流损耗。定子铁心呈圆柱形，内圆均匀地冲有与轴平行的槽，在铁心叠压以后形成定子槽，以便嵌入定子绕组。

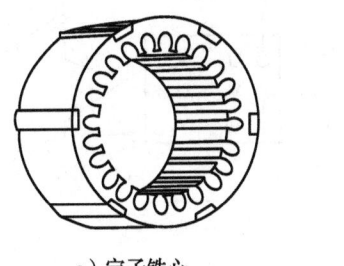 

a）定子铁心　　　　　　　　b）定子冲片

图 2-3-2　定子铁心与冲片

定子铁心槽型有以下几种：

1）半闭口型槽：电机的效率和功率因数较高，但绕组嵌线和绝缘都较困难，一般用于小型低压电机中。

2）半开口型槽：可嵌放成型绕组，一般用于大型、中型低压电机。所谓成型绕组即绕组可事先经过绝缘处理后再放入槽内。

3）开口型槽：用以嵌放成型绕组，绝缘方便，主要用在高压电机中。

（3）定子绕组

定子绕组是三相异步电机的电路部分，通入三相对称交流电时，就会产生旋转磁场。

定子绕组通常由涂有绝缘漆的铜线绕制而成，再将绕制好的铜线按一定的规律嵌入定子铁心的槽内，具体见图 2-3-1 中的放大部分。绕组嵌入槽后，按一定的方法将绕组连接起来，使整个绕组构成 U、V、W 三相绕组，三相绕组在空间互相间隔 120°电角度，如图 2-3-3 所示；再将三相绕组的首、末端引出来，接到接线盒的 U_1、U_2、V_1、V_2、W_1、W_2 接线柱上，如图 2-3-4 所示。这 6 个接线端在接线盒里可以采用星形或三角形联结，分别如图 2-3-5 和图 2-3-6 所示。

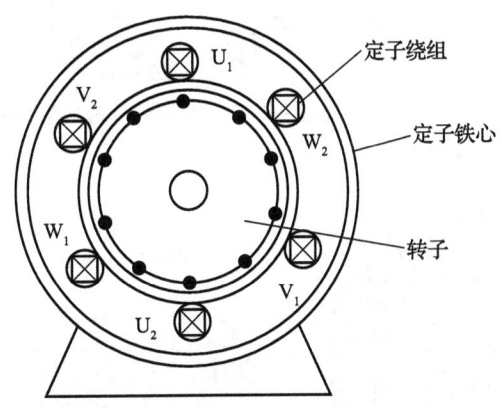 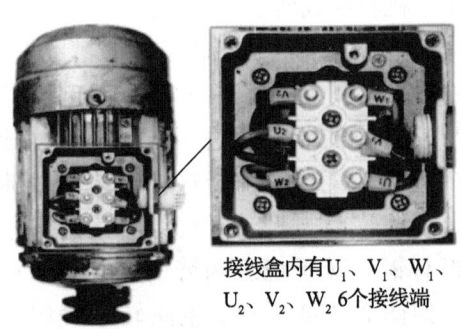

接线盒内有 U_1、V_1、W_1、U_2、V_2、W_2 6 个接线端

图 2-3-3　三相异步电机的三相绕组　　　图 2-3-4　电机接线盒内有 6 个接线端
　　　　　互差 120°电角度

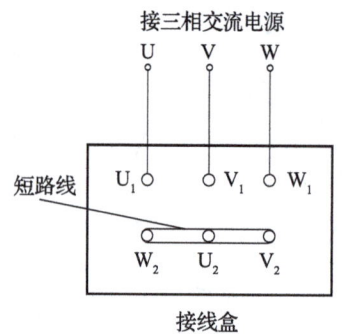
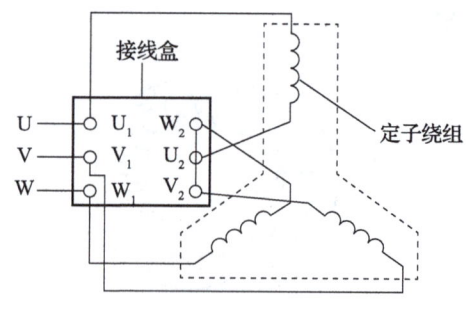

图 2-3-5 定子绕组为星形联结

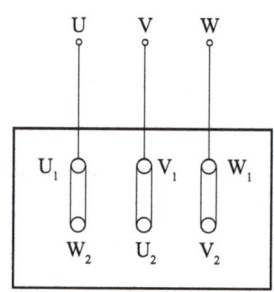
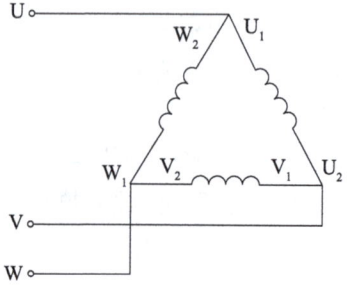

图 2-3-6 定子绕组为三角形联结

2. 转子

转子是电机的旋转部分，由转子铁心、转子绕组和转轴组成。

（1）转子铁心

转子铁心是由很多外圆开有槽的硅钢片叠在一起构成的，槽用来放置转子绕组，结构如图 2-3-7 所示。

（2）转子绕组

转子绕组嵌在转子铁心的槽中，转子绕组可分为笼型转子绕组和绕线转子绕组，对应的电机分别称为笼型异步电机和绕线转子异步电机。

笼型转子绕组是在转子铁心槽中放入金属导条，再在铁心两端用导环将各导条连接起来，这样任意一根导条与它对应的导条通过两端导环就构成一个闭合的绕组，由于这种绕组形似笼子，因此称为笼型转子绕组。笼型转子绕组有铜条转子绕组和铸铝转子绕组两种，如图 2-3-8 所示。铜条转子绕组是在转子铁心的槽内放入铜导条，然后在两端用金属端环将它们焊接起来；而铸铝转子绕组则是用浇铸的方法在铁心上浇铸出铝导条、端环和风叶。

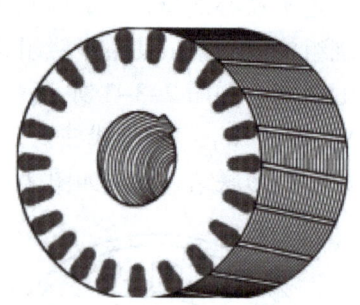

图 2-3-7 由硅钢片叠成的转子铁心

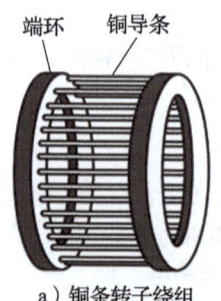
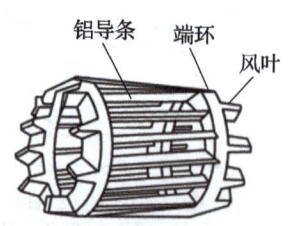

a）铜条转子绕组　　b）铸铝转子绕组

图 2-3-8 两种笼型转子绕组

绕线转子绕组（图 2-3-9）是在转子铁心中按一定的规律嵌入用绝缘导线绕制好的绕组，然后将绕组按三角形或星形联结，大多数按星形方式联结。绕组接好后引出 3 根相线，通过转轴内孔接到转轴的 3 个集电环上，集电环随转轴一起旋转，集电环与固定不动的电刷摩擦接触，而电刷通过导线与变阻器连接，这样转子绕组产生的电流通过集电环、电刷、变阻器构成回路。调节变阻器可以改变转子绕组回路的电阻，以此来改变绕组的电流，从而调节转子的转速。

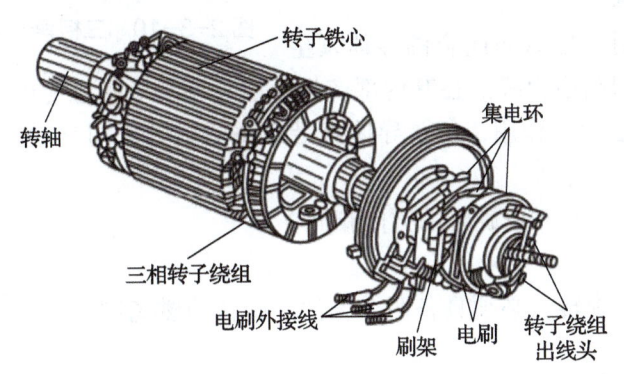

图 2-3-9　绕线转子绕组

（3）转轴

转轴嵌套在转子铁心的中间。当定子绕组通三相交流电后会产生旋转磁场，转子绕组受旋转磁场作用而旋转，并通过转子铁心带动转轴转动，将动力从转轴传递出来。

3. 其他部件

其他部分主要包括轴承、风扇等。风扇是用来通风冷却电机的。三相异步电机的定子与转子之间的空气隙一般仅为 0.2~1.5mm，气隙不能太大，气隙大时产生的转矩小，会使电机运行时的功率因数降低；但也不能太小，气隙太小时会导致装配困难，如果内有异物或转轴有挠度时容易卡堵（扫膛），运行不可靠，高次谐波磁场增强，引起附加损耗以及起动性变差。

引导问题 2

请查阅相关资料，简述三相异步电机的工作原理。

_____

_____

_____

三相异步电机的工作原理

1. 基本原理

为了说明三相异步电机的工作原理，可以做如下演示实验。

（1）演示实验

如图 2-3-10 所示，在装有手柄的蹄形磁铁的两极间放置一个闭合导体，当转动手柄带动蹄形磁铁旋转时，将发现导体也随着旋转；若改变磁铁的旋转方向，则导体的旋转方向也随着改变。

（2）现象解释

当磁铁旋转时，磁铁与闭合的导体发生相对运动，导体切割磁力线而在其内部产生感应电动势 e 和感应电流 i。感应电流又使导体受到一个电磁力的作用，于是导体就沿磁铁的旋转方向转动起来，这就是异步电机的基本原理。

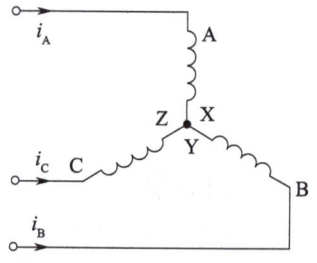

图 2-3-10　三相异步电机的工作原理演示图

转子转动的方向和磁极旋转的方向相同。

（3）结论

想要异步电机旋转，必须具备两个条件：旋转的磁场和闭合的转子绕组。

2. 旋转磁场

（1）旋转磁场的产生

图 2-3-11 表示最简单的三相定子绕组 AX、BY、CZ，它们在空间中按互差 120° 的规律对称排列，呈星形联结，并与三相电源 U、V、W 相连。随着三相对称电流在定子绕组中通过，旋转磁场就会产生，如图 2-3-12 所示。

图 2-3-11　三相异步电机定子绕组联结

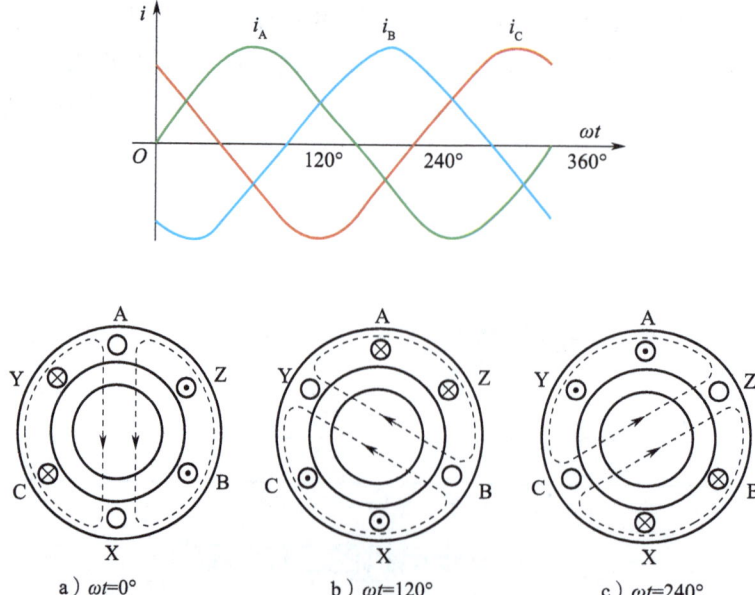

图 2-3-12　旋转磁场的产生

当 $\omega t=0°$ 时,$i_A=0$,AX 绕组中无电流;i_B 为负,BY 绕组中的电流从 Y 流入,从 B 流出;i_C 为正,CZ 绕组中的电流从 C 流入,从 Z 流出;由右手定则可得合成磁场的方向如图 2-3-12a 所示。

当 $\omega t=120°$ 时,$i_B=0$,BY 绕组中无电流;i_A 为正,AX 绕组中的电流从 A 流入,从 X 流出;i_C 为负,CZ 绕组中的电流从 Z 流入,从 C 流出;由右手定则可得合成磁场的方向如图 2-3-12b 所示。

当 $\omega t=240°$ 时,$i_C=0$,CZ 绕组中无电流;i_A 为负,AX 绕组中的电流从 X 流入,从 A 流出;i_B 为正,BY 绕组中的电流从 B 流入,从 Y 流出;由右手定则可得合成磁场的方向如图 2-3-12c 所示。

当定子绕组中的电流变化一个周期时,合成磁场也按电流的相序方向在空间旋转一周。随着定子绕组中的三相电流不断地作周期性变化,产生的合成磁场也不断地旋转,因此称为旋转磁场。

(2)旋转磁场的方向

旋转磁场的方向是由三相绕组中的电流相序决定的,若想改变旋转磁场的方向,只需改变通入定子绕组的电流相序,即将三根电源线中的任意两根对调即可。

任务分组

进行任务分工,填入表 2-3-1 中。

表 2-3-1 学生任务分配表

班级		组号		指导教师	
组长		学号			
组员角色分配					
信息员		学号			
操作员		学号			
记录员		学号			
安全员		学号			
任务分工					

(就组织讨论、工具准备、数据采集、数据记录、安全监督、成果展示等工作内容进行任务分工)

新能源汽车电机及控制系统检修　　姓名　　班级　　日期

📋 工作计划

按照前面所了解的知识内容和小组内部讨论的结果，制订工作方案，落实各项工作负责人，如任务实施前的准备工作、实施中的主要操作及协助支持工作、实施过程中相关要点及数据的记录工作等，并将结果填入表 2-3-2 中。

表 2-3-2　工作计划表

步骤	工作内容	负责人
1		
2		
3		
4		
5		
6		
7		
8		

进行决策

1）各组派代表阐述资料查询结果。
2）各组就各自的查询结果进行交流，并分享技巧。
3）教师对各组的计划方案进行点评。
4）各组长对组内成员进行任务分工，教师确认分工是否合理。

任务实施

> **引导问题 3**
>
> 扫描二维码观看视频，了解如何拆卸和组装三相异步电机，并简述操作要点。
> _____
> _____

【微课】异步电机拆装

参考操作视频，按照规范作业要求完成操作步骤，完成数据采集并在表 2-3-3~表 2-3-5 中进行记录。

表 2-3-3 实训准备

序号	设备及工具名称	数量	设备及工具是否完好
1	三相异步电机	1 台	□是 □否
2	一体化集成工量具	1 套	□是 □否
3	耐磨手套	1 副	□是 □否
4	安全防护套装	1 套	□是 □否
5	警示牌	1 套	□是 □否
6	灭火器	1 套	□是 □否
7	三爪拉拔器	1 件	□是 □否
8	三层工具车	1 辆	□是 □否
9	绝缘工作台	1 台	□是 □否
质检意见	原因：		□是 □否

场地设备准备

任务实施前需要做好场地防护准备，并检查实训场地和设备设施是否存在安全隐患，如不正常须及时汇报教师，进行处理后方可实施任务。

安全要求及注意事项

1）严格按照实训步骤进行拆装作业，以免造成部件损伤。

2）拆装电机固定螺钉时，要注意选用合适的工具，并控制力矩。

3）异步电机转子非永磁体，使用三爪拉拔器时注意力矩不宜过大、顶出速度不宜过快。

4）电机很多附件为塑料材质，取下时注意方法和力矩。

5）异步电机三相线束有接法要求，注意查看铭牌信息。

6）拆装风扇固定卡簧时，注意佩戴护目镜，以免弹起损伤眼睛。

表 2-3-4 三相异步电机的拆卸

序号	步骤	记录	完成情况
1	取出转轴保护套		已完成□ 未完成□
2	取出花键		已完成□ 未完成□
3	使用十字螺钉旋具拆卸电源上盖 4 颗十字固定螺钉，取下电源上盖		已完成□ 未完成□
4	使用套筒工具拆卸电机接线板与三相线束的 6 颗固定螺母		已完成□ 未完成□

（续）

序号	步骤	记录	完成情况
5	将三相线束与电机接线板分离，取出三相线束与电机接线板之间的垫片		已完成□ 未完成□
6	使用十字螺钉旋具拆卸电机接线板 2 颗固定螺钉，取出电机接线板		已完成□ 未完成□
7	使用十字螺钉旋具拆卸配电箱外壳 4 颗固定螺钉，取下配电箱外壳		已完成□ 未完成□
8	使用 10 号套筒与棘轮扳手拆卸前端盖 3 颗固定螺钉		已完成□ 未完成□
9	将三爪拉拔器安装至前端盖上		已完成□ 未完成□
10	使用三爪拉拔器拉出前端盖		已完成□ 未完成□
11	使用十字螺钉旋具拆卸风扇罩 3 颗十字固定螺钉，拆除风扇罩		已完成□ 未完成□
12	使用一字螺钉旋具撬出扇叶		已完成□ 未完成□
13	使用 10 号套筒与棘轮扳手拆卸后端盖 3 颗固定螺钉		已完成□ 未完成□
14	使用橡胶锤敲击转子轴，使其与壳体脱离		已完成□ 未完成□
15	完成三相交流异步电机的安装		已完成□ 未完成□
总结提升			已完成□ 未完成□
质检意见	原因：		已完成□ 未完成□

表 2-3-5　三相异步电机的组装

序号	步骤	记录	完成情况
1	安装转子绕组，后端盖的螺钉孔位须与壳体螺钉孔位对齐		已完成□ 未完成□
2	用橡胶锤敲击后端盖使其与壳体紧密贴合		已完成□ 未完成□
3	预紧后端盖 3 颗固定螺钉，使用 10 号套筒加棘轮扳手紧固后端盖螺钉		已完成□ 未完成□
4	用橡胶锤轻轻敲击扇叶，使其安装至指定位置		已完成□ 未完成□

（续）

序号	步骤	记录	完成情况
5	安装风扇罩，使用十字螺钉旋具紧固风扇罩 3 颗固定螺钉		已完成□ 未完成□
6	安装前端盖，前端盖的螺钉孔位须与壳体螺钉孔位对齐		已完成□ 未完成□
7	使用橡胶锤敲击前端盖使其与壳体紧密贴合		已完成□ 未完成□
8	用手预紧前端盖固定螺钉，使用 10 号套筒与棘轮扳手安装前端盖 3 颗固定螺钉		已完成□ 未完成□
9	安装三相线束的固定支架，用手预紧三相线束固定支架的 4 颗固定螺钉，使用十字螺钉旋具紧固三相线束固定支架的 4 颗固定螺钉		已完成□ 未完成□
10	安装电机接线板，用手预紧电机接线板 2 颗十字固定螺钉，使用十字螺钉旋具紧固电机接线板 2 颗十字固定螺钉		已完成□ 未完成□
11	安装三相线束与电机接线板之间的垫片		已完成□ 未完成□
12	用手预紧电机接线板与三相线束的 6 颗固定螺母，使用 10 号套筒与棘轮扳手安装电机接线板与三相线束的 6 颗固定螺钉		已完成□ 未完成□
13	安装电源上盖，使用十字螺钉旋具紧固电源上盖 4 颗固定螺钉		已完成□ 未完成□
14	安装花键		已完成□ 未完成□
15	安装保护套		已完成□ 未完成□
16	完成异步电机组装操作，清点工具放回原位，进行场地 6S 工作		已完成□ 未完成□
总结提升			已完成□ 未完成□
质检意见	原因：		已完成□ 未完成□

评价反馈

1）各组代表展示汇报 PPT，介绍任务的完成过程。

2）以小组为单位，对各组的操作过程与操作结果进行自评和互评，并将结果填入表 2-3-6 中的小组评价部分。

3）教师对学生工作过程与工作结果进行评价，并将评价结果填入表 2-3-6 中的教师评价部分。

新能源汽车电机及控制系统检修　姓名　　　班级　　　日期

表 2-3-6　综合评价表

班级			组号		姓名		学号	
实训任务								
评价项目			评价标准				分值	得分
小组评价		计划决策	制订的工作方案合理可行，小组成员分工明确				10	
		任务实施	能够正确检查并设置实训工位				5	
			能够准备和规范使用工具设备				5	
			能够正确、规范地完成三相交流异步电机的拆卸				20	
			能够正确、规范地完成三相交流异步电机的组装				20	
			能够规范填写任务工单				10	
		任务达成	能按照工作方案操作，按计划完成工作任务				10	
		工作态度	认真严谨、积极主动，安全生产、文明施工				10	
		团队合作	小组组员积极配合、主动交流、协调工作				5	
		6S 管理	完成竣工检验、现场恢复				5	
			小计				100	
教师评价		实训纪律	不出现无故迟到、早退、旷课现象，不违反课堂纪律				10	
		方案实施	严格按照工作方案完成任务实施				20	
		团队协作	任务实施过程互相配合，协作度高				20	
		工作质量	能准确完成拆装三相交流异步电机的任务				20	
		工作规范	操作规范，三不落地，无意外事故发生				10	
		汇报展示	能准确表达、总结到位、改进措施可行				20	
			小计				100	
综合评分			小组评价分 ×50% + 教师评价分 ×50%					
总结与反思								

（如：学习过程中遇到什么问题→是如何解决的 / 解决不了的原因→心得体会）

任务四 开关磁阻电机原理与拆装

学习目标

知识目标
- 了解开关磁阻电机的发展历史。
- 掌握开关磁阻电机的结构与工作原理。
- 了解开关磁阻电机的优点和缺点。

技能目标
- 能够掌握开关磁阻电机的拆装注意事项。
- 能够正确使用常规维修工具拆装开关磁阻电机。

素养目标
- 认真严谨、积极主动,安全生产、文明施工。
- 获得多途径检索知识、分析解决问题以及多元化思考解决问题的方法,形成创新意识。
- 严格执行各项规章制度及6S现场管理,培养精益求精的工匠精神。

知识索引

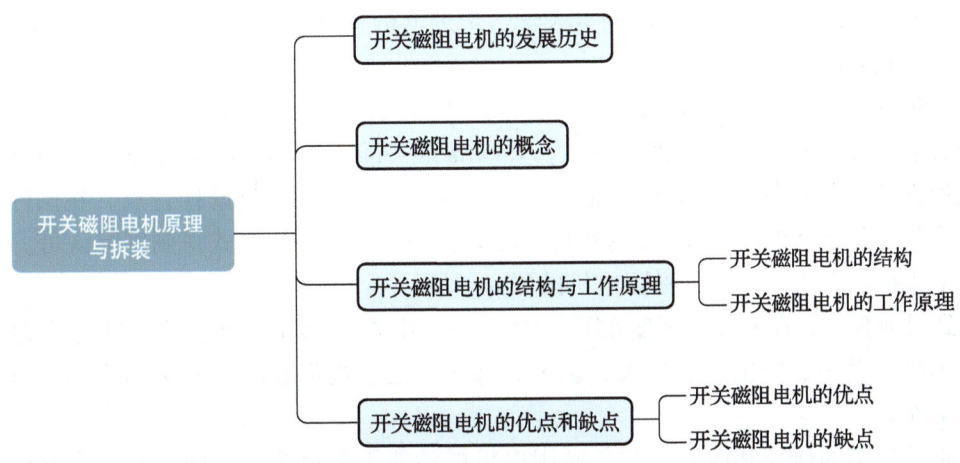

新能源汽车电机及控制系统检修　　姓名　　　班级　　　日期

情境导入

某款搭载开关磁阻电机的纯电动汽车行驶约 85000km 之后，车主到店反映车辆行驶过程中加速无力，当坡度过大时车辆无法通过，仪表无故障灯提示。

经反复试车，维修技术主管判定电机内部可能存在损坏，指派你拆卸电机进一步检查。你准备与几个同事一起拆装该开关磁阻电机。

获取信息

引导问题 1

请查阅相关资料，简述开关磁阻电机在怎样的功率范围内性能不低于其他形式的电机。

_____

_____

开关磁阻电机的发展历史

开关磁阻电机是继直流电机和交流电机之后，又一种极具发展潜力的新型电机。开关磁阻电机是采用定、转子凸极且极数相接近的大步距磁阻式步进电机的结构，利用转子位置传感器，通过电子功率开关控制各相绕组导通使其运行的电机。

开关磁阻电机相关的研究最早可追溯到 1838 年，苏格兰学者罗伯特·戴维森（Robert Davidson）制造了一套用以推动电力机车的驱动系统。

20 世纪 70 年代左右，英国利兹大学"步进电机和磁阻电机研究小组"首创了一台现代开关磁阻电机的雏形。

1980 年，彼得·劳伦森（Peter Lawrenson）及其同事在国际电机会议（ICEM）上，发表著名论文《开关磁阻调速电动机》（Variable-Speed Switched Reluctance Motors），系统地介绍了他们的工作成果，阐述了开关磁阻电机的原理及设计特点，在国际上奠定了现代开关磁阻电机的地位，这也标志着开关磁阻驱动系统正式得到国际认可。从此，世界上大批学者投入到开关磁阻电机的研究领域。

到目前为止，在开关磁阻驱动系统的开发研制方面，英国一直处于国际领先地位。除英国外，美国、中国、加拿大、印度、韩国等国家也都开展了开关磁阻驱动系统的研究工作。

通过多年的研究和改进，开关磁阻电机的性能不断提高，目前在数百瓦到数百千瓦的功率范围内其性能不低于其他形式的电机。

> **引导问题 2**
>
> 请查阅相关资料，简述开关磁阻电机的特点。
> _____
> _____
> _____

开关磁阻电机的概念

开关磁阻电机（switched reluctance motor，SRM）是一种定子有绕组、转子无绕组，且定子、转子均采用凸极结构的电机。由于这种电机在工作时需要用开关不断切换绕组供电，并且是利用磁阻最小原理工作，所以称为开关磁阻电机。它具有结构简单、坚固、成本低、工作可靠、控制灵活、运行效率高、适于高速与恶劣环境运行等优点，由其构成的开关磁阻驱动（switched reluctance drive，SRD）系统具有交、直流驱动系统所没有的优点，因此，世界各国对 SRD 系统接受和感兴趣的程度呈逐年上升趋势，现已形成了理论研究与实际应用并重的发展态势。SRD 系统融 SRM、功率变换器、控制器与位置传感器为一体，因此其性能改善不能一味地依靠优化 SRM 与功率变换器设计，而必须借助先进的控制策略。从 20 世纪 80 年代 SRM 问世至今，在 SRM 控制方面已出现大量先进的控制思想，并取得了很多实用的成果。

> **引导问题 3**
>
> 请查阅相关资料，简述开关磁阻电机的结构。
> _____
> _____
> _____

开关磁阻电机的结构与工作原理

1. 开关磁阻电机的结构

开关磁阻电机是一种新型电机，由双凸极的定子和转子组成，其定子、转子的凸极均由普通的硅钢片叠压而成。转子既无绕组又无永磁体，定子凸极上绕有集中式绕组。

转子的作用是构成定子磁场磁通路，并在电磁力的作用下转动，产生电磁转矩。转子的凸极个数为偶数。实际应用的开关磁阻电机的转子凸极最少有 4 个（2 对），最多有 16 个（8 对）。定子的作用是绕组按顺序通电，产生的电磁力牵引转子转动。定子凸极的个数也是偶数，最少的有 6 个，最多的有 18 个。

定子凸极上径向相对的两个绕组可以串联或并联在一起成为一相绕组。径向的两个绕组串联成 1 个两极磁极，称为"一相"。开关磁阻电机（图 2-4-1）可以设计成多种不同的相数结构，且定子、转子的极数有多种不同的搭配，可以设计成单相、两相、三相、四相及多相等不同相数结构。低于三相的开关磁阻电机一般没有自起动能力。

相数多，有利于减小转矩脉动，但会导致结构复杂、主开关器件多、成本提高。目前应用较多的是三相 6/4 极结构和四相 8/6 极结构。

图 2-4-1　一些常见的开关磁阻电机的实物外形

2. 开关磁阻电机的工作原理

开关磁阻电机的结构与工作原理与步进电机相似，都是遵循"磁阻最小原理"——磁力线总是力图通过磁阻最小的路径。开关磁阻电机的典型结构与工作原理如图 2-4-2 所示，这是一个三相 6/4 极开关磁阻电机，即定子有三相绕组和 6 个凸极，转子有 4 个凸极。

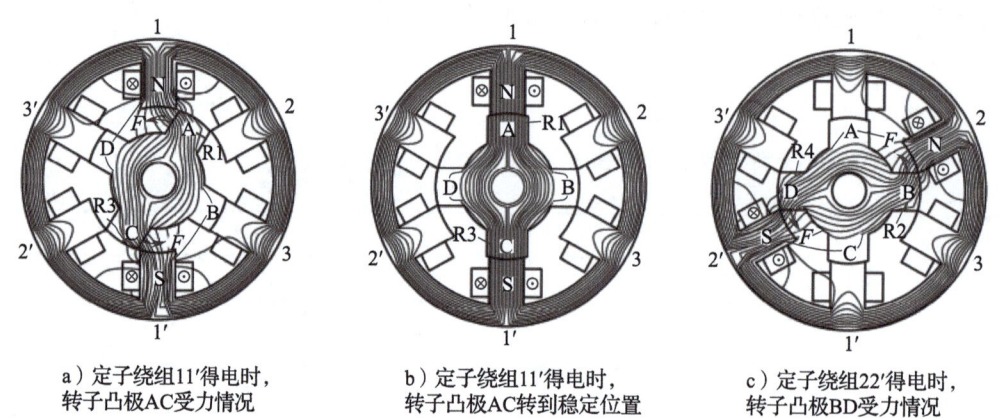

a）定子绕组11′得电时，转子凸极AC受力情况　　b）定子绕组11′得电时，转子凸极AC转到稳定位置　　c）定子绕组22′得电时，转子凸极BD受力情况

图 2-4-2　开关磁阻电机的典型结构与工作原理

当定子绕组 11′ 得电时，1 凸极产生的磁场为 N，1′ 凸极产生的磁场为 S，如图 2-4-2a 所示。根据磁阻最小原理可知，转子凸极 AC 受到逆时针方向的电磁转矩作用力，于是转子开始转动；当转到图 2-4-2b 所示位置时，定子凸极 11′ 与转子凸极 AC 对齐，此时磁阻最小，电磁转矩为 0，转子不再转动。这时若切断 11′ 绕组供电，而接通 22′ 绕组，定子凸极 2 产生的磁场为 N，凸极 2′ 产生的磁场为 S，如图 2-4-2c 所示，转子凸极 BD 受到逆时针方向的电磁转矩作用力，于是转子继续转动。

如果按 11′→22′→33′ 的顺序切换定子绕组电源，转子将按逆时针方向旋转。

如果按 11′→33′→22′ 的顺序切换定子绕组电源，转子将按顺时针方向旋转。

能力模块二　新能源汽车电机的认知

> **引导问题 4**
>
> 请查阅相关资料，简述开关磁阻电机的优点。
> _____
> _____
> _____

> **引导问题 5**
>
> 请查阅相关资料，简述开关磁阻电机的缺点。
> _____
> _____
> _____

开关磁阻电机的优点和缺点

1. 开关磁阻电机的优点

（1）结构简单，成本低

开关磁阻电机的结构比通常认为的简单。其突出优点是转子上没有任何形式的绕组，因此不会有笼型感应电机制造过程中笼型转子绕组铸造不合适及使用中的断条等问题。其转子机械强度极高，可以用于超高速运转。其定子有几个集中式绕组，因此制造简便，绝缘容易。

（2）功率电路简单可靠

因为电机转矩方向与绕组电流方向无关，即只需单方向绕组电流，所以功率电路可以做到每相一个功率开关，并且每个功率开关器件均直接与电机绕组相串联，从根本上避免了直通短路现象。因此，开关磁阻电机调速系统中功率电路的保护电路可以简化，既降低了成本，又提高了工作可靠性。

（3）各相可以独立工作，可靠性高

从开关磁阻电机的电磁结构上看，各相绕组和磁路相互独立，各自在一定轴角范围内产生电磁转矩，而不像在一般电机中必须在各相绕组和磁路共同作用下产生一个旋转磁场，电机才能正常运转。从控制器结构上看，各相电路各自给一相绕组供电，一般也是相互独立工作。由此可知，当电机一相绕组或控制器一相电路发生故障时，只需停止该相工作，电机除总输出功率有所减小外，并无其他问题。因此，该系统可靠性极高，适用于航天器、电动汽车等。

（4）起动电流小、转矩大

低起动电流控制器从电源侧吸收较少的电流，在电机侧得到较大的起动转矩是开关磁阻电机的一大特点。因此开关磁阻电机很适合电动汽车等需要重载起动和较长时间低速重载运行的机械。

（5）适用于频繁起、停及正、反向转换运行

开关磁阻电机具有低起动电流、高起动转矩的特点，使其在起动过程中电流冲击小，电机和控制器发热较连续额定运行时还小。控制开关磁阻电机运行的主要参数有相开通角、相关断角、相电流幅值及相绕组电压等，因而可控参数多，调速性能好，控制灵活方便。根据对电机的运行要求和电机的情况，可采用不同控制方法和参数值，使其运行于最佳状态。还可使其实现各种不同的功能和特定的特性曲线，如使电机具有完全相同的四象限运行（即正转、反转、驱动、制动）能力，并具有高起动转矩和串励电机的负载能力曲线。

（6）损耗小，效率高

因为开关磁阻电机的转子不存在绕组铜耗，加上可控参数多，控制灵活方便，所以易于在宽转速范围和不同负载下实现高效优化控制。其效率在很宽范围内都在87%以上。

（7）易于回收利用

定子和转子材料使用的磁铁，都是常见的硅钢片，因而材料容易得到且回收利用容易。

（8）高温运转性能好

由于运转时转子不发热，冷却控制比较容易，因此它可以在高温下运转。

2. 开关磁阻电机的缺点

（1）转矩有脉动现象

开关磁阻电机的磁场是跳跃性旋转的，使得开关磁阻电机输出的转速与转矩产生脉动现象。

（2）振动与噪声

开关磁阻电机的转速与转矩有脉动现象，加上单边电磁拉力的作用，因此一般开关磁阻电机产生的振动与噪声比其他类型的电机大。

（3）控制系统复杂

开关磁阻电机必须安装位置传感器和电流检测器等总成，所以引线比其他电机要多，控制和接线变得更复杂。

（4）脉冲电流对供电电源有影响

开关磁阻电机的相电流是脉冲电流，这就会对为它供电的直流电源产生很大的脉冲电流。

近年来，电动汽车电机驱动系统主要是开发系列化的交流异步电机驱动系统、永磁无刷电机驱动系统和开关磁阻电机驱动系统。与直流有刷电机驱动系统相比，以上驱动系统具有明显优势，其突出优点是体积小、质量小、调速范围广、可靠性高。目前，美国的汽车公司大多采用高速、高效的交流异步电机驱动系统；日本的汽车公司基本上采用永磁同步电机驱动系统；我国电动乘用车多采用永磁同步电机驱动系统，公交车多采用交流异步电机驱动系统。

| 姓名 | | 班级 | | 日期 | |

👥 任务分组

进行任务分工，填入表 2-4-1 中。

表 2-4-1　学生任务分配表

班级		组号		指导教师	
组长		学号			
组员角色分配					
信息员		学号			
操作员		学号			
记录员		学号			
安全员		学号			
任务分工					
（就组织讨论、工具准备、数据采集、数据记录、安全监督、成果展示等工作内容进行任务分工）					

📝 工作计划

按照前面所了解的知识内容和小组内部讨论的结果，制订工作方案，落实各项工作负责人，如任务实施前的准备工作、实施中的主要操作及协助支持工作、实施过程中相关要点及数据的记录工作等，并将结果填入表 2-4-2 中。

表 2-4-2　工作计划表

步骤	工作内容	负责人
1		
2		
3		
4		
5		
6		

（续）

步骤	工作内容	负责人
7		
8		

进行决策

1）各组派代表阐述资料查询结果。
2）各组就各自的查询结果进行交流，并分享技巧。
3）教师对各组的计划方案进行点评。
4）各组长对组内成员进行任务分工，教师确认分工是否合理。

任务实施

引导问题6

扫描二维码观看视频，了解如何拆卸和安装开关磁阻电机，并简述操作要点。

_____
_____
_____

【微课】开关磁阻电机拆装

参考操作视频，按照规范作业要求完成操作步骤，完成数据采集并在表2-4-3~表2-4-5中进行记录。

表2-4-3 实训准备

序号	设备及工具名称	数量	设备及工具是否完好
1	开关磁阻电机	1台	□是 □否
2	一体化集成工量具	1套	□是 □否
3	耐磨手套	1副	□是 □否
4	安全防护套装	1套	□是 □否
5	警示牌	1套	□是 □否
6	灭火器	1套	□是 □否
7	三爪拉拔器	1件	□是 □否
8	三层工具车	1辆	□是 □否
9	绝缘工作台	1台	□是 □否

（续）

序号	设备及工具名称	数量	设备及工具是否完好
质检意见	原因：		□是　□否

场地设备准备

任务实施前需要做好场地防护准备，并检查实训场地和设备设施是否存在安全隐患，如不正常须及时汇报教师，进行处理后方可实施任务。

安全要求及注意事项

1）严格按照实训步骤进行拆装作业，以免造成部件损伤。
2）拆装电机固定螺钉时，请注意选用合适的工具，并控制力矩。
3）电机很多附件为塑料材质，取下时注意方法和力矩。
4）拆装风扇固定卡簧时，注意佩戴护目镜，以免弹起损伤眼睛。

表 2-4-4　开关磁阻电机的拆卸

序号	步骤	记录	完成情况
1	使用 5 号内六角扳手预松前端盖 6 颗固定螺钉，使用 5 号内六角扳手拆卸前端盖 6 颗固定螺钉		已完成□ 未完成□
2	将三爪拉拔器安装至前端盖上		已完成□ 未完成□
3	使用三爪拉拔器拉出前端盖		已完成□ 未完成□
4	使用十字螺钉旋具拆卸风扇保护罩 3 颗固定螺钉，拆除风扇保护罩		已完成□ 未完成□
5	使用一字螺钉旋具撬出风扇卡簧，取出风扇		已完成□ 未完成□
6	使用 5 号内六角扳手预松后端盖 6 颗固定螺钉		已完成□ 未完成□
7	使用 5 号内六角扳手拆卸后端盖 6 颗固定螺钉		已完成□ 未完成□
8	使用橡胶锤敲击转子，使其与后端盖从壳体分离出来，拆除转子		已完成□ 未完成□
9	开关磁阻电机拆卸完成		已完成□ 未完成□
总结提升			已完成□ 未完成□
质检意见	原因：		已完成□ 未完成□

表 2-4-5　开关磁阻电机的组装

序号	步骤	记录	完成情况
1	安装转子		已完成□ 未完成□
2	安装后端盖,并使其螺钉孔位与壳体孔位对齐		已完成□ 未完成□
3	用手预紧后端盖 6 颗固定螺钉,使用 5 号内六角扳手紧固后端盖 6 颗固定螺钉		已完成□ 未完成□
4	将风扇安装至指定位置		已完成□ 未完成□
5	将风扇卡簧卡入指定位置		已完成□ 未完成□
6	安装风扇保护罩,并使其螺钉孔位与壳体孔位对齐		已完成□ 未完成□
7	使用十字螺钉旋具紧固风扇罩 3 颗固定螺钉		已完成□ 未完成□
8	安装前端盖,并使其螺钉孔位与壳体孔位对齐		已完成□ 未完成□
9	使用橡胶锤轻轻敲击前端盖,使其与壳体紧密贴合		已完成□ 未完成□
10	用手预紧前端盖 6 颗固定螺钉,使用 5 号内六角扳手紧固前端盖 6 颗固定螺钉		已完成□ 未完成□
11	开关磁阻电机组装完成,清点工具放回原位,进行场地 6S 工作		已完成□ 未完成□
总结提升			已完成□ 未完成□
质检意见	原因:		已完成□ 未完成□

评价反馈

1)各组代表展示汇报 PPT,介绍任务的完成过程。

2)以小组为单位,对各组的操作过程与操作结果进行自评和互评,并将结果填入表 2-4-6 中的小组评价部分。

3)教师对学生工作过程与工作结果进行评价,并将评价结果填入表 2-4-6 中的教师评价部分。

表 2-4-6 综合评价表

班级		组号		姓名		学号	
实训任务							
评价项目		评价标准				分值	得分
小组评价	计划决策	制订的工作方案合理可行,小组成员分工明确				10	
	任务实施	能够正确检查并设置实训工位				5	
		能够准备和规范使用工具设备				5	
		能够正确、规范地完成开关磁阻电机的拆卸				20	
		能够正确、规范地完成开关磁阻电机的组装				20	
		能够规范填写任务工单				10	
	任务达成	能按照工作方案操作,按计划完成工作任务				10	
	工作态度	认真严谨、积极主动,安全生产、文明施工				10	
	团队合作	小组组员积极配合、主动交流、协调工作				5	
	6S 管理	完成竣工检验、现场恢复				5	
		小计				100	
教师评价	实训纪律	不出现无故迟到、早退、旷课现象,不违反课堂纪律				10	
	方案实施	严格按照工作方案完成任务实施				20	
	团队协作	任务实施过程互相配合,协作度高				20	
	工作质量	能准确完成拆装开关磁阻电机的任务				20	
	工作规范	操作规范,三不落地,无意外事故发生				10	
	汇报展示	能准确表达、总结到位、改进措施可行				20	
		小计				100	
综合评分		小组评价分 ×50% + 教师评价分 ×50%					
总结与反思							

(如:学习过程中遇到什么问题→是如何解决的/解决不了的原因→心得体会)

任务五　永磁同步电机原理与拆装

学习目标

知识目标
- 了解永磁同步电机的分类。
- 掌握永磁同步电机的结构。
- 掌握永磁同步电机的工作原理和驱动方式。

技能目标
- 能够掌握永磁同步电机的拆装注意事项。
- 能够正确使用常规维修工具拆装永磁同步电机。

素养目标
- 认真严谨、积极主动，安全生产、文明施工。
- 获得多途径检索知识、分析解决问题以及多元化思考解决问题的方法，形成创新意识。
- 严格执行各项规章制度及 6S 现场管理，培养精益求精的工匠精神。

知识索引

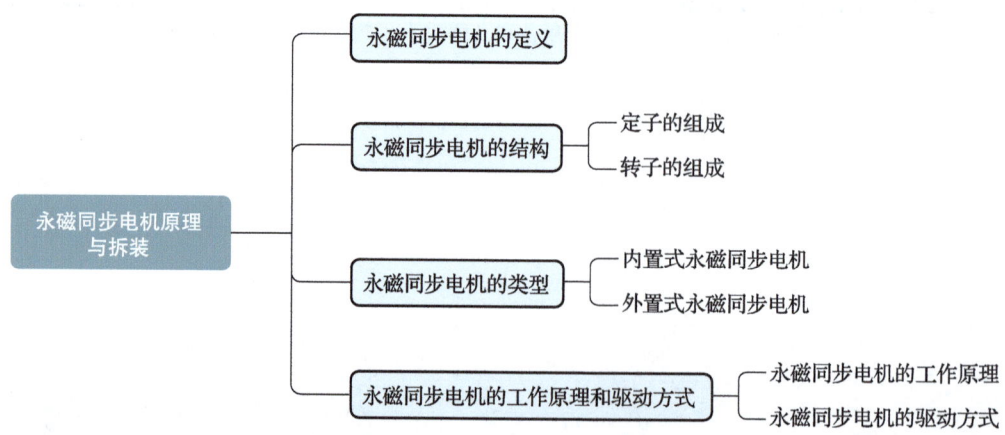

情境导入

某款搭载永磁同步电机的纯电动汽车行驶约 46000km 之后，车主到店反映车辆行驶过程中电机过热故障灯突然亮起，而后车辆停止运行，仪表提示"请检查动力系统"。

经反复试车，维修技术主管判定电机内部可能存在损坏，指派你拆卸电机进一步检查。你准备与几个同事一起拆装该永磁同步电机。

获取信息

引导问题 1

请查阅相关资料，简述永磁同步电机的定义与特点。

_____

_____

_____

永磁同步电机的定义

由永磁体励磁产生同步旋转磁场的同步电机，称为永磁同步电机，其结构如图 2-5-1 所示。

永磁同步电机具有高效率、高控制精度、高转矩密度、良好的转矩平稳性及低振动噪声的特点，通过合理设计永磁电路结构能获得较高的弱磁性能，在电动汽车驱动方面具有很高的应用价值，受到国内外电动汽车行业的高度重视，是最具竞争力的电动汽车驱动电机之一。

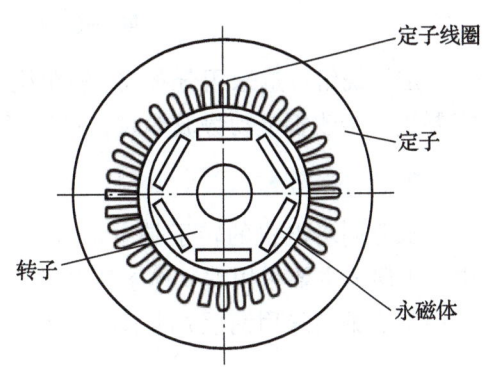

图 2-5-1 永磁同步电机结构

永磁同步电机分为正弦波驱动电流的永磁同步电机和方波驱动电流的永磁同步电机。这里介绍的主要是以三相正弦波交流电驱动的永磁同步电机。

永磁同步电机以永磁体提供励磁，使电机结构较为简单，降低了加工和装配费用，且省去了容易出故障的集电环和电刷，提高了电机运行的可靠性；又因不需要励磁电流，没有励磁损耗，提高了电机的效率和功率密度，因而它是近几年研究较多并在各个领域中应用越来越广泛的一种电机。

> **引导问题 2**
>
> 请查阅相关资料,简述永磁同步电机的转子的组成。
> _____
> _____

永磁同步电机的结构

1. 定子的组成

永磁同步电机的定子与其他电机的基本相同,由定子铁心和定子绕组构成,如图 2-5-2 所示。定子铁心一般采用 0.5mm 硅钢片叠压而成,对于具有高效率指标或频率较高的电机,为了减小铁耗,可以考虑使用 0.35mm 的低损耗冷轧无取向硅钢片。

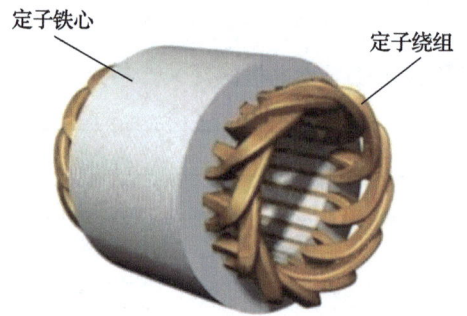

图 2-5-2　永磁同步电机的定子结构

定子绕组普遍采用分布式、短距绕组;对于极数较多的电机,普遍采用分数槽绕组;需要进一步改善电动势波形时,可以考虑采用正弦绕组或其他绕组。

2. 转子的组成

永磁同步电机的转子是由永磁体、转子铁心和转轴等构成,如图 2-5-3 所示。其中,永磁体主要采用铁氧体永磁和钕铁硼永磁材料;转子铁心可根据磁极结构的不同,选用实心钢或采用钢板/硅钢片冲制后叠压而成。

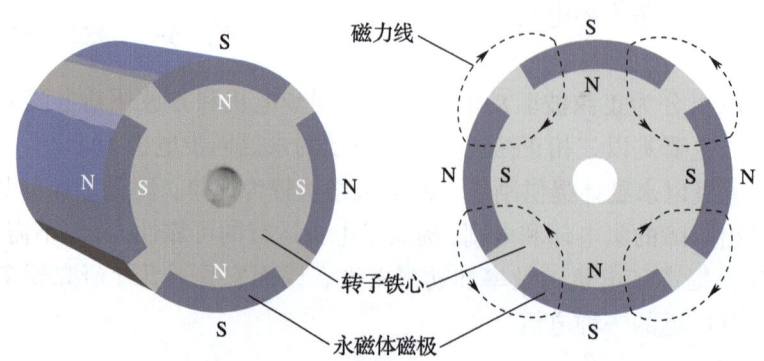

图 2-5-3　永磁同步电机的转子结构

与其他电机相比，永磁同步电机必须装有转子永磁体位置传感器，用来检测磁极位置，并以此对电枢电流进行控制，达到对永磁同步电机驱动控制的目的。

> **引导问题 3**
>
> 请查阅相关资料，简述内置式永磁同步电机和外置式永磁同步电机的特点。
> _____
> _____
> _____

永磁同步电机的类型

根据永磁体在转子上位置的不同，永磁同步电机可以分为内置式永磁同步电机和外置式永磁同步电机。

1. 内置式永磁同步电机

内置式结构的永磁体位于转子内部，永磁体外表面与定子铁心内圆之间有铁磁物质制成的极靴，极靴中可以放置铸铝笼或铜条笼，起阻尼或起动作用，动态、稳态性能好，广泛用于要求有异步起动能力或动态性能高的永磁同步电机。内置式转子内的永磁体受极靴的保护，其转子磁路结构的不对称性所产生的磁阻转矩也有助于提高电机的过载能力和功率密度，而且易于弱磁扩速。

按永磁体磁化方向与转子旋转方向的相互关系，内置式转子结构可分为径向式、切向式和混合式三种，如图 2-5-4 所示。

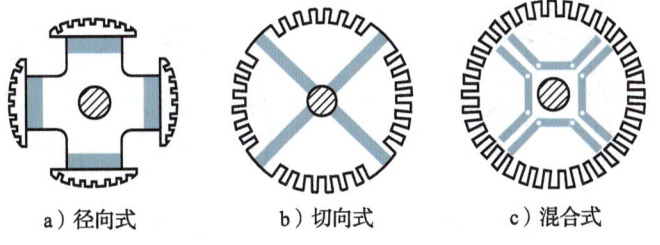

a）径向式　　b）切向式　　c）混合式

图 2-5-4　内置式转子结构

（1）内置径向式永磁同步电机

径向式转子结构的永磁同步电机的磁钢或放在磁通轴的非对称位置上，或同时利用径向、切向充磁的磁钢以产生高磁通密度。该结构的优点是漏磁系数小、转轴上不需要采用隔磁措施、极弧系数易于控制、转子冲片机械强度高、安装永磁体后转子不易变形等。

（2）内置切向式永磁同步电机

切向式转子结构的转子有较大的惯性，漏磁系数较大，制造工艺和成本较径向式有所增加。其优点是一个极距下的磁通由相邻两个磁极并联提供，可得到更大的单极磁通。尤其当电机极数较多、径向式结构不能提供足够的单极磁通时，这种结构的优势就显得更为突出。此外，采用该结构的永磁同步电机的磁阻转矩可占到总电磁转矩的40%，对提高电机的功率密度和扩大恒功率运行范围都是很有利的。

（3）内置混合式永磁同步电机

混合式转子结构结合了径向式和切向式的优点，但其结构和制作工艺都比较复杂，制作成本也比较高。

2. 外置式永磁同步电机

外置式转子结构中，永磁体通常呈瓦片形，并位于转子铁心的外表面上，永磁体提供磁通的方向为径向。外置式转子结构分为凸出式和嵌入式两种，如图2-5-5所示。对采用稀土永磁材料的电机来说，由于永磁材料的相对回复磁导率接近1，所以外置凸出式转子在电磁性能上属于隐极转子结构；而嵌入式转子的相邻两永磁磁极间有着磁导率很大的铁磁材料，故在电磁性能上属于凸极转子结构。

（1）外置凸出式永磁同步电机

外置凸出式转子结构具有结构简单、制造成本较低、转动惯量小等优点，在方波永磁同步电机和恒功率运行范围不宽的正弦波永磁同步电机中得到了广泛应用。此外，外置凸出式转子结构中的永磁磁极易于实现最优设计，使之成为能使电机气隙磁密波形趋近于正弦波的磁极形状，可显著提高电机乃至整个驱动系统的性能。

（2）外置嵌入式永磁同步电机

外置嵌入式转子结构可充分利用转子磁路不对称性所产生的磁阻转矩，提高电机的功率密度，动态性能较凸出式有所改善，制造工艺也较简单，常被某些调速永磁同步电机采用。但其漏磁系数和制造成本都较凸出式大。

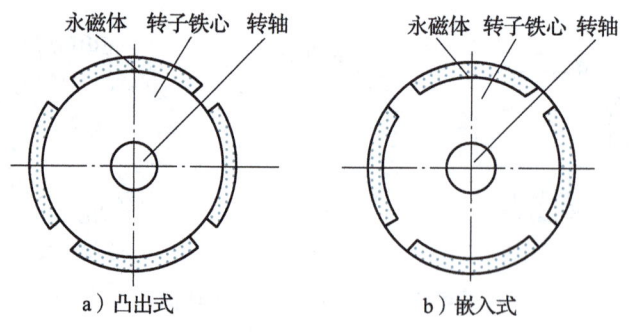

图 2-5-5　外置式转子结构

引导问题 4

请查阅相关资料，简述永磁同步电机的工作原理。

永磁同步电机的工作原理和驱动方式

1. 永磁同步电机的工作原理

永磁同步电机分为正弦波驱动电流的永磁同步电机和方波驱动电流的永磁同步电机。下面主要以三相正弦波交流电驱动的永磁同步电机为例介绍其工作原理。

永磁同步电机的工作原理如图 2-5-6 所示，其中 n 为电机转速，n_0 为同步转速，T 为转矩，θ 为功率角，电机的转子是一个永磁体，N、S 极沿圆周方向交替排列，定子可以看成是一个以速度 n_0 旋转的磁场。电机运行时，定子存在旋转磁动势，转子像磁针在旋转磁场中旋转一样，随着定子的旋转磁场同步旋转。

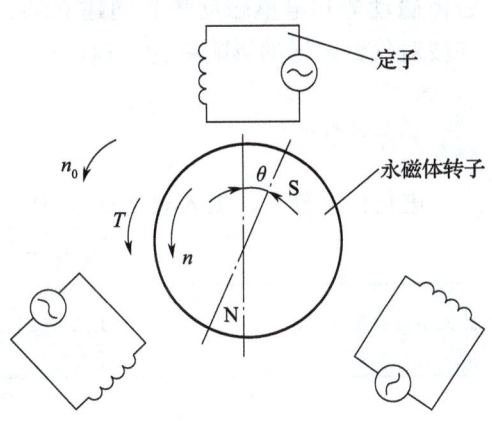

图 2-5-6　永磁同步电机的工作原理

同步电机转速可表示为

$$n = n_0 = \frac{60 f_s}{p_n}$$

式中，f_s 是电源频率，单位为 Hz；p_n 是电机极对数。

永磁同步电机的定子是三相对称绕组，三相正弦波电压在定子三相绕组中产生对称三相正弦波电流，并在气隙中产生旋转磁场。旋转磁极与永磁体的磁极作用，带动转子与旋转磁场同步旋转并力图使定子、转子磁场轴线对齐。当外加负载转矩后，转子磁场轴线将落后定子磁场轴线一个功率角，负载越大，功率角越大，直到一个极限角度，电机停止工作。由此可见，同步电机在运行过程中，转速必须与电源频率严格成比例，否则会失步停转。转子的转速与旋转磁场同步，其静态误差为零。负载扰动只是引起功率角变化，而不引起转速变化，响应时间是实时的。

2. 永磁同步电机的驱动方式

永磁同步电机的驱动电路如图 2-5-7 所示，定子绕组产生旋转磁场的机理与感应

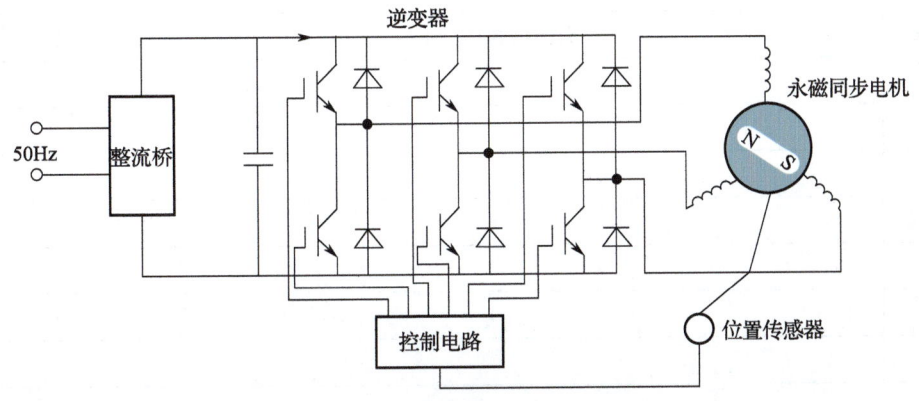

图 2-5-7　永磁同步电机的驱动电路

电机是相同的，其转子通过永磁体产生磁场，两个磁场相互作用产生转矩，可看作是一对旋转磁极吸引转子的磁极随其一起旋转。永磁同步电机带负载时，气隙磁场是永磁体磁动势和电枢磁动势共同建立的，电枢磁动势对气隙磁场有影响，电枢磁动势的基波对气隙磁场的影响称为电枢反应。

任务分组

进行任务分工，填入表 2-5-1 中。

表 2-5-1　学生任务分配表

班级		组号		指导教师	
组长		学号			
组员角色分配					
信息员		学号			
操作员		学号			
记录员		学号			
安全员		学号			
任务分工					
（就组织讨论、工具准备、数据采集、数据记录、安全监督、成果展示等工作内容进行任务分工）					

工作计划

按照前面所了解的知识内容和小组内部讨论的结果，制订工作方案，落实各项工作负责人，如任务实施前的准备工作、实施中的主要操作及协助支持工作、实施过程中相关要点及数据的记录工作等，并将结果填入表 2-5-2 中。

表 2-5-2　工作计划表

步骤	工作内容	负责人
1		
2		
3		
4		
5		
6		
7		
8		

进行决策

1）各组派代表阐述资料查询结果。
2）各组就各自的查询结果进行交流，并分享技巧。
3）教师对各组的计划方案进行点评。
4）各组长对组内成员进行任务分工，教师确认分工是否合理。

任务实施

> **引导问题 5**
> 扫描二维码观看视频，了解如何拆卸和安装永磁同步电机，并简述操作要点。
> _____
> _____
> _____

【微课】永磁同步电机拆装

参考操作视频，按照规范作业要求完成操作步骤，完成数据采集并在表 2-5-3~表 2-5-5 中进行记录。

表 2-5-3 实训准备

序号	设备及工具名称	数量	设备及工具是否完好
1	永磁同步电机	1 台	□是　□否
2	一体化集成工量具	1 套	□是　□否
3	耐磨手套	1 副	□是　□否
4	安全防护套装	1 套	□是　□否
5	警示牌	1 套	□是　□否
6	灭火器	1 套	□是　□否
7	三爪拉拔器	1 件	□是　□否
8	三层工具车	1 辆	□是　□否
质检意见	原因：		□是　□否

场地设备准备

任务实施前需要做好场地防护准备，并检查实训场地和设备设施是否存在安全隐患，如不正常须及时汇报教师，进行处理后方可实施任务。

安全要求及注意事项

1）严格按照实训步骤进行拆装作业，以免造成部件损伤。
2）拆装电机固定螺钉时，注意选用合适的工具，并控制力矩。

3）电机转子为永磁体，使用拉拔器时注意力矩不宜过大、顶出速度不宜过快。
4）电机转子为永磁体，离开定子腔体之后，注意远离小件金属物品。
5）电机很多附件为塑料材质，取下时注意方法和力矩。

表 2-5-4　永磁同步电机的拆卸

序号	步骤	记录	完成情况
1	使用扭力扳手 18 号套筒交错拧松固定变速器与电机连接的六角法兰面螺钉，使用棘轮扳手取出螺钉		已完成□ 未完成□
2	分离变速器与电机		已完成□ 未完成□
3	取下旋变传感器与温度传感器		已完成□ 未完成□
4	使用一字螺钉旋具取下电机后端防尘罩		已完成□ 未完成□
5	使用棘轮扳手 10 号套筒预松 15 颗后端盖固定螺钉，使用棘轮扳手 10 号套筒依次松开 15 颗固定螺钉并取出		已完成□ 未完成□
6	使用棘轮扳手 8 号套筒松开并取出旋变传感器与温度传感器插接器固定螺钉		已完成□ 未完成□
7	取下传感器插接器并拆下端盖内部插接器		已完成□ 未完成□
8	使用三爪拉拔器将电机与后端盖分离		已完成□ 未完成□
9	安装转子导向支架		已完成□ 未完成□
10	使用棘轮扳手安装弓形支架，使用扭力扳手进行紧固		已完成□ 未完成□
11	安装转子导向杆		已完成□ 未完成□
12	移动电机将导向杆水平对准转子前端		已完成□ 未完成□
13	安装后端导向固定块		已完成□ 未完成□
14	缓慢移出电机壳体，与转子分离		已完成□ 未完成□
15	放入转子托架，调节至合适高度托举转子		已完成□ 未完成□
16	取下后端导向固定块		已完成□ 未完成□
17	取出转子		已完成□ 未完成□
18	完成永磁同步电机的拆卸		已完成□ 未完成□

（续）

序号	步骤	记录	完成情况
总结提升			已完成□ 未完成□
质检意见	原因：		已完成□ 未完成□

表 2-5-5　永磁同步电机的组装

序号	步骤	记录	完成情况
1	将转子对准前端导向杆，安装后端导向固定块		已完成□ 未完成□
2	取出转子托架		已完成□ 未完成□
3	缓慢将壳体与转子结合，同时调节温度传感器插接器位置确保在安装位置内		已完成□ 未完成□
4	拆下后端导向固定块		已完成□ 未完成□
5	将电机与前端导向杆分离		已完成□ 未完成□
6	依次拆卸转子导向杆与弓形支架		已完成□ 未完成□
7	依次安装传感器后端盖插接器		已完成□ 未完成□
8	依次安装旋变传感器与温度传感器后端盖插接器		已完成□ 未完成□
9	使用棘轮扳手10号套筒依次安装后端盖15颗固定螺钉，使用扭力扳手10号套筒对角紧固15颗后端盖固定螺钉		已完成□ 未完成□
10	完成永磁同步电机的组装，清点工具放回原位，进行场地6S工作		已完成□ 未完成□
总结提升			已完成□ 未完成□
质检意见	原因：		已完成□ 未完成□

评价反馈

1）各组代表展示汇报 PPT，介绍任务的完成过程。

2）以小组为单位，对各组的操作过程与操作结果进行自评和互评，并将结果填入表 2-5-6 中的小组评价部分。

3）教师对学生工作过程与工作结果进行评价，并将评价结果填入表 2-5-6 中的教师评价部分。

表 2-5-6 综合评价表

班级			组号		姓名		学号	
实训任务								
	评价项目		评价标准				分值	得分
小组评价	计划决策		制订的工作方案合理可行，小组成员分工明确				10	
	任务实施		能够正确检查并设置实训工位				5	
			能够准备和规范使用工具设备				5	
			能够正确、规范地完成永磁同步电机的拆卸				20	
			能够正确、规范地完成永磁同步电机的组装				20	
			能够规范填写任务工单				10	
	任务达成		能按照工作方案操作，按计划完成工作任务				10	
	工作态度		认真严谨、积极主动，安全生产、文明施工				10	
	团队合作		小组组员积极配合、主动交流、协调工作				5	
	6S 管理		完成竣工检验、现场恢复				5	
			小计				100	
教师评价	实训纪律		不出现无故迟到、早退、旷课现象，不违反课堂纪律				10	
	方案实施		严格按照工作方案完成任务实施				20	
	团队协作		任务实施过程互相配合，协作度高				20	
	工作质量		能准确完成拆装永磁同步电机的任务				20	
	工作规范		操作规范，三不落地，无意外事故发生				10	
	汇报展示		能准确表达、总结到位、改进措施可行				20	
			小计				100	
综合评分			小组评价分 ×50% + 教师评价分 ×50%					
总结与反思								

（如：学习过程中遇到什么问题→是如何解决的 / 解决不了的原因→心得体会）

任务六　检修转子位置传感器故障

学习目标

知识目标

- 了解转子位置传感器的作用及分类。
- 掌握转子位置传感器的结构及工作原理。
- 了解转子位置传感器的安装位置。

技能目标

- 能够掌握转子位置传感器励磁、正弦、余弦线圈电阻的正常值范围。
- 能够正确、规范地使用常规维修工具拆装转子位置传感器。

素养目标

- 认真严谨、积极主动，安全生产、文明施工。
- 获得多途径检索知识、分析解决问题以及多元化思考解决问题的方法，形成创新意识。
- 严格执行各项规章制度及6S现场管理，培养精益求精的工匠精神。

知识索引

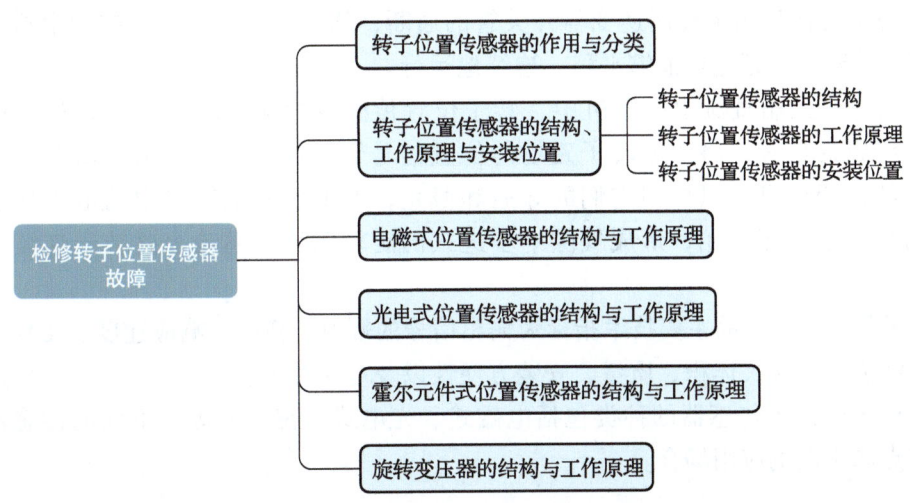

情境导入

一辆行驶里程为 62000km 的比亚迪 e5，车主反映正常上"OK"档之后，车辆挂档不走，仪表随即亮起动力系统故障灯，并提示"请检查动力系统"。

维修技师使用道通 MS908E 故障诊断仪扫描全车模块之后，VTOG-DSP2 报出故障码"P1B0100：旋变故障"；用万用表实测转子位置传感器（又称旋变传感器）线圈阻值，发现余弦线圈阻值仅有 8Ω 左右。

据此判断，故障原因应当为转子位置传感器内部线圈存在故障，更换转子位置传感器信号盘后，故障排除。

获取信息

引导问题 1

请查阅相关资料，简述转子位置传感器的作用与分类。

_____
_____
_____

转子位置传感器的作用与分类

位置传感器是能检测被测物的位置变化并将之转换成可用输出信号的一种检测装置。

转子位置传感器的作用就是对电机转子的位置进行检测，其输出的位置信息通过一定的逻辑变换后用来控制逆变器开关管的通断，从而按照一定顺序控制电机定子各相绕组的通断，保证电机能够平稳、连续地运行。

比如，在无刷直流永磁电机中，转子位置传感器检测主转子在运动过程中相对于定子绕组的位置，将永磁转子磁场的位置信号转换成电信号，为逻辑开关电路提供正确的换相信息，以控制它们的导通和截止，使电机电枢绕组中的电流随着转子位置的变化按次序换相，形成气隙中步进式的旋转磁场，驱动永磁转子连续不断地旋转。

转子位置传感器的主要技术指标为输出信号的幅值、精度、响应速度、工作温度、抗干扰能力、损耗、体积、质量、安装方便性以及可靠性等。

电机转子位置传感器的种类包括电磁式、光电式、霍尔式等。不同的传感器有不同的特点和不同的应用场合。

引导问题 2

请查阅相关资料,简述转子位置传感器的结构。

_____

_____

_____

 引导问题 3

请查阅相关资料,简述转子位置传感器的工作原理。

_____

_____

_____

_____

转子位置传感器的结构、工作原理与安装位置

1. 转子位置传感器的结构

转子位置传感器由定子和转子组成,如图 2-6-1 所示,其定子固定于电机定子或端盖上,以检测和输出转子位置信号;其转子与电机同轴,以跟踪电机转子的位置。转子上有一个盘,该盘用透磁通的金属制成,形状特殊,像凸轮盘,该盘被一个固定在壳体上的电磁绕组环所包围着。该电磁绕组环起着定子作用,由三个单线圈组成,其中一个线圈起着励磁线圈作用,另两个作为接收线圈使用。

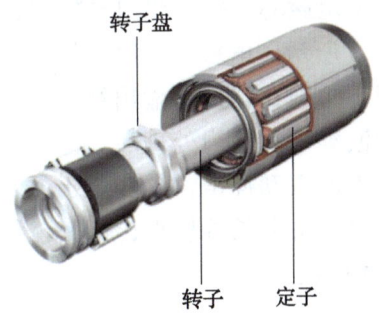

图 2-6-1 转子位置传感器结构

2. 转子位置传感器的工作原理

励磁线圈通入正弦曲线的励磁电压后,励磁线圈周围产生的交变磁场作用在转子盘上,转子盘将交变磁场的磁通引向接收线圈,接收线圈将感应到一个交变电压,该电压与转子盘的位置成一定的关系,与励磁电压存在相位差。

3. 转子位置传感器的安装位置

为确保电机电子模块能够正确地计算和产生定子绕组电压的幅值和相位,必须知道准确的转子角度位置。因此在变速器的输出轴端部处有一个转子位置传感器,其安

装位置如图 2-6-2 所示。

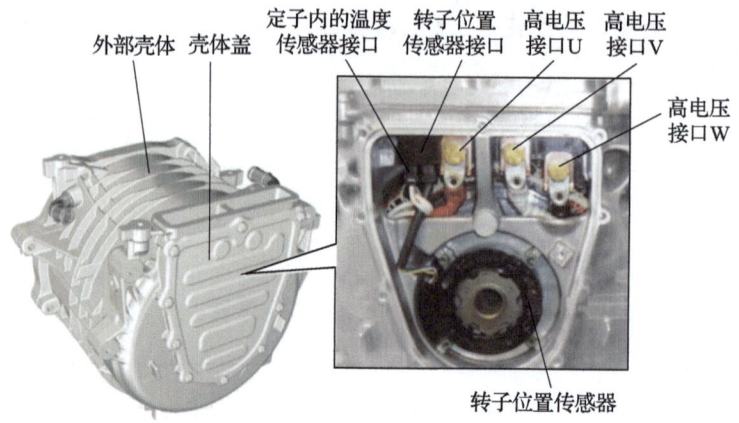

图 2-6-2 转子位置传感器的安装位置

引导问题 4

请查阅相关资料，简述电磁式位置传感器的特点与应用场合。

_____

_____

_____

电磁式位置传感器的结构与工作原理

电磁式位置传感器的定子由磁心、输入绕组和输出绕组组成，转子由扇形磁心和非导磁衬套组成，如图 2-6-3 所示。电机运行时，输入绕组中通以高频励磁电流，当转子扇形磁心处于输出绕组下方时，输入和输出绕组通过定、转子磁心耦合，输出绕组中感应出高频信号，经滤波整形和逻辑处理后，即可控制逆变器工作。这种传感器具有较高的强度，可经受较大的振动冲击，故多用于航空航天领域。电磁式位置传感器具有输出信号大、工作可靠、寿命长等优点；但其体积比较大，信噪比较低且输出为交流信号，需整流滤波后才能使用。

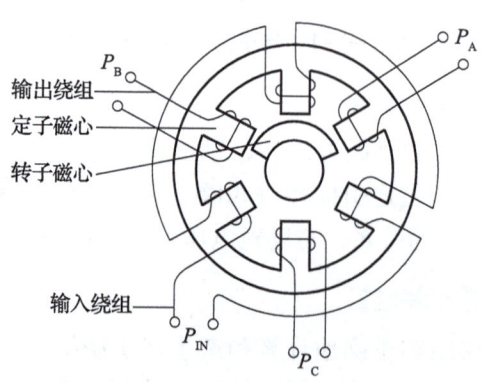

图 2-6-3 电磁式位置传感器结构

引导问题 5

请查阅相关资料，简述光电式位置传感器的特点。

_____
_____
_____

光电式位置传感器的结构与工作原理

光电式位置传感器的基本原理是光电转换。光电式位置传感器由固定在定子上的几个光耦合器和固定在转子轴上的遮光盘组成，其电路如图 2-6-4 所示。几个光耦合器沿圆周均布，每个光耦合器由相互对着的红外发光二极管 D_1 和光敏晶体管 V_1 组成。遮光盘 P 处于发光二极管和光敏晶体管中间，盘上开有一定角度的窗口。红外发光二极管通电后发出红外光，当遮光盘随电机转子一同旋转时，红外光

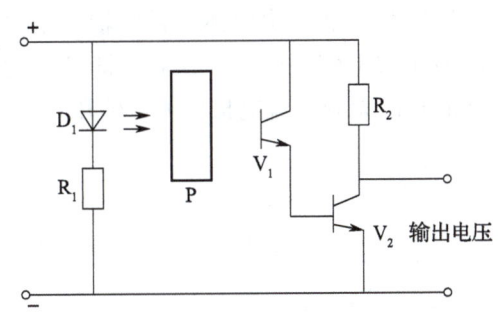

图 2-6-4 光电式位置传感器电路

间断地照在光敏晶体管上，使其不断导通和截止，其输出信号反映了转子的位置，经过放大后驱动逆变器开关管。光电式位置传感器轻便可靠、安装精度高、抗干扰能力强、调整方便，因此获得了广泛的应用。但它对环境要求较高。

引导问题 6

请查阅相关资料，简述霍尔元件式位置传感器的特点与应用场合。

_____
_____
_____

霍尔元件式位置传感器的结构与工作原理

霍尔元件式位置传感器是磁敏式位置传感器的一种，是一种半导体器件，利用霍尔效应制成，其构成主要有永磁体架、永磁体、霍尔元件，如图 2-6-5 所示。当霍尔元件按要求通以电流并置于外磁场中，即输出霍尔电势信号，当其不受外磁场作用时，其输出端无信号。

用霍尔元件制作转子位置传感器通常有两种方式。

第一种方式是将霍尔元件粘贴于电机端盖内表面，靠近霍尔元件并与之有一小间隙处，安装有与电机轴同轴的永磁体。对于两相导通星形三相六状态无刷直流电机，三个霍尔元件在空间彼此相隔 120° 电角度，永磁体的极弧宽度为 180° 电角度。这样，当电机转子旋转时，三个霍尔元件便交替输出三个宽度为 180° 电角度、相位互差

120°电角度的矩形波信号。

第二种方式是直接将霍尔元件粘贴在定子电枢铁心气隙表面或绕组端部紧靠铁心处，利用电机转子上的永磁体主极作为传感器的永磁体，根据霍尔元件的输出信号即可判断转子磁极位置，将信号放大处理后便可用于驱动逆变器工作。

霍尔元件式位置传感器结构简单、体积小、价格低、可靠性高，但对工作温度有一定要求，同时应靠近传感器的永磁体，否则输出信号电平太低，不能正常工作。因此，在对性能和环境要求不是很高的永磁无刷直流电机中大量使用霍尔元件式位置传感器。

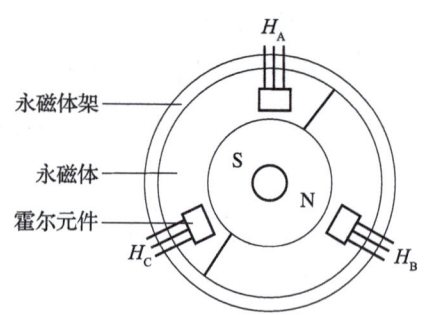

图 2-6-5 霍尔元件式位置传感器结构

引导问题 7

请查阅相关资料，简述旋转变压器的特点与应用场合。

_____
_____
_____

旋转变压器的结构与工作原理

旋转变压器简称旋变，是一种输出电压随转子转角变化的器件。

旋转变压器的结构如图 2-6-6 所示，由定子、转子以及其他机械部件组成。从结构上看其类似于两相线式绕组式电机，定子位于变压器的原边，转子为副边，二者绕组轴线成 90°放置，因此旋变一共有四路输出信号。根据输出电压和电机转子位置之间的函数关系分为正余弦旋转变压器、线性旋转变压器、比例式旋转变压器以及特殊函数旋转变压器，其中，正余弦旋转变压器最为常

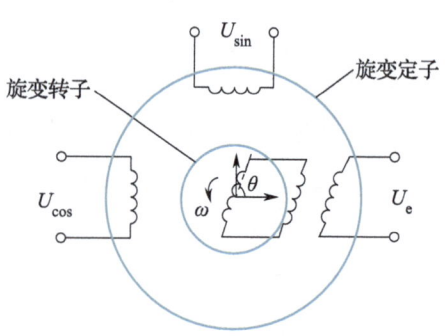

图 2-6-6 正余弦旋转变压器电气原理图

用，其输出信号与转子位置成正余弦关系。当旋变励磁线圈输入励磁信号 U_e 时，产生交变磁场。正弦线圈和余弦线圈正交安装在旋变定子侧，通过感应励磁线圈磁场，会输出交变电压 $U_{\sin}$ 和 $U_{\cos}$，其幅值与旋变转子位置有关。

电机转子与旋转变压器转子一同转动时，旋转变压器转子转过定子绕组，改变了定子绕组与转子之间的磁通，使得正弦线圈和余弦线圈收到励磁线圈感应，信号幅值产生一定变化，呈正弦和余弦波形。波形的幅值和相位随着旋转变压器转子（与电机转子同转）的变化而变化，因此可以准确判断出电机转子的位置、转速以及方向。

作为电机控制系统常用的转轴位置和速度传感设备，旋转变压器具有耐用度高、

可靠性高、抑制共模噪声等优点,在轨道交通行业以及具有严格安全要求的航空工业等领域都有广泛应用。由于其成本较高,随着电机转速的升高,计算量显著增加,在很多成本、系统体积和处理器能力受限的场合很少采用。

任务分组

进行任务分工,填入表 2-6-1 中。

表 2-6-1　学生任务分配表

班级		组号		指导教师	
组长		学号			
组员角色分配					
信息员		学号			
操作员		学号			
记录员		学号			
安全员		学号			
任务分工					
(就组织讨论、工具准备、数据采集、数据记录、安全监督、成果展示等工作内容进行任务分工)					

工作计划

按照前面所了解的知识内容和小组内部讨论的结果,制订工作方案,落实各项工作负责人,如任务实施前的准备工作、实施中的主要操作及协助支持工作、实施过程中相关要点及数据的记录工作等,并将结果填入表 2-6-2 中。

表 2-6-2　工作计划表

步骤	工作内容	负责人
1		
2		
3		
4		
5		
6		
7		
8		

进行决策

1）各组派代表阐述资料查询结果。
2）各组就各自的查询结果进行交流，并分享技巧。
3）教师对各组的计划方案进行点评。
4）各组长对组内成员进行任务分工，教师确认分工是否合理。

任务实施

引导问题 8

扫描二维码观看视频，了解如何检测、拆卸和安装旋变传感器，并简述操作要点。

_____
_____
_____

【微课】旋变传感器的检测、拆卸与安装

参考操作视频，按照规范作业要求完成操作步骤，完成数据采集并在表2-6-3~表2-6-6中进行记录。

表2-6-3 实训准备

序号	设备及工具名称	数量	设备及工具是否完好
1	驱动三合一电机拆装平台	1台	□是　□否
2	一体化集成工量具	1套	□是　□否
3	三层工具车	1辆	□是　□否
4	耐磨手套	1副	□是　□否
5	安全防护套装	1套	□是　□否
6	警示牌	1套	□是　□否
7	灭火器	1套	□是　□否
8	工装	1套	□是　□否
9	四通道示波器	1台	□是　□否
质检意见	原因：		□是　□否

场地设备准备

任务实施前需要做好场地防护准备，并检查实训场地和设备设施是否存在安全隐患，如不正常须及时汇报教师，进行处理后方可实施任务。

安全要求及注意事项

1）永磁同步电机转子为永磁体，拆装过程中不要让金属工具及旋变传感器过度靠近。

2）安装旋变传感器时，注意观察信号盘固定位置有无原厂标识或安装技术特征（如有，需对准位置后再进行固定）。

3）安装时，注意旋变传感器和绕组温度传感器插头各自的安装位置。

表 2-6-4　旋变传感器的检测

序号	步骤	记录	完成情况
1	安装台架高压供电线束		已完成☐ 未完成☐
2	安装台架旋变信号线束		已完成☐ 未完成☐
3	安装设备接地线		已完成☐ 未完成☐
4	安装电机接地线		已完成☐ 未完成☐
5	拿出四通道示波器，连接波形测试笔		已完成☐ 未完成☐
6	打开后侧电源开关，按左下角按钮开机		已完成☐ 未完成☐
7	打开 1 通道，按下 STOP 停止		已完成☐ 未完成☐
8	打开台架空气开关		已完成☐ 未完成☐
9	松开急停按钮、电源指示灯亮起		已完成☐ 未完成☐
10	按下点火开关、开关点亮		已完成☐ 未完成☐
11	按住制动开关 2~4s、等待内部继电器吸合接通后松手		已完成☐ 未完成☐
12	档位调至 D 档，旋转调速旋钮，驱动电机转动		已完成☐ 未完成☐
13	1 通道测试笔连接励磁 +、接地夹连接导线、导线另一头连接励磁 −		已完成☐ 未完成☐
14	按下 STOP 按钮，解除停止状态		已完成☐ 未完成☐
15	1 通道出现励磁波形、按下 AUTO 自动调节波形显示		已完成☐ 未完成☐
16	测得励磁波形，拆卸测试笔		已完成☐ 未完成☐

（续）

序号	步骤	记录	完成情况
17	按下 STOP 按钮停止		已完成☐ 未完成☐
18	2 通道测试笔连接正旋 +、接地连接导线、导线另一头连接正旋 −		已完成☐ 未完成☐
19	3 通道测试笔连接余旋 +、接地连接导线、导线另一头连接余旋 −		已完成☐ 未完成☐
20	按下 STOP 按钮，解除停止状态		已完成☐ 未完成☐
21	2、3 通道分别测得正旋波形与余旋波形		已完成☐ 未完成☐
22	调节 2 通道波形位置，调节 3 通道波形位置，波形中心重合、呈交替波形状		已完成☐ 未完成☐
23	拆除 2、3 通道测试笔，拆除设备连接测试笔		已完成☐ 未完成☐
24	关闭后方电源，回收示波器		已完成☐ 未完成☐
25	关闭调速旋钮，档位调至 N 档		已完成☐ 未完成☐
26	关闭点火开关		已完成☐ 未完成☐
27	按下急停开关		已完成☐ 未完成☐
28	关闭台架空气开关		已完成☐ 未完成☐
29	放入万用表，万用表调至欧姆档		已完成☐ 未完成☐
30	红表笔与黑表笔分别插入励磁 + 与励磁 −，测量励磁阻值，测得阻值 6.9Ω，取下红、黑表笔		已完成☐ 未完成☐
31	红表笔与黑表笔分别插入正旋 + 与正旋 −，测量励磁阻值，测得阻值 14.5Ω，取下红、黑表笔		已完成☐ 未完成☐
32	红表笔与黑表笔分别插入余旋 + 与余旋 −，测量励磁阻值，测得阻值 12.8Ω，取下红、黑表笔		已完成☐ 未完成☐
33	拆除设备与电机搭铁线束		已完成☐ 未完成☐
34	拆除台架旋变信号线束		已完成☐ 未完成☐

（续）

序号	步骤	记录	完成情况
35	拆除台架高压供电线束		已完成☐ 未完成☐
36	完成旋变传感器的检测操作		已完成☐ 未完成☐
总结提升			已完成☐ 未完成☐
质检意见	原因：		已完成☐ 未完成☐

表 2-6-5　旋变传感器的拆卸

序号	步骤	记录	完成情况
1	取下旋变传感器与温度传感器		已完成☐ 未完成☐
2	使用一字螺钉旋具取下电机后端防尘罩		已完成☐ 未完成☐
3	使用棘轮扳手 10 号套筒预松 15 颗后端盖固定螺钉		已完成☐ 未完成☐
4	使用棘轮扳手 10 号套筒依次松开 15 颗固定螺钉并取下		已完成☐ 未完成☐
5	使用棘轮扳手 8 号套筒器松开并取下旋变传感器与温度传感器插接器固定螺钉		已完成☐ 未完成☐
6	取下传感器插接器并拆下端盖内部插接器		已完成☐ 未完成☐
7	使用三爪拉拔器将电机与后端盖分离，取下后端盖		已完成☐ 未完成☐
8	使用棘轮扳手 8 号套筒松开并取下线束固定螺钉		已完成☐ 未完成☐
9	使用棘轮扳手 10 号套筒松开并取下旋变传感器固定螺钉		已完成☐ 未完成☐
10	取下旋变传感器线圈		已完成☐ 未完成☐
11	完成旋变传感器的拆卸		已完成☐ 未完成☐
总结提升			已完成☐ 未完成☐
质检意见	原因：		已完成☐ 未完成☐

表 2-6-6　旋变传感器的安装

序号	步骤	记录	完成情况
1	安装旋变传感器		已完成□ 未完成□
2	使用棘轮扳手 10 号套筒安装旋变传感器固定螺钉		已完成□ 未完成□
3	使用棘轮扳手 8 号套筒安装线束固定螺钉		已完成□ 未完成□
4	安装驱动电机后端盖		已完成□ 未完成□
5	依次安装旋变传感器与温度传感器后端盖插接器		已完成□ 未完成□
6	使用棘轮扳手 8 号套筒安装插接器固定螺钉		已完成□ 未完成□
7	使用棘轮扳手 10 号套筒依次安装后端盖 15 颗固定螺钉		已完成□ 未完成□
8	使用扭力扳手 10 号套筒依次对角打上扭力		已完成□ 未完成□
9	连接旋变传感器插接器		已完成□ 未完成□
10	连接温度传感器插接器		已完成□ 未完成□
11	完成旋变传感器的安装		已完成□ 未完成□
总结提升			已完成□ 未完成□
质检意见	原因：		已完成□ 未完成□

评价反馈

1）各组代表展示汇报 PPT，介绍任务的完成过程。

2）以小组为单位，对各组的操作过程与操作结果进行自评和互评，并将结果填入表 2-6-7 中的小组评价部分。

3）教师对学生工作过程与工作结果进行评价，并将评价结果填入表 2-6-7 中的教师评价部分。

表 2-6-7 综合评价表

班级		组号		姓名		学号	
实训任务							
评价项目		评价标准				分值	得分
小组评价	计划决策	制订的工作方案合理可行,小组成员分工明确				10	
	任务实施	能够正确检查并设置实训工位				5	
		能够准备和规范使用工具设备				5	
		能够正确、规范地完成旋变传感器的检测				20	
		能够正确、规范地完成旋变传感器的拆装				20	
		能够规范填写任务工单				10	
	任务达成	能按照工作方案操作,按计划完成工作任务				10	
	工作态度	认真严谨、积极主动,安全生产、文明施工				10	
	团队合作	小组成员积极配合、主动交流、协调工作				5	
	6S 管理	完成竣工检验、现场恢复				5	
		小计				100	
教师评价	实训纪律	不出现无故迟到、早退、旷课现象,不违反课堂纪律				10	
	方案实施	严格按照工作方案完成任务实施				20	
	团队协作	任务实施过程互相配合,协作度高				20	
	工作质量	能准确完成检修旋变传感器的任务				20	
	工作规范	操作规范,三不落地,无意外事故发生				10	
	汇报展示	能准确表达、总结到位、改进措施可行				20	
		小计				100	
综合评分		小组评价分 ×50% + 教师评价分 ×50%					
总结与反思							

(如:学习过程中遇到什么问题→是如何解决的/解决不了的原因→心得体会)

科技强国

新能源汽车：
奋楫笃行，弯道超车

习近平总书记指出，发展新能源汽车是我国从汽车大国迈向汽车强国的必由之路，要加大研发力度，认真研究市场，用好用活政策，开发适应各种需求的产品，使之成为一个强劲的增长点。"十四五"规划中也将新一代信息技术、生物技术、新能源、新材料、高端装备、新能源汽车、绿色环保及航空航天、海洋装备等产业归类为战略性新兴产业。

汽车工业是在许多相关联的工业和有关技术的基础上发展起来的，被称为"工业中的工业"，汽车工业的强盛与否往往也是我们对一个国家工业水平的判断依据。进入21世纪，全球汽车工业已经发展了一百多年，但是在我国，汽车工业仅仅发展了几十年，技术储备与生产水平较发达国家仍存在着一定的差距，尤其是在发动机、变速器等核心技术领域，民族品牌面对的是无法绕过去的技术壁垒和专利墙。

随着新能源汽车的发展，我国看到了弯道超车的机会：新能源汽车作为新生事物，在发展之初，我国的自主品牌和大众、丰田等国外知名汽车厂商处于同一起跑线，而且大众、丰田等在燃油汽车生产开发上有着巨大包袱，对于发展电动汽车积极性不够。但是自主品牌不一样，对于新生事物有着更强的积极性和探索动力，在传统汽车方向难以赶超国外知名品牌的压力之下，他们渴望换一个跑道从零开始，对弯道超车有着极大的欲望。

新能源汽车的优势还不仅于此，得益于我国稀土储量高与开采加工成本低，无论是制造动力电池还是电机，我国均有原材料和成本方面的优势，新能源汽车的结构较传统燃油汽车也更加灵活，在种种优势和国家政策补贴的支持下，我国的新能源汽车产业蓬勃发展。

就以新能源汽车的"三电"为例。比亚迪在2020年发布了"刀片电池"，这款电池采用磷酸铁锂技术，通过结构创新，在成组时可以跳过"模组"，大幅提高了体积利用率，能够在同样的空间内装入更多电芯，这款刀片电池通过了电池安全测试领域的"珠穆朗玛峰"——针刺测试。中国科学院院士欧阳明高分析指出，刀片电池的设计使得它在短路时产热少、散热快，并且评价其在针刺试验中的表现"非常优异"。在电机领域，国内永磁同步电机技术相当成熟，高铁用永磁同步电机更是已达世界一流，且国内已在高性能导磁硅钢、高性能永磁材料以及电机位置转速传感器等方面取得了重大突破，整体技术水平已处于世界前列。在电控领域，我国已能自产车规级 MCU。可以说，借助先发优势与政策补贴，我国新能源汽车工业已达世界一流水平。

中国汽车工业协会副秘书长师建华表示："我国出口到欧洲的电动汽车数量在不断增加，也带动了我国汽车的整体出口。"该协会数据显示我国已有 10 家左右的新能源车企向欧洲国家出口电动汽车，且中国电动汽车在欧洲市场的销量已占到欧洲电动汽车总销量的 10% 左右。2021 年，我国汽车出口数量首次突破 200 万辆，总量达到 201.5 万辆，其中新能源汽车就有 31 万辆。而 2021 年日本汽车出口量为 382 万辆，德国汽车出口量为 230 万辆。2022 年，仅 1—10 月期间，我国汽车出口市场销量便达到 262 万辆，其中新能源汽车 85 万辆，涨势惊人。

希望同学们能学习前人奋楫笃行、弯道超车的精神，为我国新能源汽车产业的发展贡献一份力量，并在此过程中实现自我价值。

新能源汽车电机及控制系统检修

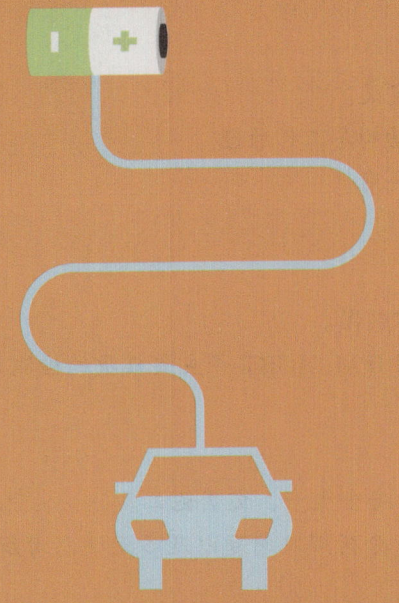

能力模块三

驱动电机控制系统的检测与维修

任务一 检测 IPM 故障

学习目标

知识目标
- 了解 IPM 与 IGBT 的定义。
- 掌握 IPM 与 IGBT 的结构与工作原理。
- 了解 IPM 与 IGBT 的应用。

技能目标
- 能够正确地拆卸电机控制器。
- 能够完成对电机控制器 IPM、IGBT 等主要模块的检测。

素养目标
- 认真严谨、积极主动,安全生产、文明施工。
- 获得多途径检索知识、分析解决问题以及多元化思考解决问题的方法,形成创新意识。
- 严格执行各项规章制度及 6S 现场管理,培养精益求精的工匠精神。

知识索引

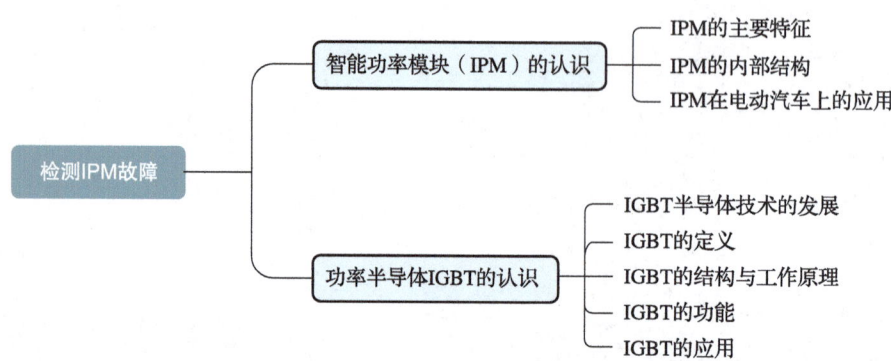

📖 情境导入

小李来到 4S 店面试,面试官提供了一台秦 EV 前驱总成上的电机控制器,要求他快速且熟练地拆解内部的各个零部件,并能检测各部件好坏。如果你是小李,请你拟订相应的工作计划与实施步骤。

获取信息

❓ 引导问题 1

请查阅相关资料,简述 IPM 的主要特征。
_____
_____
_____

❓ 引导问题 2

请查阅相关资料,简述 IPM 在电动汽车上的应用。
_____
_____
_____

竞赛指南

在 2022 年全国职业院校技能大赛——汽车技术赛项里的纯电动汽车技术模块的样题中,有一道题是围绕纯电动汽车"三电"系统的"车辆高压上电异常"现象设置的,这道题目为"驱动电机控制器电源电路(+)断路"。

智能功率模块(IPM)的认识

前驱总成驱动电机控制器主要组成包括智能功率模块(intelligent power module,IPM)、IGBT 模块、信号数据采集模块、关联电路等硬件以及电机控制算法与逻辑保护等软件部分。

其中 IPM 把功率开关器件(IGBT)和驱动电路集成在一起,而且内有过电压、过电流和过温等故障检测电路,并可将检测信号送到 CPU。它由高速、低功耗的管芯和优化的门级驱动电路以及快速保护电路构成。即使发生负载事故或使用不当,IPM 自身也不受损坏。

1. IPM 的主要特征

一般来说，智能功率模块（IPM）包含有数字接口电路、驱动电路、功率器件 IGBT、保护电路、内部 DC/AC 及 AC/DC 变换器等部分，是数模混合式大规模集成电路。它具备以下主要特点。

（1）开关速度快

IPM 内的 IGBT 芯片都选用高速型，而且驱动电路紧靠 IGBT 芯片，驱动延时小，所以 IPM 开关速度快，损耗小。

（2）低功耗

IPM 内部的 IGBT 导通电压降低，开关速度快，故 IPM 功耗小。

（3）过电流、短路保护

IPM 中的 IGBT 电流传感器是射极分流式，采样电阻上流过的电流很小，但与流过开关器件上的电流成正比例关系，从而取代了大功率电阻、电流互感器、霍尔式电流传感器等电流监测组件。如果 IPM 中任意一个 IGBT 的集电极电流大于过电流动作电流的时间达到 10μs 时，IPM 将软关断，并且输出过电流警告信号。

（4）过热保护

IPM 内部绝缘基板上设有温度传感器，当 IPM 的温度达到 53~64℃，电机控制器通过动力 CAN 在网关控制器内与整车控制器（VCU）进行通信，VCU 控制散热风扇低速运转；当 VCU 接到 IPM 的温度 >64℃，VCU 控制散热风扇高速运转；当 VCU 接到 IPM 的温度 >85℃，IPM 内部的保护电路就会阻止门极驱动信号，不接受控制输入信号，直至过热现象消失，保护器件不受损坏，同时输出过热故障信号。当温度下降到过热复位阈值时，电路自动恢复正常工作。组合仪表点亮电机过热指示灯，提醒"请检查动力系统"。

（5）制动能量回馈功能

当车辆在减速或滑行的时候，VCU 接收到加速踏板的开度为 0% 时，VCU 在网关控制器内通过动力 CAN 与电机控制器进行通信。电机利用旋转磁场切割导线，旋转磁场来自转子，被切割的导线是定子绕组。转子旋转产生变化磁场（机械能转化成磁能），定子绕组线圈产生电能（磁能转化成电能，即电磁感应）；每转动 180° 产生的电压方向（极性）改变一次（进去低电位，出来高电位），从而产生交流电。然后经过电机控制器内的 IGBT 模块整流变成直流电输出给动力电池包充电。此工作过程称为制动能量回馈。

（6）驱动电源欠电压保护

当电机控制器检测到母线电压低于电池包标称电压 15V 时，电机控制器通过动力 CAN 在网关控制器与电池管理器进行信息交互，电池管理器控制电池包正、负极接触器断开。电机控制器根据母线电压进行主动泄放，保护电机控制器内部电子元件不受损坏。

（7）主动/被动泄放保护功能

主控板的电路架构上使用了一片数字信号处理器（DSP）控制芯片以及一片现场可编程门阵列（FPGA）芯片，如图 3-1-1 所示。FPGA 芯片的反应速度快，在车辆发生故障时（如电机出现绝缘不良导致电流过大），电机控制器通过动力 CAN 网关控制器与电池管理器进行通信，电池管理器控制电池包正、负极接触器断开，电机控制器对电容进行主动泄放，5s 内迅速将电容端的电压释放到 60V 以下。若电机控制器的主动泄放失效，电机控制器会启动被动泄放程序，在 2min 内迅速将电容端的电压释放到 60V 以下，有效保障人员和车辆电子元件的安全。

图 3-1-1　电机控制器主控板

（8）电机控制器电压跌落保护

当车辆在行驶过程中，由于动力电池的某个模组或单体电池电压下降过快，电机控制器检测到母线端的电压下降超过 30V 时，电机控制器通过动力 CAN 在网关控制器与电池管理器进行信息交互，电池管理器控制电池包正、负极接触器断开。电机控制器根据母线电压进行主动泄放，保护电机控制器内部电子元件不受损坏。

（9）安装方便

IPM 采用陶瓷绝缘结构，直接安装在绝缘板上。直流输入（P、N）、制动单元输出（B）和变频器输出端子直接用螺钉连接；输入、输出控制端子并排成一列，可用通用插接器连接。所以主接线端子和控制端接线端子都可以直接拆卸，不需要烙铁焊接，非常方便。

2. IPM 的内部结构

IPM 的内部结构如图 3-1-2 所示，可以分为欠电压保护单元（UV）、过电流保护单元（OC）、短路保护单元（SC）、过热保护单元（OT）四个单元。这些保护单元的输出信号作为或门输入信号，四个保护单元中只要有一个保护单元检测到故障，IPM 就会输出故障信号。从图 3-1-2 中可以看出驱动放大单元一方面将接收到的控制信号进行放大输出，驱动 IGBT 控制极；同时，可以接收任一故障保护电路的信号，一旦接收到故障保护电路的信号，便输出软关断驱动信号去软关断 IGBT，使 IGBT 受到保护。

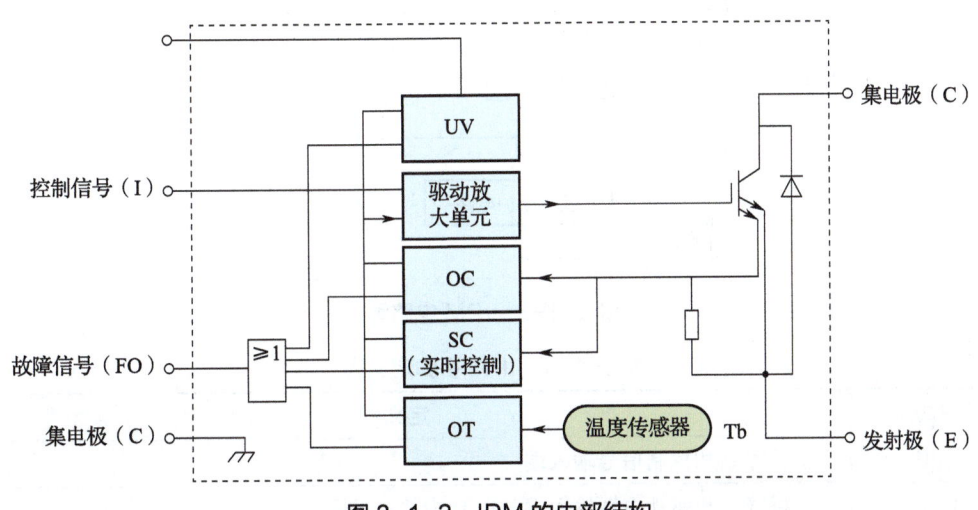

图 3-1-2　IPM 的内部结构

如图 3-1-3 所示，$IGBT_1$~$IGBT_6$ 组成逆变桥，VDF_1~VDF_6 分别为 6 个 IGBT 的续流二极管。其中 $IGBT_1$、$IGBT_3$、$IGBT_5$ 为上桥臂开关器件，由 3 个单独"浮地直流电源"给 3 组控制电路供电；$IGBT_2$、$IGBT_4$、$IGBT_6$ 为下桥臂开关器件，由一组直流电源给 3 组控制电路供电；$IGBT_7$ 为制动电路开关器件，VDW 是它的续流二极管。IPM 内部具有门极驱动控制、故障检测和多种保护电路。若内部故障保护电路检测到过电流、欠电压、过热和短路故障中的任一种，IPM 就会自行软关断，同时输出故障警告信号。其对应引脚定义见表 3-1-1。

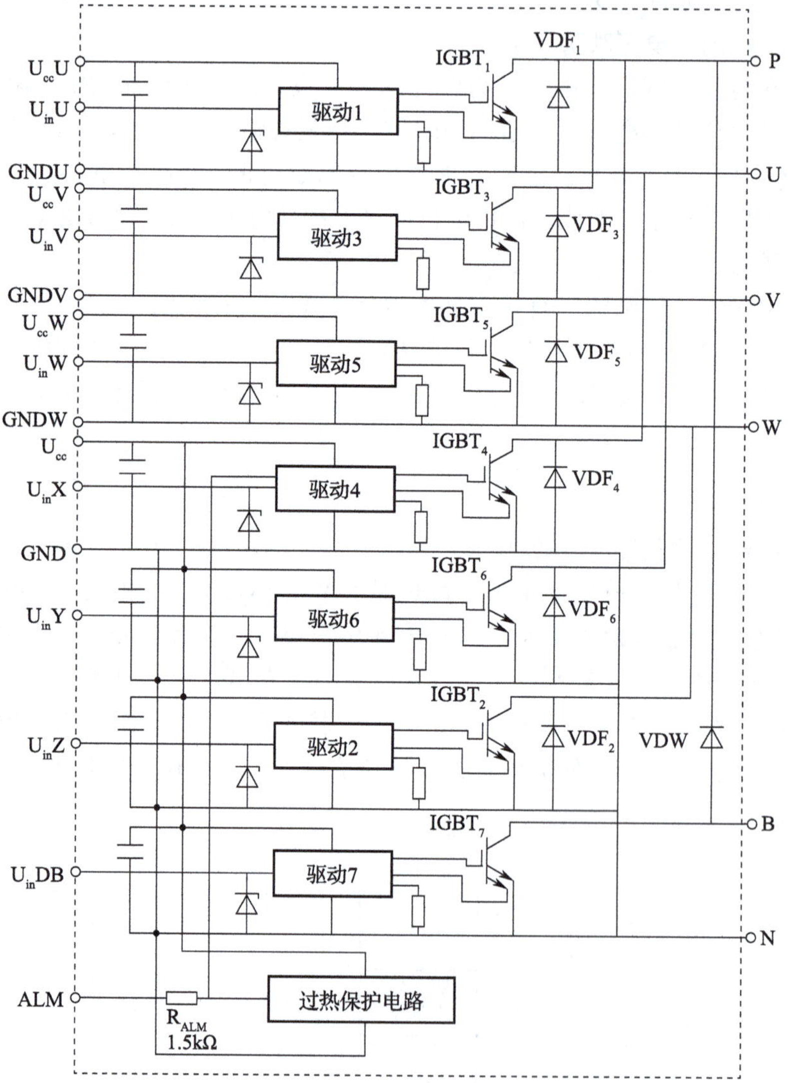

图 3-1-3　IPM 电路图

表 3-1-1　IPM 引脚定义表

引脚	定义
$U_{in}U$	上桥臂 U 相控制信号输入端
$U_{cc}U$	上桥臂 U 相驱动电源输入端，$U_{cc}U$ 为"+"端

（续）

引脚	定义
GNDU	上桥臂 U 相驱动电源 "−" 端
$U_{in}V$	上桥臂 V 相控制信号输入端
$U_{cc}V$	上桥臂 V 相驱动电源输入端，$U_{cc}V$ 为 "+" 端
GNDV	上桥臂 V 相驱动电源 "−" 端
$U_{in}W$	上桥臂 W 相控制信号输入端
$U_{cc}W$	上桥臂 W 相驱动电源输入端，$U_{cc}W$ 为 "+" 端
GNDW	上桥臂 W 相驱动电源 "−" 端
U_{cc}	下桥臂共用驱动电源输入端，U_{cc} 为 "+" 端
GND	下桥臂共用驱动电源 "−" 端
$U_{in}DB$	制动控制信号输入端
$U_{in}X$	下桥臂 X 相控制信号输入端
$U_{in}Y$	下桥臂 Y 相控制信号输入端
$U_{in}Z$	下桥臂 Z 相控制信号输入端
ALM	保护电路动作时的输出端
P、N	变频装置整流、平波后主电源（U_d）输入端，P 为 "+" 端，N 为 "−" 端
B	制动输出端子，减速时可以释放再生电能的端子
U、V、W	变频器三相输出端

3. IPM 在电动汽车上的应用

在电动汽车领域，IPM 以 TMS320LF2407 为核心的硬件配置控制系统，其结构如图 3-1-4 所示，主要由以下几部分构成：控制器核心 TMS320LF2407、外围接口电路、功率开关模块及其驱动电路。

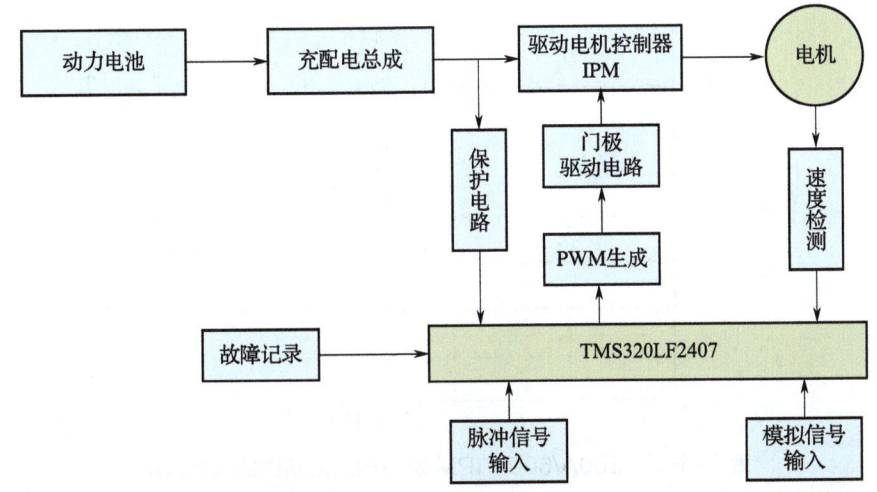

图 3-1-4　IPM 控制模块结构框图

高度集成的技术使得 IPM 能够显著简化整个 PWM 变频器的设计。变频器开发工程师只需设计简单的绝缘接口和 4 个或者 6 个 IPM 供电电源电路。简化的外围电路能够很好地满足电动汽车变频器对于单位体积内功率密度高的要求。当 IPM 快速关断时，储存在杂散电感中的能量耗散在开关器件上，从而在开关器件上会产生浪涌电压。浪涌电压的值直接与杂散电感值以及集电极电流关断变化率相关。因此，功率部分的换流电路设计必须尽可能地降低杂散电感。电动汽车变频器通常采用叠层母线排，可有效降低杂散电感，如图 3-1-5 所示。即使 IPM 在直流母线电压很高时发生短路关断，浪涌电压也不会超过模块的耐压极限。

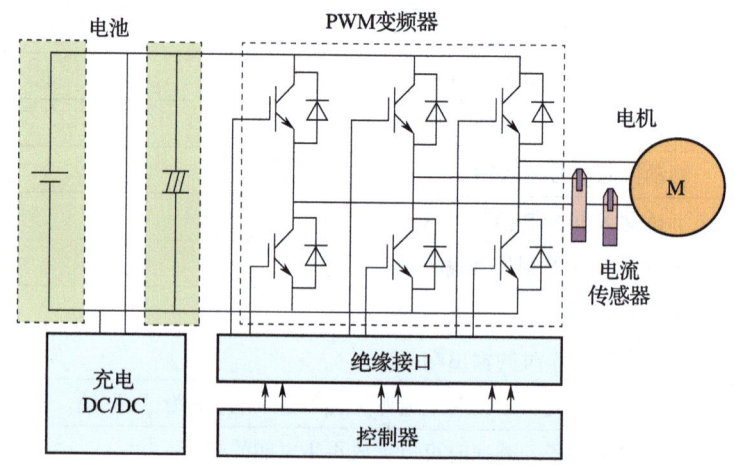

图 3-1-5　电动汽车变频器应用框图

图 3-1-6 所示为逆变器在发生相间短路时的 IPM 内部 IGBT 单元的测试波形，其中，U_{ce} 表示集电极与发射极之间的电压，U_d 表示二极管上的电压，I_0 表示电路中电流情况。电动汽车通常采用水冷散热。为提高冷却能力，水冷的管道应设计在 IPM 内的 IGBT 硅片正下方。此外，必须确保这些管道的密封以避免泄漏，并选择合适的位置以消除管道与安装孔之间的冲突。高效的散热系统能保证功率循环寿命和热循环寿命。

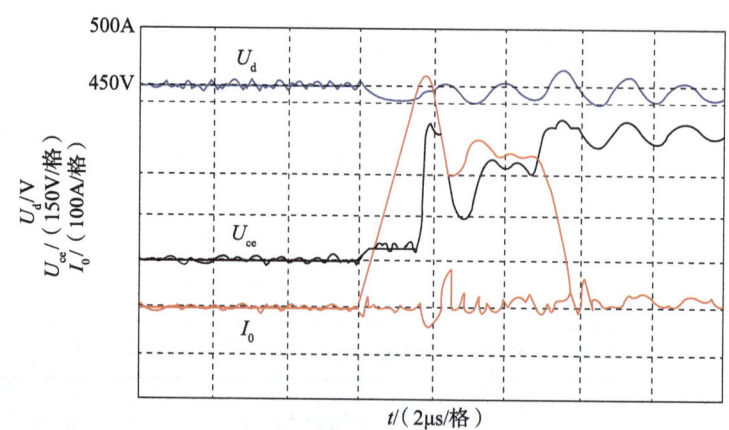

图 3-1-6　300A/600V IPM 发生相间短路时的关断波形

引导问题 3

请查阅相关资料，简述 IGBT 的结构与工作原理。
_____
_____
_____
_____

引导问题 4

请查阅相关资料，简述 IGBT 的功能与应用。
_____
_____
_____
_____

职业认证

电动汽车高电压系统评测与维修职业技能等级要求（初级）中的驱动电机控制器检查、保养与拆装、测试任务就要求报考人员能规范完成控制器的绝缘电阻测量、耐压测试和安全接地检查。通过电动汽车高电压系统评测与维修职业技能等级（初级）考核可获得教育部 1+X 证书中的"电动汽车高电压系统评测与维修职业技能等级证书（初级）"。

功率半导体 IGBT 的认识

1. IGBT 半导体技术的发展

在电子装置中，功率半导体 IGBT 是电能转换与电路控制的核心，主要用来改变电子装置中的电压、频率和直流/交流转换，以提高能量的转化效率。功率半导体产品的种类和批次较多，IGBT 是其中最具代表性的产品。从功率半导体的演进历程来看，IGBT 是当之无愧的新一代功率半导体。20 世纪 50 年代，功率半导体二极管问世；60—70 年代，晶闸管迎来了快速发展；80—90 年代，功率器件 MOSFET 得到了进一步发展。21 世纪以来，随着市场需求持续增长，IGBT 工艺也在不断改进。目前，IGBT 是新一代功率半导体器件的中流砥柱，被业内视为电力电子技术第三次革命中最具代表性的产品。

IGBT 在新能源汽车中的应用较为普遍。在电动汽车的"三电"方面，特斯拉的 Model S 使用的是三相异步驱动电机，其中，每一相的驱动控制需要 28 颗塑封的 IGBT 芯片，三相共需要 84 颗 IGBT 芯片。由此可见，新能源汽车对 IGBT 芯片的需求非常庞大。此外，充电桩的核心部件也离不开 IGBT 芯片。有关信息显示，在新能源汽车中，IGBT 模块约占整车成本的 7%~10%，是除电池之外所占成本第二高的器件，决定了整车的能源效率。

2. IGBT 的定义

绝缘栅双极型晶体管（insulated gate bipolar transistor，IGBT），如图 3-1-7 所示，是一种由 MOS 场效应晶体管（MOSFET）和双极结晶体管（BJT）组合成的复合全控型电压驱动式功率半导体器件，被认为是电动汽车的核心技术之一。

IGBT 兼有 MOSFET 的高输入阻抗和电力晶体管（GTR）的低导通电压降两方面的优点。MOSFET 驱动功率很小，开关速度快，但导通电压降大，载流密度小；GTR 饱和电压降低，载流密度大，但驱动电流较大。作为 MOSFET 和 GTR 两种器件优点的"集大成者"，IGBT 的驱动功率小且饱和电压降低，开关速度快且开关损耗小，在高电压、大电流和高速开关等方面具备其他功率器件不可比拟的优势。因此，IGBT 非常适合应用于直流电压为 600V 及以上的变流系统，如交流电机、变频器、开关电源、照明电路、牵引传动等。

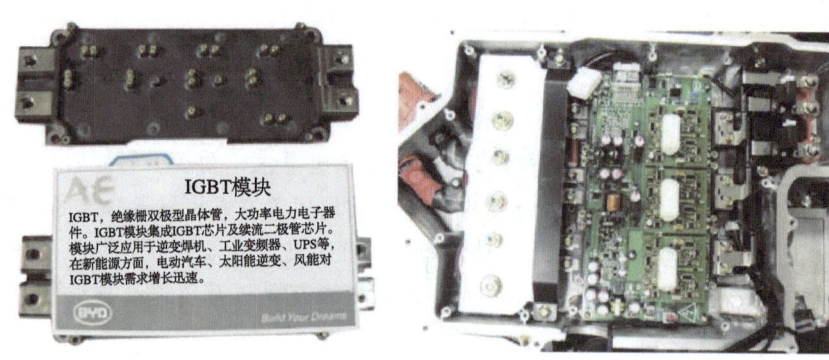

图 3-1-7　IGBT 结构外观

3. IGBT 的结构与工作原理

图 3-1-8 所示的 IGBT 是由一个 PNP 型晶体管和增强型 N 沟道 MOS 管组合而成的，这种 IGBT 称为 N-IGBT，用图 3-1-8d 所示图形符号表示。IGBT 有三个极：集电极（C 极）、栅极（G 极）和发射极（E 极）。相应的还有 P 沟道 IGBT，称为 P-IGBT，将图 3-1-8d 所示图形符号中的箭头改为由 E 极指向 G 极即为 P-IGBT 的图形符号。

电力电子设备中主要采用 N-IGBT，下面以图 3-1-9 所示电路来说明 N-IGBT 的工作原理。

电源 E_2 通过开关 S 为 IGBT 提供 U_{GE} 电压，电源 E_1 经 R_1 为 IGBT 提供 U_{CE} 电压。当开关 S 闭合时，IGBT 的 G、E 极之间获得电压 U_{GE}，只要 U_{GE} 大于开启电压（2~6V），IGBT 内部的 NMOS 管就有导电沟道形成，NMOS 管漏极（D 极）、源极（S 极）之间导通，为晶体管基极电流提供通路，晶体管导通，有电流 I_C 从 IGBT 的 C 极流入，经晶体管发射极后分成 I_1 和 I_2 两路电流，I_1 电流流经 NMOS 管的 D、S 极，I_2 电流从晶体管的集电极流出，I_1、I_2 电流汇合成 I_E 电流从 IGBT 的 E 极流出，即 IGBT 处于导通状态。当开关 S 断开后，U_{GE} 为 0V，NMOS 管导电沟道夹断（消失），I_1、I_2 都为 0A，I_C、I_E 也为 0A，即 IGBT 处于截止状态。

调节电源 E_2 可以改变 U_{GE} 的大小，IGBT 内部的 NMOS 管的导电沟道宽度会随之变化，I_1 大小会发生变化。由于 I_1 电流实际上是晶体管的基极电流，I_1 细小的变化会引

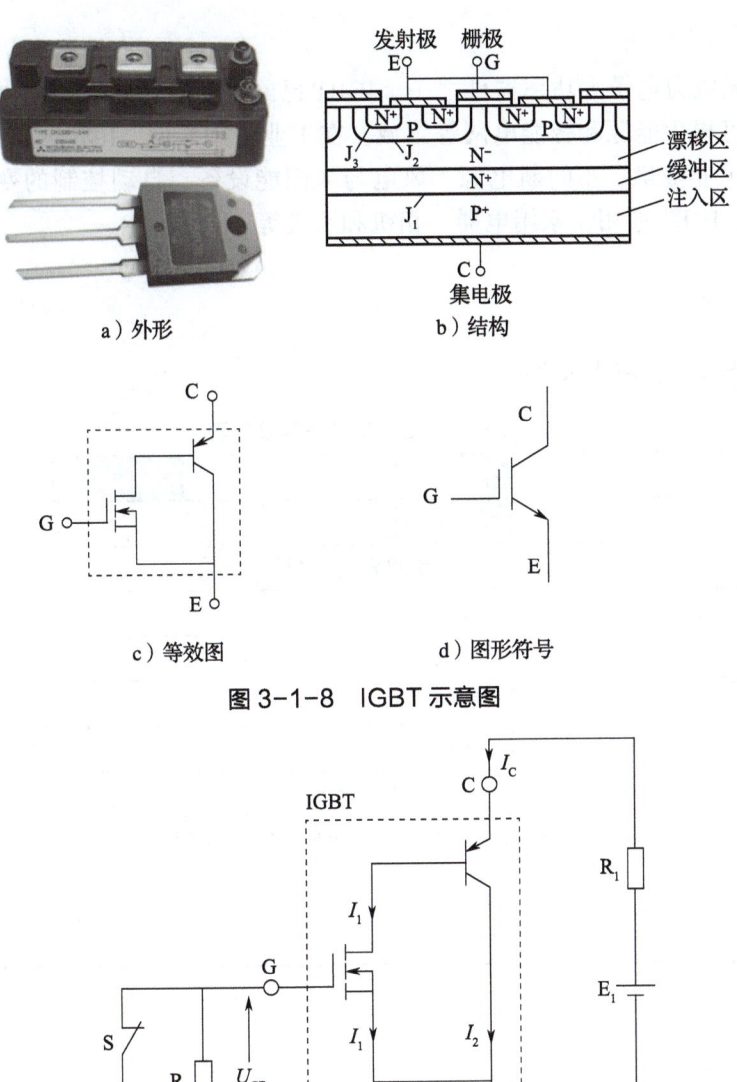

图 3-1-8 IGBT 示意图

图 3-1-9 N-IGBT 工作原理说明图

起 I_2 电流（I_2 为晶体管的集电极电流）的急剧变化。例如，当 U_{GE} 增大时，NMOS 管的导通沟道变宽，I_1 增大，I_2 也增大，即 IGBT 的 C 极流入、E 极流出的电流增大。

4. IGBT 的功能

IGBT 的主要功能是控制交流电和直流电的转换，同时承担电压的高低转换功能，还能将电机回收的交流电流转换成可供蓄电池充电的电流。

简单来讲，IGBT 可被视为"非通即断"的开关，导通时可被看作导线，断开时可以充当开路。对此，可以这样解释：功率半导体器件是电流的开关，在关断的时候，能够保证漏电流和残余电流很小，且耐受电压很高；在开通的时候，功率半导体器件能够保证电阻小、电流大，并且开关的时间很短。

5. IGBT 的应用

作为主流电力电子大功率器件之一，IGBT 已经广泛应用于家用电器、交通运输、电力工程、可再生能源和智能电网等领域。在工业应用方面，IGBT 应用于交通控制、功率变换、工业电机、不间断电源、风电与太阳能设备、自动控制的变频器等；在消费电子方面，IGBT 应用于家用电器、相机和手机等。

任务分组

进行任务分工，填入表 3-1-2 中。

表 3-1-2　学生任务分配表

班级		组号		指导教师	
组长		学号			
组员角色分配					
信息员		学号			
操作员		学号			
记录员		学号			
安全员		学号			
任务分工					
（就组织讨论、工具准备、数据采集、数据记录、安全监督、成果展示等工作内容进行任务分工）					

工作计划

按照前面所了解的知识内容和小组内部讨论的结果，制订工作方案，落实各项工作负责人，如任务实施前的准备工作、实施中的主要操作及协助支持工作、实施过程中相关要点及数据的记录工作等，并将结果填入表 3-1-3 中。

表 3-1-3　工作计划表

步骤	工作内容	负责人
1		
2		
3		
4		
5		
6		
7		
8		

进行决策

1）各组派代表阐述资料查询结果。
2）各组就各自的查询结果进行交流，并分享技巧。
3）教师对各组的计划方案进行点评。
4）各组长对组内成员进行任务分工，教师确认分工是否合理。

任务实施

引导问题 5

扫描二维码观看视频，了解如何完成电机控制器 IGBT 模块的检测与拆装，并简述操作要点。

_____
_____
_____

【微课】电机控制器 IGBT 模块的检测（秦 EV）

参考操作视频，按照规范作业要求完成操作步骤，完成数据采集并在表 3-1-4~表 3-1-7 中进行记录。

表 3-1-4　实训准备

序号	设备及工具名称	数量	设备及工具是否完好
1	电机控制器	1 台	□是　□否
2	一体化集成工量具	1 套	□是　□否
3	三层工具车	1 辆	□是　□否
4	耐磨手套	1 副	□是　□否
5	安全防护套装	1 套	□是　□否
6	警示牌	1 套	□是　□否
7	灭火器	1 套	□是　□否
8	万用表	1 套	□是　□否
质检意见	原因：		□是　□否

场地设备准备

任务实施前需要做好场地防护准备，并检查实训场地和设备设施是否存在安全隐患，如不正常须及时汇报教师，进行处理后方可实施任务。

安全要求及注意事项

1）严格按照实训步骤进行拆装作业，以免造成部件损伤。

2）拆装驱动总成电机控制器固定螺钉时，注意选用合适的工具，并控制力矩。

3）控制器内部结构有固定胶黏附，取下时注意方法和力度。

表 3-1-5　电机控制器 IGBT 模块的拆卸

序号	步骤	记录	完成情况
1	使用小号棘轮扳手与 TX25 工具预松电机控制器盖板固定螺钉		已完成□ 未完成□
2	使用套筒连杆与 TX25 工具拆卸电机控制器盖板固定螺钉		已完成□ 未完成□
3	使用一字螺钉旋具拆卸电机控制器盖板密封胶		已完成□ 未完成□
4	取下盖板		已完成□ 未完成□
5	使用中号棘轮扳手与 5 号内六角套筒拆卸电机控制器正、负极高压母线固定螺钉		已完成□ 未完成□
6	使用正反棘轮扳手与 4 号内六角套筒拆卸电机控制器高压插接器固定板固定螺钉		已完成□ 未完成□
7	使用一字螺钉旋具拆卸电机控制器高压插接器密封胶		已完成□ 未完成□
8	使用小号棘轮扳手与 8 号套筒拆卸电机控制器正、负极高压母线汇流铜排与缓冲电容固定螺钉		已完成□ 未完成□
9	使用十字螺钉旋具拆卸缓冲电容与电机控制器主板的电压采集线固定螺钉		已完成□ 未完成□
10	使用小号棘轮扳手与 8 号套筒拆卸 IGBT 与缓冲电容的固定螺钉		已完成□ 未完成□
11	使用小号棘轮扳手与 TX25 工具拆卸扼流圈上盖板固定螺钉		已完成□ 未完成□
12	取出扼流圈		已完成□ 未完成□
13	使用小号棘轮扳手与 TX25 工具拆卸扼流圈底座固定螺钉		已完成□ 未完成□
14	使用小号棘轮扳手与 TX25 工具拆卸缓冲电容固定螺钉		已完成□ 未完成□
15	取出缓冲电容		已完成□ 未完成□
16	使用 T8 内六花工具拆卸电机控制器低压插接器插座		已完成□ 未完成□
17	使用十字螺钉旋具拆卸电机控制器主板固定螺钉		已完成□ 未完成□

（续）

序号	步骤	记录	完成情况
18	拔下电机控制器主板插接器		已完成☐ 未完成☐
19	拔下电机控制器主板连接 IGBT 驱动主板插接器		已完成☐ 未完成☐
20	取下电机控制器主板		已完成☐ 未完成☐
21	使用小号棘轮扳手与 TX25 工具拆卸电机控制器主板固定底座固定螺钉		已完成☐ 未完成☐
22	取出电机控制器主板固定底座		已完成☐ 未完成☐
23	使用小号棘轮扳手与 TX25 工具拆卸 IGBT 固定螺钉		已完成☐ 未完成☐
24	使用小号棘轮扳手与 8 号套筒拆卸 IGBT 与三相连接汇流铜排固定螺钉		已完成☐ 未完成☐
25	取下汇流铜排		已完成☐ 未完成☐
26	取下 IGBT 模块，完成电机控制器 IGBT 模块的拆卸		已完成☐ 未完成☐
总结提升			已完成☐ 未完成☐
质检意见	原因：		已完成☐ 未完成☐

表 3-1-6　电机控制器 IGBT 模块的检测

序号	步骤	记录	完成情况
1	万用表调至二极管档		已完成☐ 未完成☐
2	测量 IGBT G 极（门极）信号端子与 E 极（发射极）信号端子之间的管压降，测得 0.30V，正常		已完成☐ 未完成☐
3	测量 IGBT G 极（门极）信号端子与 C 极（集电极）信号端子之间的管压降，测得 0.33V，正常		已完成☐ 未完成☐
4	其余 IGBT 模组以同样方式依次进行测量		已完成☐ 未完成☐
总结提升			已完成☐ 未完成☐
质检意见	原因：		已完成☐ 未完成☐

表 3-1-7　电机控制器 IGBT 模块的安装

序号	步骤	记录	完成情况
1	安装 IGBT 模块		已完成☐ 未完成☐
2	安装 IGBT 模块固定螺钉		已完成☐ 未完成☐
3	安装汇流铜排		已完成☐ 未完成☐
4	使用小号棘轮扳手与 8 号套筒安装 IGBT 与三相连接汇流铜排固定螺钉		已完成☐ 未完成☐
5	安装电机控制器主板固定底座		已完成☐ 未完成☐
6	使用小号棘轮扳手与 TX25 工具安装电机控制器主板固定底座固定螺钉		已完成☐ 未完成☐
7	安装电机控制器主板		已完成☐ 未完成☐
8	使用十字螺钉旋具安装电机控制器主板固定螺钉		已完成☐ 未完成☐
9	使用 T8 内六花工具安装电机控制器低压插接器插座		已完成☐ 未完成☐
10	连接电机控制器主板插接器		已完成☐ 未完成☐
11	连接电机控制器主板连接 IGBT 驱动主板插接器		已完成☐ 未完成☐
12	安装缓冲电容		已完成☐ 未完成☐
13	使用小号棘轮扳手与 TX25 工具安装缓冲电容固定螺钉		已完成☐ 未完成☐
14	使用小号棘轮扳手与 8 号套筒安装 IGBT 与缓冲电容的固定螺钉		已完成☐ 未完成☐
15	使用小号棘轮扳手与 TX25 工具安装扼流圈底座固定螺钉		已完成☐ 未完成☐
16	安装扼流圈		已完成☐ 未完成☐
17	使用小号棘轮扳手与 TX25 工具安装扼流圈上盖板固定螺钉		已完成☐ 未完成☐
18	使用十字螺钉旋具安装缓冲电容与电机控制器主板的电压采集线束固定螺钉		已完成☐ 未完成☐
19	安装电机控制器正、负极高压母线汇流铜排		已完成☐ 未完成☐
20	使用小号棘轮扳手与 8 号套筒安装电机控制器正、负极高压母线汇流铜排与缓冲电容固定螺钉		已完成☐ 未完成☐
21	安装电机控制器高压母线		已完成☐ 未完成☐

（续）

序号	步骤	记录	完成情况
22	使用正反棘轮扳手与 4 号内六角套筒安装电机控制器高压插接器固定板固定螺钉		已完成□ 未完成□
23	使用中号棘轮扳手与 5 号内六角套筒安装电机控制器正、负极高压母线固定螺钉		已完成□ 未完成□
24	安装电机控制器盖板		已完成□ 未完成□
25	安装电机控制器盖板固定螺钉		已完成□ 未完成□
26	完成电机控制器 IGBT 模块的检测操作		已完成□ 未完成□
总结提升			已完成□ 未完成□
质检意见	原因：		已完成□ 未完成□

评价反馈

1）各组代表展示汇报 PPT，介绍任务的完成过程。

2）以小组为单位，对各组的操作过程与操作结果进行自评和互评，并将结果填入表 3-1-8 中的小组评价部分。

3）教师对学生工作过程与工作结果进行评价，并将评价结果填入表 3-1-8 中的教师评价部分。

表 3-1-8　综合评价表

班级		组号		姓名		学号	
实训任务							
	评价项目		评价标准			分值	得分
小组评价	计划决策		制订的工作方案合理可行，小组成员分工明确			10	
	任务实施		能够正确检查并设置实训工位			5	
			能够准备和规范使用工具设备			5	
			能够正确、规范地完成 IGBT 模块的检测与拆装			40	
			能够规范填写任务工单			10	
	任务达成		能按照工作方案操作，按计划完成工作任务			10	
	工作态度		认真严谨、积极主动，安全生产、文明施工			10	
	团队合作		小组组员积极配合、主动交流、协调工作			5	
	6S 管理		完成竣工检验、现场恢复			5	
			小计			100	

（续）

评价项目		评价标准	分值	得分
教师评价	实训纪律	不出现无故迟到、早退、旷课现象，不违反课堂纪律	10	
	方案实施	严格按照工作方案完成任务实施	20	
	团队协作	任务实施过程互相配合，协作度高	20	
	工作质量	能准确完成检修 IPM 的任务	20	
	工作规范	操作规范，三不落地，无意外事故发生	10	
	汇报展示	能准确表达、总结到位、改进措施可行	20	
		小计	100	
综合评分		小组评价分 ×50% + 教师评价分 ×50%		
总结与反思				

（如：学习过程中遇到什么问题→是如何解决的/解决不了的原因→心得体会）

任务二　检修电驱动热管理系统

学习目标

知识目标
- 了解电驱动热管理的意义。
- 了解电驱动系统温度的获取方法。
- 掌握常用的电驱动系统冷却方式。

技能目标
- 掌握电机及控制系统的热管理系统的组成。
- 掌握电机温度传感器及旋变温度传感器的采样方法。
- 掌握电机及控制系统温度高时的控制策略以及检修方法。
- 掌握失效部件的检查与更换。

素养目标
- 认真严谨、积极主动,安全生产、文明施工。
- 获得多途径检索知识、分析解决问题以及多元化思考解决问题的方法,形成创新意识。
- 严格执行各项规章制度及6S现场管理,培养精益求精的工匠精神。

知识索引

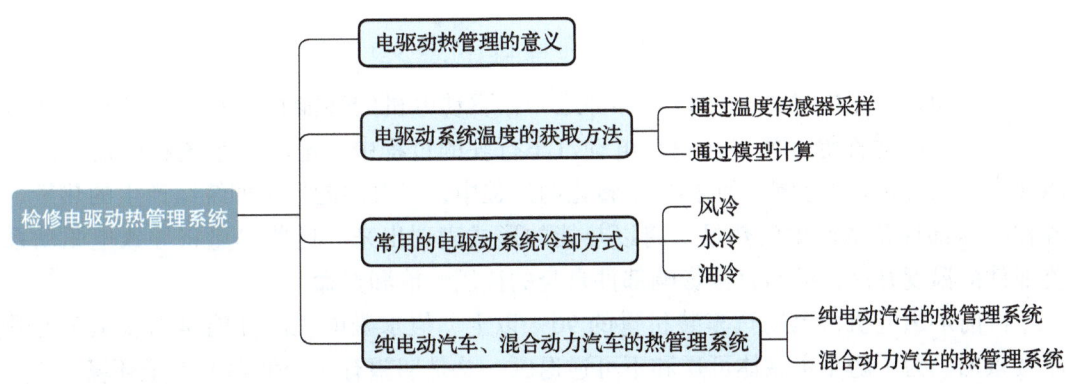

新能源汽车电机及控制系统检修　　姓名　　班级　　日期

📖 情境导入

随着我国新能源汽车产业的蓬勃发展和消费者需求的不断升级，永磁同步电机被众多新能源汽车企业优先选择作为动力源。由于车辆在低速大转矩下，电机的温升非常快，当永磁体温度超过160℃时就会产生退磁现象，影响电机的性能，因此使用永磁同步电机的新能源汽车需要一个相当完善的热管理系统来保证车辆的安全运行。

✉ 获取信息

❓ 引导问题 1

请查阅相关资料，简述装载永磁同步电机的新能源汽车为什么需要一个高效可靠的电驱动热管理系统。

_____
_____
_____

🪪 职业认证

智能新能源汽车职业技能等级要求（初级）中的驱动系统冷却管路检查保养任务就要求报考人员能检查电机驱动系统各部件（驱动电机、驱动电机控制器、车载充电机及DC/DC变换器等）冷却管路是否老化、泄漏。通过智能新能源汽车职业技能等级（初级）考核可获得教育部1+X证书中的"智能新能源汽车职业技能等级证书（初级）"。

电驱动热管理的意义

电驱动系统是电动汽车的核心部件之一，驱动电机的性能直接影响到汽车的动力性、效率、舒适性等性能。在驱动电动汽车行驶的过程中，电驱动系统将电池包的电能转化成电机转动的动能，而在能量转化的过程中，损失的能量（如绕组产生的热量、各种机械部件摩擦产生的热量）将以热能的形式表现出来。这些热量将导致电驱动系统部件的温度升高，继而直接影响部件自身的使用性能和寿命。

目前永磁电机占电动汽车装机量的90%以上，但永磁电机的性能是随着温度上升而衰减的。为了防止永磁体可逆和不可逆退磁，总是期望有一个低温的转子环境。

因此，需要高效可靠的电驱动热管理系统，确保电驱动系统的各个部件在使用工况下维持在适宜的温度范围内，以此提高驱动电机和控制器等部件的效率和寿命。

> **引导问题 2**
>
> 请查阅相关资料，简述通过温度传感器采样获取温度的方法具有哪些优缺点。
> _____
> _____

电驱动系统温度的获取方法

温度的获取一般有通过温度传感器采样、通过模型计算两种方法。

1. 通过温度传感器采样

驱动电机系统的主要产热源为其功率晶体管，它通常与一个铝散热片相连接，由铝散热片将晶体管产生的热传递给变频器冷却系统。通常情况下，变频器会自带温度传感器，进行温度监控以防止出现过热情况。变频器的温度传感器可以安装在电路板或晶体管组件等变频器元器件上，或直接安装在变频器的冷却系统介质（空气或冷却液）中。通过温度传感器直接采样的优点是软件逻辑简单，不需要建模标定；但是布置多个传感器增加了硬件失效风险，使成本提高、工艺更复杂，某些位置无法布置传感器（如电机转子）。此外，传感器直接测量的温度不代表该部件最热点的温度，因此并不能很好地起到保护作用。

2. 通过模型计算

通过模型计算而获取温度的方法的优点是硬件失效风险小，缺点是软件逻辑复杂、标定难度大。热模型示意图如图 3-2-1 所示。

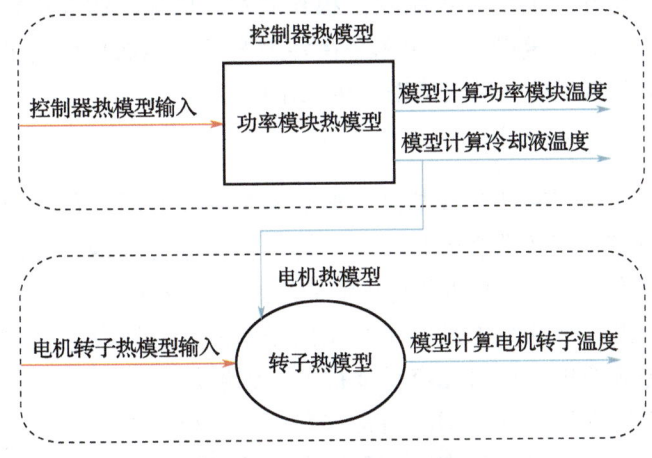

图 3-2-1 热模型示意图

> **引导问题 3**
>
> 请查阅相关资料，简述水冷方式的优缺点。
> _____
> _____

常用的电驱动系统冷却方式

对于电动汽车,驱动电机作为动力源,电机控制器提供能量转化,两者缺一不可。电机及其电控热管理的主要任务是分析驱动电机内部的产热机理,对驱动电机进行冷却,保证驱动电机及控制器处于合适的温度范围内。驱动电机功率和转矩日益增大,对驱动电机和控制器热管理系统的要求也随之提高。目前,针对驱动电机与控制器的冷却方式,依据介质的不同,可分为风冷、水冷和油冷(水冷和油冷统称液冷)。

1. 风冷

风冷式变频器的冷却原理为将变频器散热片的冷却叶片置于通风管道处或电动风扇出风口处,使其被管道或出风口吹入或抽入的风冷却。风冷式变频器通常被设计用来产生适度动力、主要作为轻度混合动力汽车发动机的辅助动力的驱动电机系统,可以通过风冷方式对其进行降温处理。通常情况下,空气冷却系统包括冷风进风口、进风管道、冷却风扇、散热器(安装于变频器组件内)、出风口等。进风口通常位于汽车内部,从车辆的内部抽取新鲜空气。出风口通常将空气排出车外。有些风冷式变频器的冷却系统采用独立的风冷系统,用于变频器和/或车辆DC/DC变换器的降温,而另外一些情况则是将变频器的风冷系统与车辆动力电池组的冷却系统整合到一起。

由于风冷式变频器不需要散热器或冷却液管路,它也可以被安装在机舱之外的区域。例如,本田思域混合动力汽车的所有主要高压部件都采用风冷,所以其风冷式变频器与风冷式动力电池组和DC/DC变换器一起,都装在汽车后座后方。

风冷这一方式的优点是结构简单,不需要设计独立的冷却零件,维护方便,并且成本低;但冷却效果较差。为保证足够的散热量需求,驱动电机与控制器需要增大与气流的接触面积,这导致电机和控制器体积和成本的增加;驱动电机和控制器在车辆上使用时对应的工况较为复杂,风冷无法在各工况下都能保持所需的散热量,因此仅有热负荷小的小型车辆驱动电机或辅助电机采用风冷。

2. 水冷

水冷式变频器的冷却原理为冷却液从散热器泵入变频器内部,但不接触变频器的工作部件。散热设备将变频器各部件产生的热能传递给冷却液。然后冷却液流回到散热器,在冷却风扇的帮助下,散热器将热能传递到周围空气中。

大多数混合动力汽车和纯电动汽车采用的是水冷式变频器,这种变频器位于汽车的前机舱,其冷却液的进、出口能容易地被连接到散热器上以方便对冷却液降温。其冷却液通常与发动机冷却液类似或相同。在混合动力汽车中,几乎所有此类水冷系统的冷却液回路都完全独立于发动机的冷却系统。水冷式变频器的冷却回路至少包括一个散热器、一个膨胀水箱、一个冷却风机、冷却液软管、一个电动水泵以及穿过变频器的内部冷却管道,如图3-2-2所示。由于变频器冷却系统用于散热而不是调节保温,所以该冷却系统不需要恒温器。

图 3-2-2 水冷式变频器

相比空气,冷却液具有更高的比热容,并且液冷可以根据需要主动调节系统温度,因此具有更好的稳定性。对于电动汽车的驱动电机和控制器等部件,采用液冷可以迅速带走热量,实现温度的快速降低,保证电机和控制器的效率和寿命。现阶段水冷技术是主流的散热方式,国内自主品牌主要采用冷却液作为介质,如比亚迪、蔚来、北汽新能源和吉利等。但是,水冷无法直接冷却热源,绕组处的热量需经过槽内绝缘层、电机定子才能传递至外壳被水带走,传递路径长,散热效率低,且各部件之间的配合公差更是影响了传递路径的热阻大小。

3. 油冷

与水冷相比,油冷电机的体积更小,使得前机舱更为紧凑,雷克萨斯 RX 450h 和三菱 PHEV 的前驱动电机和发电机采用的即为油冷技术,但其控制器仍采用水冷。

> **引导问题 4**
>
> 请查阅相关资料,简述纯电动汽车热管理系统的工作原理。
>
> _____
>
> _____
>
> _____

纯电动汽车、混合动力汽车的热管理系统

1. 纯电动汽车的热管理系统

由于纯电动汽车没有发动机,因此为了驱动电机和控制器散热,通常沿用原有散热器及膨胀水箱,采用电动水泵,全新设计水管。比亚迪 e5 采用电动水泵冷却循环系统、双散热风扇,其电动水泵安装在电机前部,如图 3-2-3 所示。冷却系统由主控制器进行控制,通过水温传感器的检测,并且参考空调请求状态共同决定对冷却风扇和冷凝风扇的控制,确保各系统在正常温度下工作。

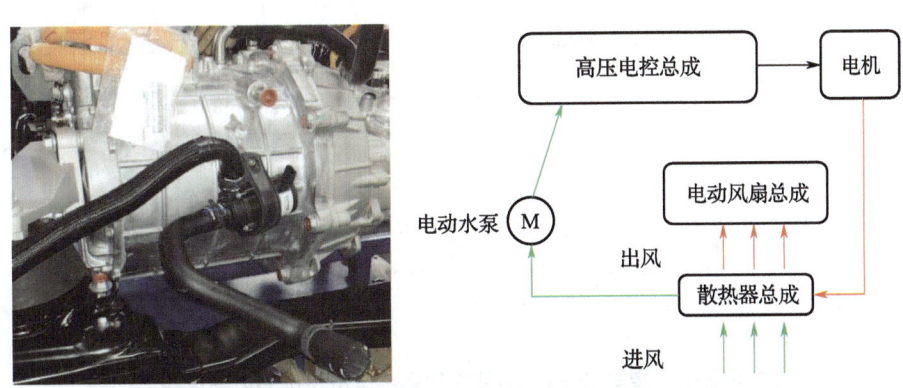

图 3-2-3　电机和电机控制器的热管理系统

为了更加清晰地展示,选择宝马 i3 选装所有配置的冷却系统为例进行阐述,如图 3-2-4 所示。热管理系统中所有循环回路均用彩色表示,蓝色表示冷却液温度较低,

135

红色表示温度较高，不同的颜色饱和度表示不同程度的高/低温。

待冷却的组件接入冷却液循环回路内，以便保持组件温度低于所要求的最高水平。电机控制器所要求的温度比电机低，因此选择按该顺序串联。由于电驱动装置和车载充电机不同时运行，因此选择了并联。增程电机和增程电机控制器串联连接，由于这两个组件与车载充电机和电机控制器不同时运行，因此将它们并联连接。

此外冷却系统也无须针对所有热功率之和进行设计，因为实际上只需在一个或两个并联支路中排出热量。冷却液循环回路内带有用于冷却W20发动机的冷却液制冷剂热交换器（即冷却单元）。驱动组件冷却液循环回路内的冷却液通过一个电动冷却液泵（80W）进行泵送，经过五个驱动组件以及必要时还经过冷却液制冷剂热交换器。如果行驶时的自然风不足以冷却散热器内的冷却液，还会通过接通电动风扇降温，电动风扇功率为400W。

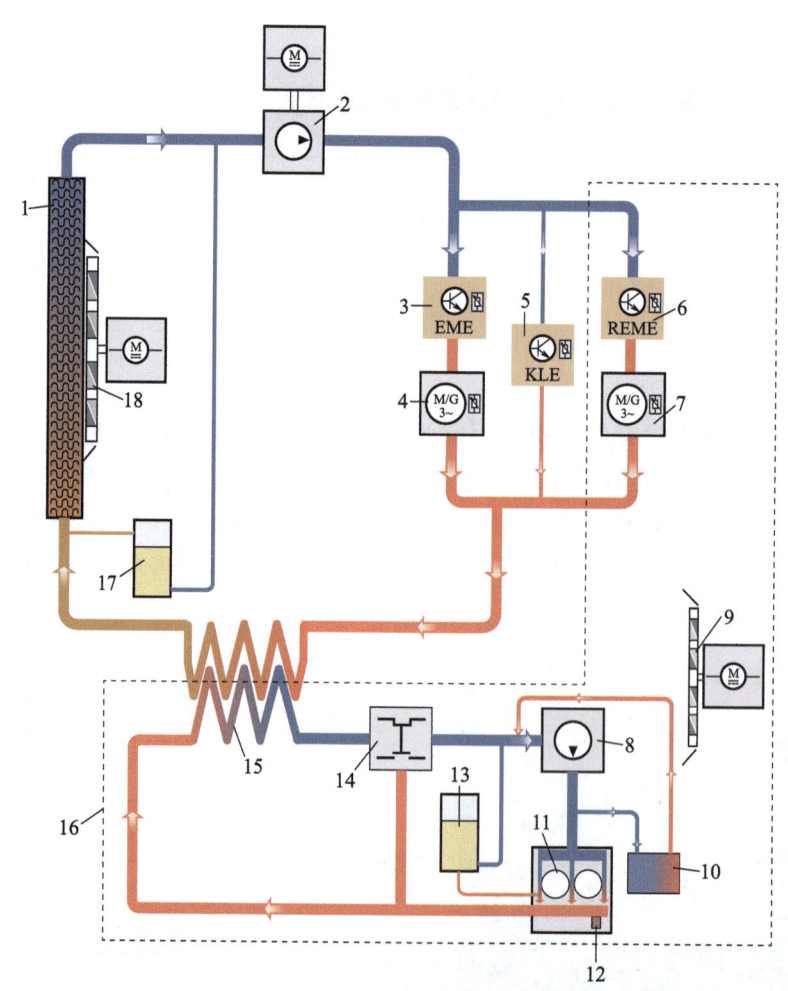

图3-2-4 宝马i3驱动组件冷却系统概览（选装所有配置）

1—散热器 2—电动冷却液泵（80W） 3—电机控制器（EME） 4—电机 5—车载充电机（KLE）
6—增程电机控制器（REME） 7—增程电机 8—机械冷却液泵 9—用于增程器冷却总成（冷却液制冷剂热交换器）的附加电动风扇 10—发动机冷却液热交换器 11—增程器（W20发动机） 12—冷却液温度传感器
13—发动机补液罐 14—节温器 15—用于增程器的冷却液制冷剂热交换器 16—该区域仅限于带有增程器时
17—高压驱动组件补液罐 18—用于散热器的电动风扇

在动力电池组充电期间,系统会自动接通冷却液泵及电动风扇,因此打开前机舱盖进行冷却模块作业时不允许为动力电池组充电。由于电机控制器和车载充电机内转换的电功率较大,也会产生热量,必须借助在此所述的冷却液循环回路排出热量,因此充电期间电机控制器和车载充电机内温度相对较高时,也会接通电动冷却液泵和电动风扇。

与车辆常用冷却系统不同,宝马i3电驱动装置冷却系统内没有冷却液温度传感器,冷却液温度不作为控制功能输入参数使用,而是根据所列输入参数和当前冷却需求控制电动冷却液泵和电动风扇。冷却液最高温度约为85℃(电机回流管路),与宝马发动机冷却系统相比,其温度水平也较低。增程器冷却循环回路具有较高温度,因此可通过冷却液制冷剂热交换器降低增程器冷却循环回路内的冷却液温度。在宝马i3上进行冷却系统作业前也必须采取常规防护措施。

2. 混合动力汽车的热管理系统

混合动力汽车的电机控制器热管理有两种方式:一种是连接在发动机冷却系统,如图3-2-5所示;另一种是自身带有电动水泵,如图3-2-6所示。冷却液—空气热交换器集成在冷却模块中。根据电机控制器的冷却请求,以优化的需求量和消耗量控制电动冷却液泵和电动风扇。通过根据需求控制电动风扇和电动冷却液泵,避免可能有损电子装置使用寿命的剧烈温度波动,而且减少了进行冷却时的电能消耗。

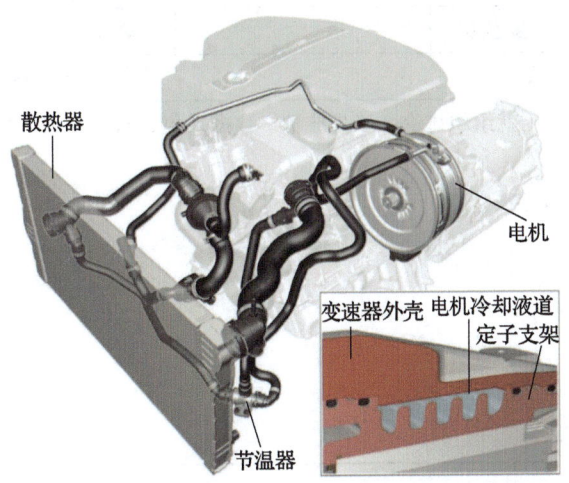

图3-2-5 混合动力汽车电机热管理系统

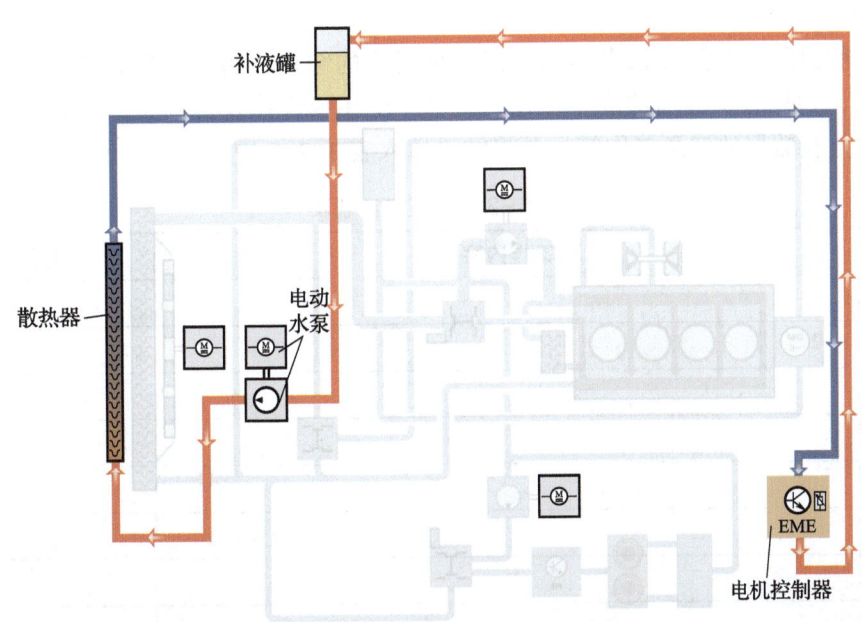

图3-2-6 混合动力汽车电机控制器热管理示意图

任务分组

进行任务分工,填入表 3-2-1 中。

表 3-2-1　学生任务分配表

班级		组号		指导教师	
组长		学号			
组员角色分配					
信息员		学号			
操作员		学号			
记录员		学号			
安全员		学号			
任务分工					
(就组织讨论、工具准备、数据采集、数据记录、安全监督、成果展示等工作内容进行任务分工)					

工作计划

按照前面所了解的知识内容和小组内部讨论的结果,制订工作方案,落实各项工作负责人,如任务实施前的准备工作、实施中的主要操作及协助支持工作、实施过程中相关要点及数据的记录工作等,并将结果填入表 3-2-2 中。

表 3-2-2　工作计划表

步骤	工作内容	负责人
1		
2		
3		
4		
5		
6		
7		
8		

进行决策

1）各组派代表阐述资料查询结果。
2）各组就各自的查询结果进行交流，并分享技巧。
3）教师对各组的计划方案进行点评。
4）各组长对组内成员进行任务分工，教师确认分工是否合理。

任务实施

引导问题 5

扫描二维码观看视频，了解如何更换秦 EV 车型电机驱动系统的冷却液，并简述操作要点。
_____
_____
_____

【微课】电机驱动系统冷却液的更换（秦EV）

参考操作视频，按照规范作业要求完成操作步骤，完成数据采集并在表 3-2-3、表 3-2-4 中进行记录。

表 3-2-3　实训准备

序号	设备及工具名称	数量	设备及工具是否完好
1	秦 EV	1 辆	□是　□否
2	一体化集成工量具	1 套	□是　□否
3	三层工具车	1 辆	□是　□否
4	车内四件套	1 套	□是　□否
5	车外三件套	1 套	□是　□否
6	耐磨手套	1 副	□是　□否
7	安全防护套装	1 套	□是　□否
8	警示牌	1 套	□是　□否
9	灭火器	1 套	□是　□否
10	冷却液回收盘	1 个	□是　□否
11	冷却液	1 桶	□是　□否
12	举升机	1 台	□是　□否
质检意见	原因：		□是　□否

场地设备准备

任务实施前需要做好场地防护准备，并检查实训场地和设备设施是否存在安全隐患，如不正常须及时汇报教师，进行处理后方可实施任务。

安全要求及注意事项

1）电机及控制系统出现过热警告时，禁止拧开冷却液的补液罐盖。
2）禁止触碰任何带安全警示标志的部件。
3）禁止触摸所有橙色的线束。
4）在车辆高压上电情况下，禁止检修电机及控制系统。
5）拔掉低压插头时需提前断开蓄电池负极。
6）更换冷却液时，在汽车底盘下方工作需要戴安全帽。

表 3-2-4　电机驱动系统冷却液的更换

序号	步骤	记录	完成情况
1	使冷却水泵运行约 5min，排出空气		已完成□ 未完成□
2	车辆下电，逆时针缓慢拧松副水箱盖，将冷却系统中的残余压力全部释放		已完成□ 未完成□
3	取下副水箱盖		已完成□ 未完成□
4	规范操作举升机，升起车辆并锁定		已完成□ 未完成□
5	使用棘轮扳手、10号套筒、绝缘十字螺钉旋具拆卸底盘护板的所有固定螺钉		已完成□ 未完成□
6	使用绝缘一字螺钉旋具，拆卸底盘护板的所有固定卡扣		已完成□ 未完成□
7	取下底盘护板		已完成□ 未完成□
8	等待一段时间，用手触摸电机和副水箱，确认其已经冷却		已完成□ 未完成□
9	将冷却液回收盘放置在散热器放水阀处		已完成□ 未完成□
10	使用卡箍钳，拆卸水管固定卡箍		已完成□ 未完成□
11	拔开水管，排出冷却液		已完成□ 未完成□
12	待冷却液排净后，安装水管。使用卡箍钳，安装水管固定卡箍		已完成□ 未完成□
13	使用抹布擦干水管溢出的冷却液		已完成□ 未完成□
14	将底盘护板放置在原固定位置		已完成□ 未完成□

（续）

序号	步骤	记录	完成情况
15	使用棘轮扳手、10号套筒、十字螺钉旋具安装底盘护板的所有固定螺钉		已完成□ 未完成□
16	安装底盘护板的所有固定卡扣		已完成□ 未完成□
17	规范操作举升机，降下车辆		已完成□ 未完成□
18	使用比亚迪专用冷却液，倒入副水箱，直至最高与最低刻度值之间		已完成□ 未完成□
19	拧紧副水箱盖		已完成□ 未完成□
20	车辆上电，使冷却水泵运转约5min，排出冷却系统内的空气		已完成□ 未完成□
21	观察副水箱内冷却液是否仍处于刻度线内		已完成□ 未完成□
22	可见排出空气后，冷却液减少，需要添加冷却液		已完成□ 未完成□
23	车辆下电，再次添加冷却液，重复以上操作，直至冷却液维持在最高与最低刻度值之间		已完成□ 未完成□
24	盖上副水箱盖并拧紧		已完成□ 未完成□
25	回收冷却液回收盘，按国家规定处理排出的冷却液		已完成□ 未完成□
26	清点工具放回原位，进行场地6S工作		已完成□ 未完成□
总结提升			已完成□ 未完成□
质检意见	原因：		已完成□ 未完成□

评价反馈

1）各组代表展示汇报PPT，介绍任务的完成过程。

2）以小组为单位，对各组的操作过程与操作结果进行自评和互评，并将结果填入表3-2-5中的小组评价部分。

3）教师对学生工作过程与工作结果进行评价，并将评价结果填入表3-2-5中的教师评价部分。

表 3-2-5 综合评价表

班级		组号		姓名		学号	
实训任务							
评价项目		评价标准				分值	得分
小组评价	计划决策	制订的工作方案合理可行,小组成员分工明确				10	
	任务实施	能够正确检查并设置实训工位				5	
		能够准备和规范使用工具设备				5	
		能够正确、规范地更换电机驱动系统的冷却液				20	
		能够正确、规范地处理排出的冷却液				20	
		能够规范填写任务工单				10	
	任务达成	能按照工作方案操作,按计划完成工作任务				10	
	工作态度	认真严谨、积极主动,安全生产、文明施工				10	
	团队合作	小组组员积极配合、主动交流、协调工作				5	
	6S 管理	完成竣工检验、现场恢复				5	
		小计				100	
教师评价	实训纪律	不出现无故迟到、早退、旷课现象,不违反课堂纪律				10	
	方案实施	严格按照工作方案完成任务实施				20	
	团队协作	任务实施过程互相配合,协作度高				20	
	工作质量	能准确完成更换电机驱动系统冷却液的任务				20	
	工作规范	操作规范,三不落地,无意外事故发生				10	
	汇报展示	能准确表达、总结到位、改进措施可行				20	
		小计				100	
综合评分		小组评价分 × 50% + 教师评价分 × 50%					
总结与反思							

(如:学习过程中遇到什么问题→是如何解决的/解决不了的原因→心得体会)

任务三 了解制动能量回馈系统

学习目标

知识目标
- 了解制动能量回馈控制策略。
- 掌握制动能量回馈基本原理。

技能目标
- 能够调整能量回馈系统的强度级别。
- 能够判断能量回馈系统的工作状况。
- 能够通过整车数据判断能量回馈系统的工作状况。

素养目标
- 认真严谨、积极主动，安全生产、文明施工。
- 获得多途径检索知识、分析解决问题以及多元化思考解决问题的方法，形成创新意识。
- 严格执行各项规章制度及 6S 现场管理，培养精益求精的工匠精神。

知识索引

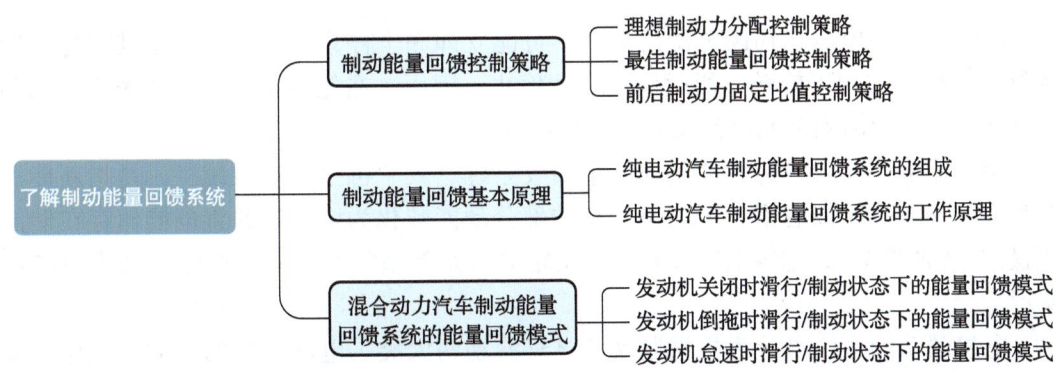

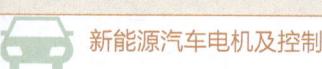

 情境导入

吴小姐刚买了一辆比亚迪秦 Pro EV，但是在开车过程中老是感觉减速时车辆存在顿挫现象（拽车），电话咨询 4S 店服务顾问后，推断可能是因为其将制动能量回馈强度设置为"较大"级别。服务顾问指导吴小姐更改制动能量回馈强度级别之后，车辆恢复正常。

获取信息

引导问题 1

请查阅相关资料，简述制动能量回馈系统的作用。

_____

_____

_____

引导问题 2

请查阅相关资料，简述理想制动力分配控制策略的目标与特点。

_____

_____

_____

制动能量回馈控制策略

电动汽车的电机在切断电源之后，不可能立即完全停止旋转，总是在其本身及所带负载的惯性作用下旋转一段时间之后才停止。因而，在能源供应紧张的今天，利用电机制动过程中的剩余能源就成为研究开发的一个热点。

制动能量回馈系统又称"制动能量回收系统"或"再生制动系统"，是指新能源汽车在减速制动（或者滑行）时将汽车的部分动能转化为电能，并将电能储存在储能装置（如各种蓄电池、超级电容和超高速飞轮）中，最终增加车辆的续驶里程，如图 3-3-1 所示。

电机制动的方法可分为机械制动和电气制动两大类。电动汽车的制动方式应考虑机械制动和电气制动两种类型的结合，尽可能多地用回馈发电方式取代机械制动。在电动汽车制动和滑行时，通过控制系统将电机的状态改为发电状态，将发电机发出的电能存储于蓄电池之中，这样既可减小机械制动系统的损耗，又能提高整车能量利用效率，达到节约能源和增加电动汽车续驶里程的目的。一般来讲，在动力电池充电效

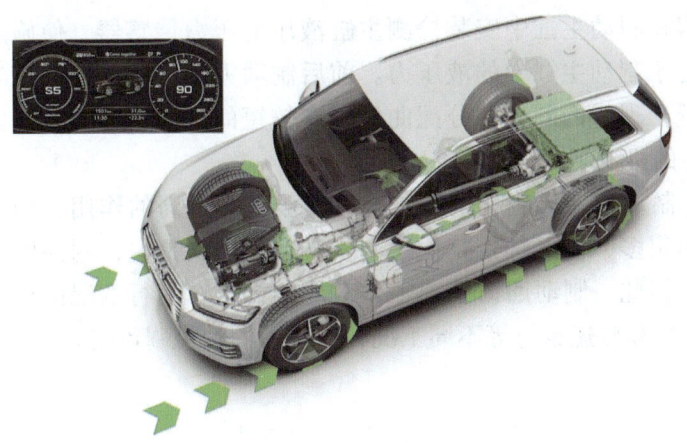

图 3-3-1 制动能量回馈

率为 100%、电机效率及制动能量回馈效率为 50%、车辆总消耗能量的 50% 用于获得车辆动能的设定条件下，基于能量守恒而解析计算得到，采用再生制动能量回馈可增加车辆续驶里程 33%。

制动能量回馈的控制策略是指确保整车制动安全性、稳定性和舒适性的前提下，根据加速踏板的开度、车辆行驶速度、蓄电池荷电状态和电机工作特性等参数，同时考虑蓄电池存储能量的能力、电机能量回馈功率以及发电效率等诸多限制条件，控制纯电动汽车的机械摩擦制动和电气制动，使制动能量的回馈量最多的控制方法。

目前主要有三种不同的制动控制策略：理想制动力分配控制策略、最佳制动能量回馈控制策略和前后制动力固定比值控制策略。

1. 理想制动力分配控制策略

理想制动力分配控制策略以使车辆的制动距离最小化为控制目标，控制施加在前后轮上的制动力，同时给驾驶人最佳的制动方向稳定性感觉。要想实现这两个目的，要求施加在前后轮上的制动力遵循理想的制动力分配曲线。理想制动力分配控制策略能充分利用地面附着条件，而且制动距离最短，制动时汽车方向稳定性也好，并且制动能量回馈的效果相当好。但其控制系统较复杂，适用于全可控的混合制动系统。

2. 最佳制动能量回馈控制策略

在符合制动要求的条件下，最佳制动能量回馈控制策略的原理是在满足对应于给定减速度指令的总制动力情况下，向前轮（驱动轮）分配更多的制动力。因此，对于能量回馈制动，将有更多的制动能量可得到回收。这种控制策略对并联式混合制动系统与全可控的混合制动系统均适用。

3. 前后制动力固定比值控制策略

对于常规机械制动系统，前后轮制动力的分配比例是固定的。对电动汽车的混合制动系统而言，前后制动力固定比值控制策略是指前轮（驱动轮）的总制动力（摩擦制动力与电气制动力之和）与后轮摩擦制动力的比值在一定的制动减速度范围内是固定的。为了获得较大的制动能量回馈，这种控制策略主要用于前轮驱动汽车并联式混合制动系统，即在制动主缸中安装检测主缸液压的压力传感器，使施加在驱动轮上的电气制动力正比于制动主缸中的液压力。前后制动力固定比值控制策略使前后轮上的实际制动力接近于理想的制动力分配曲线，有较短的制动距离，并在紧急情况下可更多地依靠强有力的机械制动。

一般而言，制动回馈只能起到限制电机转子速度过高的作用，即不让汽车的速度比同步转速高出很多，但无法使其低于同步转速。也就是说，制动回馈仅仅能起到稳定运行的作用。因此，制动回馈系统工作时应根据汽车运行状况的改变，如制动、下坡滑行、高速运行和减速运行等不同工况，采用不同的控制策略。

引导问题 3

请查阅相关资料，简述纯电动汽车制动能量回馈系统的工作原理。

_____

_____

_____

制动能量回馈基本原理

1. 纯电动汽车制动能量回馈系统的组成

纯电动汽车制动能量回馈系统（图3-3-2）主要由整车控制器（VCU）、储能系统（动力电池组）、电机控制器、驱动电机、液压系统以及传动装置等部分组成。VCU接收到加速踏板开度为0时，通过动力CAN向电机控制器发出能量回馈指令，电机的反电动势通过电机控制器整流后给动力电池充电。电池管理系统（BMS）通过动力CAN向VCU反馈当前的动力电池信息，当纯电动汽车电池组SOC>95%或插电式混合动力汽车电池组SOC>93%时，能量回馈的电流不输送给动力电池。VCU通过CAN总线给电机控制器发送信号来控制电机工作于驱动或发电模式，实现汽车的正常行驶与制动。

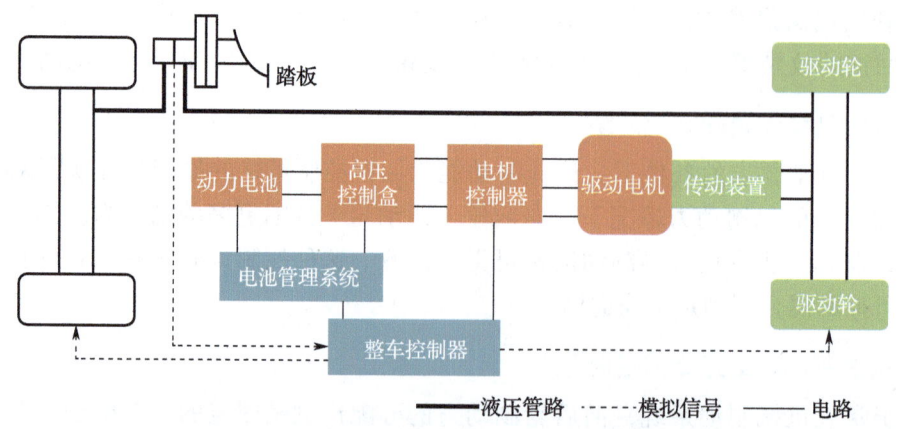

图3-3-2 纯电动汽车制动能量回馈系统的组成

2. 纯电动汽车制动能量回馈系统的工作原理

根据制动能量回馈系统的结构以及工作原理，由电机控制器（图 3-3-3）控制逆变器以及整流电路等开关管导通与断开，来实现车辆在爬坡或加速行驶时蓄电池向电机和负载供电，以及在减速制动时电机对蓄电池进行充电。

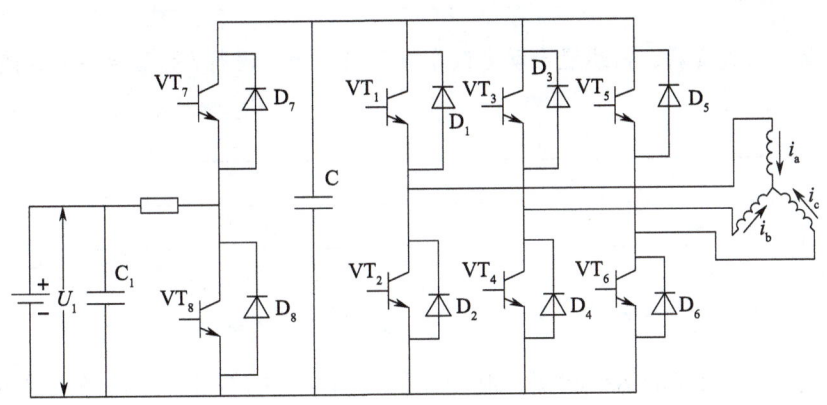

图 3-3-3　电机控制器电路

以永磁无刷直流电机为例，其具有电动机以及发电机这两种工作模式，纯电动汽车在匀速或者加速行驶过程中，电机工作于电动机模式；在减速制动行驶过程中，电机工作于发电机模式，此时进行能量回馈。

当电机工作于电动机模式时，逆变器下半桥的开关管处于常通状态，对上半桥的开关管进行 PWM 控制，通过控制电机的三相按顺序导通而产生转矩驱动汽车行驶。当电机从电动机模式切换到发电机模式时，逆变器上半桥的开关管处于截止状态，对逆变器下半桥的开关管进行 PWM 控制。假设下半桥某开关管导通，回路电流逐渐增大，相电感积蓄能量，此为续流过程，如图 3-3-4 所示；然后把该开关管关断，续流过程的回路断开，此时三相绕组中有很高的电动势产生，即电机电压大于蓄电池电压，故向蓄电池充电，此过程为充电过程，如图 3-3-5 所示。

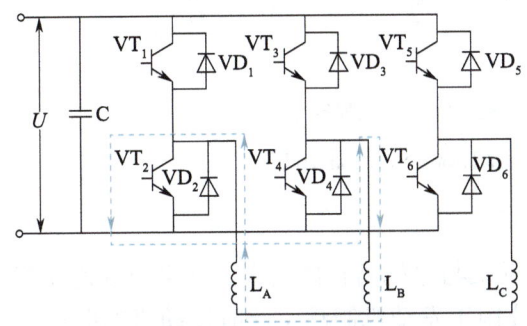

图 3-3-4　续流过程

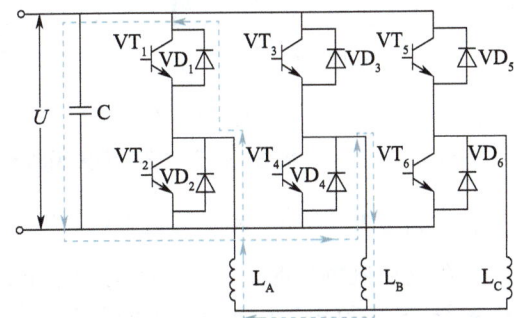

图 3-3-5　充电过程

电机进行能量回馈制动时，相变量的电角度为 0°～60° 的电流情况如下所述：

1）续流过程：当开关管 VT_2 导通时，形成了 $VT_2 \to VD_4$ 二极管 → B 相绕组 → A 相绕组 → VT_2 的续流回路，该能量存储于电机的绕组电感中，因此其电流不断增大。

2）充电过程：关断开关管 VT_2，使续流过程切换至充电过程，充电回路为 A 相绕组→VD_1 二极管→双向 DC/DC 变换器→蓄电池→VD_4 二极管→B 相绕组→A 相绕组，续流过程中存储在电感中的能量将被释放出来，存储到蓄电池中，因此其电流不断减小。

> **引导问题 4**
>
> 请查阅相关资料，简述混合动力汽车发动机关闭时滑行/制动状态下的能量回馈模式。
>
> _____
> _____
> _____

混合动力汽车制动能量回馈系统的能量回馈模式

根据混合动力汽车的运行状况，制动能量回馈系统的能量回馈具备不同的模式。

1. 发动机关闭时滑行/制动状态下的能量回馈模式

在发动机关闭时，滑行/制动状态下，发动机与电机离合器分离，电机与变速器离合器接合，动能仅通过电机回收，如图 3-3-6 所示。

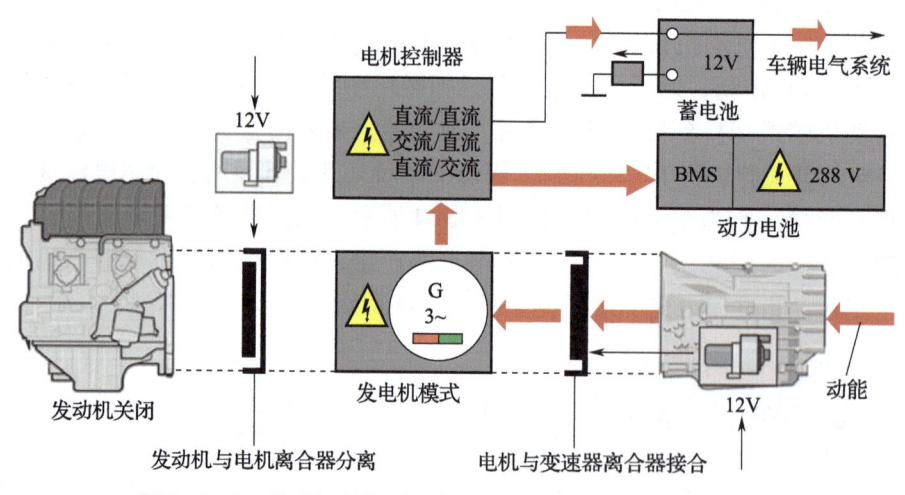

图 3-3-6　发动机关闭时滑行/制动状态下的能量回馈模式

2. 发动机倒拖时滑行/制动状态下的能量回馈模式

在发动机倒拖时，滑行/制动状态下，发动机与电机离合器接合，电机与变速器离合器接合，动能除了通过电机回收外，一部分用于发动机制动（此时发动机切断燃油供给），如图 3-3-7 所示。

3. 发动机怠速时滑行/制动状态下的能量回馈模式

在发动机怠速时，滑行/制动状态下，发动机与电机离合器分离，电机与变速器离合器接合，动能仅通过电机回收，如图 3-3-8 所示。

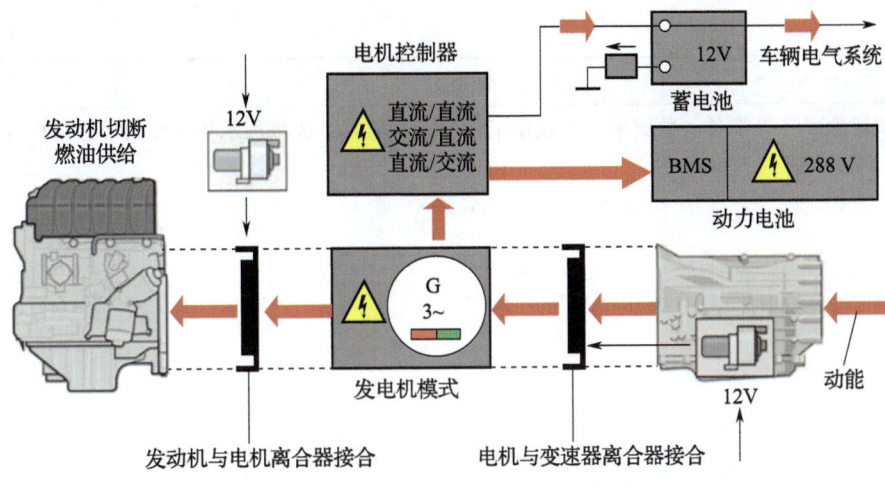

图 3-3-7　发动机倒拖时滑行 / 制动状态下的能量回馈模式

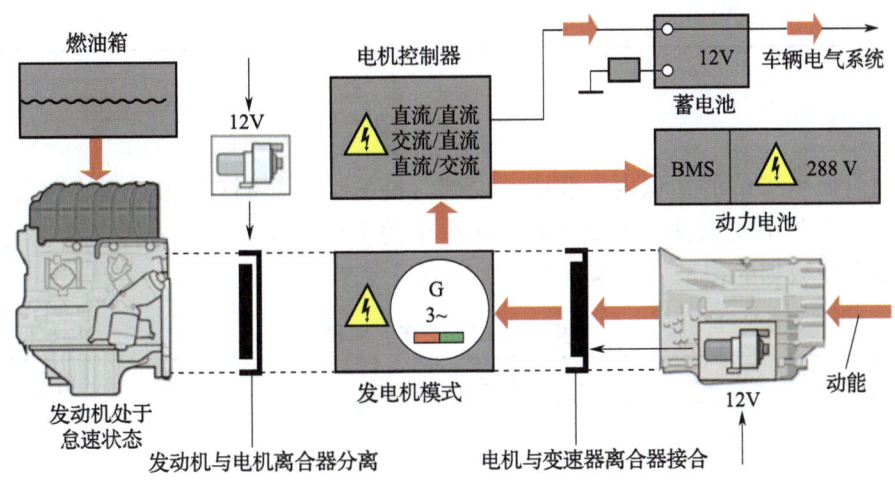

图 3-3-8　发动机怠速时滑行 / 制动状态下的能量回馈模式

任务分组

进行任务分工，填入表 3-3-1 中。

表 3-3-1　学生任务分配表

班级		组号		指导教师	
组长		学号			
组员角色分配					
信息员		学号			
操作员		学号			
记录员		学号			
安全员		学号			

（续）

任务分工
（就组织讨论、工具准备、数据采集、数据记录、安全监督、成果展示等工作内容进行任务分工）

工作计划

按照前面所了解的知识内容和小组内部讨论的结果，制订工作方案，落实各项工作负责人，如任务实施前的准备工作、实施中的主要操作及协助支持工作、实施过程中相关要点及数据的记录工作等，并将结果填入表 3-3-2 中。

表 3-3-2　工作计划表

步骤	工作内容	负责人
1		
2		
3		
4		
5		
6		
7		
8		

进行决策

1）各组派代表阐述资料查询结果。

2）各组就各自的查询结果进行交流，并分享技巧。

3）教师对各组的计划方案进行点评。

4）各组长对组内成员进行任务分工，教师确认分工是否合理。

任务实施

引导问题 5

扫描二维码观看视频，了解如何判断制动能量回馈系统工作状况，并简述制动能量回馈系统的工作原理。

_____

_____

_____

【微课】制动能量回馈控制策略

参考操作视频，按照规范作业要求完成操作步骤，完成数据采集并在表 3-3-3 和表 3-3-4 中进行记录。

表 3-3-3 实训准备

序号	设备及工具名称	数量	设备及工具是否完好
1	比亚迪秦 EV	1 台	□是 □否
2	诊断仪 MS908E	1 台	□是 □否
3	车载自诊断系统 OBD Ⅱ	1 台	□是 □否
质检意见	原因：		□是 □否

场地设备准备

任务实施前需要做好场地防护准备，并检查实训场地和设备设施是否存在安全隐患，如不正常须及时汇报教师，进行处理后方可实施任务。

安全要求及注意事项

1）制动能量回馈强度具备记忆功能，须根据具体的用车情形有针对性地设置，比如车辆下坡时须设置为"较大"级别。

2）驾驶车辆与观察诊断仪电流数据须至少两人操作，避免发生驾驶意外。

表 3-3-4 判断制动能量回馈系统工作状况

序号	步骤	记录	完成情况
1	启动车辆，设置能量回馈模式为"较大回馈"		已完成□ 未完成□

（续）

序号	步骤	记录	完成情况
2	挂 D 位、松制动踏板、踩加速踏板，提至较高速度（40km/h），松加速踏板		已完成□ 未完成□
3	观察仪表功率指针变化，指针返回到 0 刻度以下时，说明正在动能回馈		已完成□ 未完成□
4	通过 OBD Ⅱ将诊断仪 MS908E 通信模块与车辆进行连接，打开诊断仪，确认诊断仪网络连接正常		已完成□ 未完成□

（续）

序号	步骤	记录	完成情况
5	打开启动开关，选择车辆制造商→选择车型→选择诊断，等待诊断仪下载诊断系统		已完成☐ 未完成☐
6	选择"控制单元"，进入动力模块→电池管理系统→读数据流→数据流		已完成☐ 未完成☐
7	在较大能量回馈强度下，将档位挂入D位，加速到一定速度后松开加速踏板，汽车即可进入能量回馈过程，可以观察到诊断仪上"电池组当前总电流"也随之由正变负。电流为正说明蓄电池放电，为负说明蓄电池充电		已完成☐ 未完成☐

（续）

序号	步骤	记录	完成情况
7			已完成□ 未完成□
总结 提升			已完成□ 未完成□
质检 意见	原因：		已完成□ 未完成□

📋 评价反馈

1）各组代表展示汇报 PPT，介绍任务的完成过程。

2）以小组为单位，对各组的操作过程与操作结果进行自评和互评，并将结果填入表 3-3-5 中的小组评价部分。

3）教师对学生工作过程与工作结果进行评价，并将评价结果填入表 3-3-5 中的教师评价部分。

表 3-3-5　综合评价表

班级			组号		姓名		学号	
实训任务								
评价项目			评价标准				分值	得分
小组评价	计划决策		制订的工作方案合理可行，小组成员分工明确				10	
	任务实施		能够正确检查并设置实训工位				5	
			能够准备和规范使用工具设备				5	
			能够正确、规范地通过仪表查看能量回馈系统工作状况				20	
			能够正确、规范地通过诊断仪查看能量回馈系统工作状况				20	
			能够规范填写任务工单				10	
	任务达成		能按照工作方案操作，按计划完成工作任务				10	
	工作态度		认真严谨、积极主动、安全生产、文明施工				10	
	团队合作		小组组员积极配合、主动交流、协调工作				5	
	6S 管理		完成竣工检验、现场恢复				5	
			小计				100	

（续）

评价项目		评价标准	分值	得分
教师评价	实训纪律	不出现无故迟到、早退、旷课现象，不违反课堂纪律	10	
	方案实施	严格按照工作方案完成任务实施	20	
	团队协作	任务实施过程互相配合，协作度高	20	
	工作质量	能准确完成检查制动能量回馈系统工作状况的任务	20	
	工作规范	操作规范，三不落地，无意外事故发生	10	
	汇报展示	能准确表达、总结到位、改进措施可行	20	
		小计	100	
综合评分		小组评价分 ×50% + 教师评价分 ×50%		

总结与反思

（如：学习过程中遇到什么问题→是如何解决的/解决不了的原因→心得体会）

打破垄断

IGBT：
逐步实现国产替代

汽车行业分析公司 AutoForecast Solutions 的数据显示，由于芯片短缺，2022 年全球汽车市场累计减产量约为 281.02 万辆。在新冠肺炎疫情开始后的几年里，全球范围内的芯片短缺令所有人措手不及，其中汽车芯片的短缺导致各大汽车厂商陷入"停产待芯"的境地，纷纷放出了减产的消息。汽车芯片可分为 MCU、人工智能（AI）、IGBT、传感器、存储器、模拟芯片等多种类型，而 2022 年最为紧俏的，甚至被称为卡住汽车生产"喉咙"

155

的就是 IGBT 功率半导体芯片。

IGBT 兼有 MOSFET 高输入阻抗和 GTR 低导通电压降两方面的优点，驱动功率小而饱和电压降低，是能源变换与传输的核心器件，被称为"电力电子装置的 CPU"，发展潜力巨大。但 IGBT 芯片尺寸小、微观结构复杂，影响芯片性能的结构和工艺参数众多，且 IGBT 芯片的通态电压降、关断损耗和过电流关断能力相互制约，三者之间的综合优化是难以攻克的技术难关。

IGBT 是目前大功率开关元器件中最为成熟也是应用最为广泛的功率器件。

运行中的高铁既需要在极短的时间内将速度从 0 提升到 300km/h 以上，也需要在短时间内从高速运行到平稳停止。在这看似简单的加速、减速过程中，相关传动设备、牵引变流器以及其他电驱动设备要在短暂的时间内完成一系列复杂的高难度动作，这需要确保各种设备所需的电流、电压极为精准、可靠，在当前技术条件下，只有大功率 IGBT 芯片才能反复实现这样苛刻的电流控制。

IGBT 也是光伏逆变器（直流变交流）的重要组成部分，在光伏等领域的应用极为广泛。2021 年我国新增光伏发电装机量达到 54.88GW，连续 9 年稳居世界首位，出口市场也不断增长，在此情况下，作为光伏逆变器核心器件的 IGBT 几乎供不应求。

IGBT 还被应用于智能电网、工业控制、家电产品等领域，像我们使用的变频空调，就是利用 IGBT 装置对电能进行优化控制，使空调能够更加智能、人性化地运行，还可节省 30% 左右的电能。在冰箱、洗衣机、电磁炉等设备中，同样有 IGBT 的用武之地。

全球 IGBT 市场格局主要由英飞凌、安森美、意法半导体、富士电机、三菱电机等半导体厂商主导。中国工程院院士丁荣军回忆，过去 IGBT 技术被少数工业强国垄断，外国企业掌握定价权，一个模块售价过万元，且只卖成品；转让合同文件还明确注明，传动和控制电驱动系统的 IGBT 技术不能转让。他说，这个技术是国家工业竞争力的重要体现，用钱也买不来。

中车时代电气等一批企业选择通过全球性战略布局，吸纳国际优势研发资源，对 IGBT 技术进行自主攻关。从实验室到量产，工程师团队一连数月开启"24 小时运转"模式，对温度、气流、工艺时间等成百上千个参数一遍遍验证、分析、微调、再验证……直至找到最优解。在攻克 30 多项关键核心技术后，中车时代电气拥有了芯片设计、封装测试、可靠性试验、系统应用等全流程、完整的技术和工艺体系，具备了大规模产业化条件。

2014年6月，由我国自主研制、具有完全知识产权的8英寸IGBT芯片在中车时代电气成功下线，中国高铁从此迎来了"中国芯"。可"中国芯"刚刚投产，国外竞争对手就联合起来实施大幅降价，打起惨烈价格战，同时宣布向市场投放新一代IGBT产品。

但前进的脚步从未停止，越来越多的企业与行业都开始进行IGBT的国产化。

2019年11月，国家电网有限公司批复设立南瑞联研半导体有限责任公司，自主设计研发IGBT芯片及模块，目前已成功打造部分高压、中压系列自主IGBT产品。

在光伏领域，2020年IGBT的国产化率几乎为零，2021年国内逆变器厂商开始大量接入本土IGBT单管供应商及少数IGBT模块供应商，并于2022年开始放量采购。从企业方面看，国内IGBT龙头企业斯达半导体在2021年年报中表示，公司使用自主IGBT芯片的模块和分立器件已在国内主流光伏逆变器厂家大批量装机应用，预计公司市场份额会持续增加。

相比其他应用场景，新能源汽车电控系统客户对产品可靠性要求更高，对供应商的认证周期更长。

2019年6月，东风汽车与中国中车两大央企在武汉合资成立智新半导体有限公司，历时两年，一条以国际一流的第六代IGBT技术为基础的汽车用功率半导体生产线在东风新能源汽车产业园一号园建成，首批产品正式下线。

江苏宏微科技股份有限公司车规级IGBT模块GV系列（对标英飞凌HPD系列）产品已实现对Tier 1（整车厂一级供应商）客户小批量供货。

斯达半导体则表示，其生产的应用于主电机控制器的车规级IGBT模块已开始持续放量，仅2021年上半年，合计配套超20万辆新能源汽车。

2021年，我国第七代IGBT技术问世，完全打破原有技术路线制约，利用芯片、子模组、模块的协同创新，攻克了压力均衡与芯片数量难以协调的世界性难题，使产品性能表现达到国际领先水平。

在工业发展的进程中，被技术垄断"卡脖子"的情况不可避免，但我们从来不会停止前进的脚步，前辈们这种攻坚克难的精神值得我们铭记与学习，这样的攻坚克难不只是为了工业水平的发展而奋斗，也是为了全国人民的幸福而努力。IGBT产业的发展给我们带来了更加节能的家电产品、贯通全国的高铁网络、便利的光伏发电……工业水平的发展与每个人都密切相关，希望大家携手并进，为了更美好的明天而努力奋进。

新能源汽车电机及控制系统检修

能力模块四

新能源汽车驱动系统的维护与保养

任务一　完成电机的维护与保养

学习目标

知识目标

- 了解汽车维护保养的必要性。
- 掌握维护保养的基本原则。
- 掌握维护保养级别和周期。

技能目标

- 能够完成前驱电动总成高压母线的检查。
- 能够掌握前驱电动总成异响的检查及处理办法。

素养目标

- 认真严谨、积极主动，安全生产、文明施工。
- 获得多途径检索知识、分析解决问题以及多元化思考解决问题的方法，形成创新意识。
- 严格执行各项规章制度及 6S 现场管理，培养精益求精的工匠精神。

知识索引

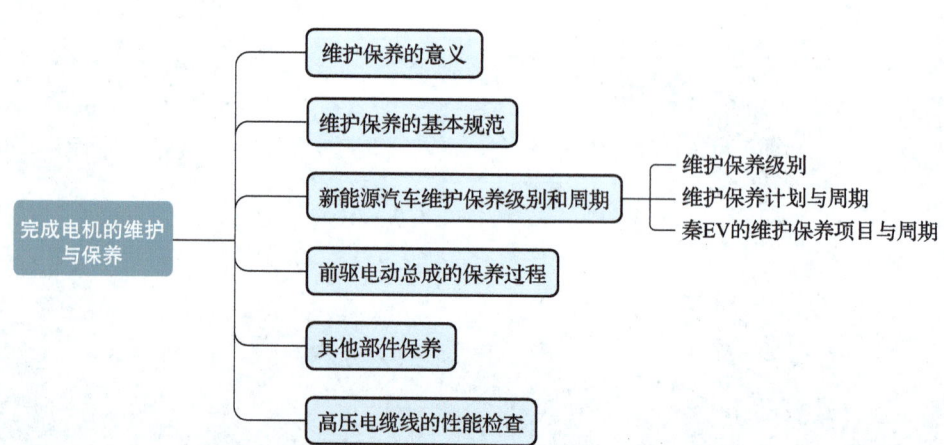

情境导入

小王是一位秦 EV 营运车辆的车主,大量的时间都是在路上奔波。买回新车还不足两年,里程已超过 12 万 km,他决定前往 4S 店进行一次全面的维护和保养。维修技师在维护与检查前驱电动总成系统时,发现空转电机有微小的异响,转动不够灵活,主管安排你去处理此故障。

获取信息

引导问题 1

请查阅相关资料,简述汽车维护保养的意义。

_____

_____

_____

维护保养的意义

汽车维护保养是根据各种车型的设计要求、车辆不同的使用情况以及各种零部件的磨损规律,把磨损程度相近的项目集中起来,在其正常磨损期内进行相应的清洁、检查、润滑、紧固、调整和校验等一系列检查维护的工作。

在现实生活中,由于驾驶人的汽车维护意识淡薄,易因冷却液浓度下降使得防冻和冷却效果下降,可能会导致散热器的水道产生水垢后堵塞,进而使整个冷却系统的冷却效能下降,令电机和控制器内的 IGBT 模块温度居高不下,最终导致电机高温退磁。因此,对汽车进行经常性维护是非常有必要的,具有以下意义:

1)减缓汽车零部件的磨损速度,预防故障发生。

2)延缓汽车技术状况变坏的速度,减小因汽车故障而造成汽车停歇的概率,从而提高汽车运输的产量和经济收入,同时减少因出现故障而需支付的大量汽车修理费用。

3)延长驱动电机和汽车的大修里程,实现驱动电机和汽车的全寿命无大修,提高汽车投资效益。

4)提高汽车行驶的安全性,减少或避免交通事故,降低因事故造成人员伤亡和财产损失的风险,使得汽车运行保持良性循环。

新能源汽车电机及控制系统检修　　姓名　　　　班级　　　　日期

> **引导问题 2**
>
> 请查阅相关资料，简述我国现行汽车维护制度的原则和特点。
> _____
> _____
> _____

维护保养的基本规范

我国现行的汽车维护制度贯彻"预防为主、强制维护"的原则。"预防为主"是国际通用的设备管理原则，做好预防性工作，使设备经常保持在良好的技术状态，可减小其故障频率、降低损耗、延长其使用寿命。"强制维护"则是为了进一步强调维护的重要性和必要性，使运输单位和个人更加重视车辆的维护，防止因迫切追求眼前利益而不及时维护，导致车况严重下降，发生安全事故。

维护作业包括清洁、润滑、紧固等内容。一般除主要总成发生故障必须解体外，其他情形下不得对车辆总成进行解体，这就明确了维护和修理的界限。车辆进行维护时，不能对其主要总成大拆大卸，只有在发生故障需要解体时方允许进行解体。与过去的维护制度比较，现行的汽车维护制度有以下特点：

1）规定了日常维护、一级维护和二级维护的内容，取消了整车解体式的三级维护。经生产实践证明，对主要总成大拆大卸的工艺方法是不科学的，也是不符合技术经济原则的。同时"三级维护"作业内容既有维护的作业又有修理的作业，不便于维护与修理的区分。

2）没有对各级维护周期进行统一规定，由各地按车型，结合本地区具体情况提出统一的维护周期；但制定了车辆维护技术规范，以保证车辆正常维护质量。

3）对季节性维护进行了规范：当车辆进入冬、夏两季运行时，一般结合二级维护对车辆进行季节性维护。

> **引导问题 3**
>
> 请查阅相关资料，简述新能源汽车维护保养各级别的工作。
> _____
> _____
> _____

新能源汽车维护保养级别和周期

1. 维护保养级别

新能源汽车维护可以分为日常维护、一级维护和二级维护三个级别。

（1）日常维护

日常维护是以清洁、补给、安全检视和电控仪表检视为作业中心内容，由驾驶人负责执行的车辆维护作业，内容包括：

1）对车辆外观、驱动电机、高压电气控制器、低压电气控制器、动力电池壳体与防尘网外表进行清洁，保持车容整洁。

2）对驱动电机运转状态、电控系统及电池储电量进行检视。

3）对车辆各部润滑油（脂）、冷却液、制动液、各种工作介质进行检视补给，并检查轮胎气压。

4）对车辆制动、转向、传动、悬架、灯光、信号及仪表等安全部位进行检视。

（2）一级维护

一级维护是除日常维护作业外，以清洁、润滑、紧固为作业中心内容，并包括检查有关制动、操纵等安全部件，由维修企业负责执行的车辆维护作业。

（3）二级维护

二级维护是除一级维护作业外，以检查、调整安全部件为主，并包括拆检轮胎、轮胎换位、检测调整驱动电机工作状况等基本作业项目和附加作业项目，由维修企业负责执行的车辆维护作业。

2. 维护保养计划与周期

车型不同、使用情况不同，汽车的保养计划和周期也具有差异性。

以比亚迪秦 EV 的保养计划和周期为例，在用户手册中提到：保养计划制订目的是保证行车稳定、减少故障发生、安全以及经济地驾驶。其保养计划周期有几个特点：

1）计划保养的间隔时间可参看周期表，按里程表的读数或时间间隔而定，以先到者为准。

2）对于已经超过最后期限的保养项目，也应在同样的时间间隔里进行保养。

3）橡胶软管（用于冷气和暖气系统、制动系统等）应按保养周期表，由专业技术人员进行检查。

4）特别重要的保养项目，每个项目的保养间隔均记载在保养周期表中。其中软管只要有任何的劣化或损坏就应立刻更换。

5）保养周期表列出了为保证车辆始终处于最佳运行状态所必需的全部保养项目。车辆须按照正常保养周期表进行保养。

6）如果主要是在下列一种或一种以上特殊条件下操作的车辆，则某些保养计划项目需要更频繁地进行：

①路面状况：在崎岖、泥泞或融雪路面上行驶；在多尘路面上行驶。

②行驶状况：拖曳挂车，使用野营挂车或车顶托架；在 8km 以内，进行反复短距离的行驶以及外界气温在 0℃ 以下；长期空转和 / 或低速长途行驶，诸如警车、出租汽车或运送货物的车辆等。

3. 秦 EV 的维护保养项目与周期

秦 EV 的维护保养项目与周期见表 4-1-1。

由表 4-1-2 可知，秦 EV 车型各项目的维护保养里程周期如下：

1）空调滤清器每 24000km 更换。

表 4-1-1 秦 EV 维护保养项目与周期

保养项目	里程周期 / 千 km																				
	12	24	36	48	60	72	84	96	108	120	132	144	156	168	180	192	204	216	228	240
空调滤清器	清洁	●	清洁	●	清洁	●	清洁	●	清洁	●	清洁	●	清洁	●	清洁	●	清洁	●	清洁	●
更换制动液	检查	检查	●	检查	检查	●	检查	检查	●	检查	检查	●	检查	检查	●	检查	检查	●	检查	检查
更换冷却液	检查	检查	检查	检查	检查	检查	检查	检查	检查	检查	检查	●	检查	检查	检查	●	检查	检查	检查	检查
更换齿轮油	检查	检查	检查	检查	检查	检查	检查	检查	检查	检查	检查	检查	检查	检查	检查	检查	检查	检查	检查	检查
全车28个模块扫描升级检查与维护	●	●	●	●	●	●	●	●	●	●	●	●	●	●	●	●	●	●	●	●
四轮制动器除锈保养						检查	检查	检查	检查	检查	检查	检查	检查	检查	检查	检查	检查	检查	检查	●
四轮换位平衡						检查	检查	检查	检查	检查	检查	检查	检查	检查	检查	检查	检查	检查	检查	●
四轮定位调整						检查	检查	检查	检查	检查	检查	检查	检查	检查	检查	检查	检查	检查	检查	●
空调系统清洗消毒					●										●					●

注：●表示对项目进行周期性的更换、清洁、紧固等维护保养工作。

2）制动液每 36000km 更换。

3）冷却液每 96000km 更换。

4）齿轮油每 36000km 更换。

5）全车 28 个模块每 12000km 用诊断仪检查模块软件升级、清除故障码等维护。

6）四轮制动器、换位动平衡、定位每 24000km 维护。

7）空调系统每 60000km 进行清洗消毒。

在维护保养过程中，可以集中周期相近的项目定期维护，也可以对先达周期的项目进行维护保养。

引导问题 4

请查阅相关资料，简述前驱电动总成维护与保养常见的内容。

_____

_____

前驱电动总成的保养过程

以秦 EV 为例，其前驱电动总成由驱动电机、驱动电机控制器以及变速器三个部件集成，位于前机舱。其中，驱动电机主要是将驱动电机控制器提供的电能转化为机械能输出至变速器，以及将变速器输入的机械能转化为电能输出至驱动电机控制器；驱动电机控制器主要是控制动力电池与驱动电机之间的能量传输；变速器主要实现对驱动电机的减速增矩作用。秦 EV 前驱电动总成的技术参数见表 4-1-2。

表 4-1-2　秦 EV 前驱电动总成技术参数

项目	技术参数
电机最大输出转矩	180N·m（0~3714r/min，30s）
电机额定转矩	70N·m（0~4775r/min，持续）
电机最大输入功率	100kW（5305~6000，5s）
电机额定功率	35kW（4775~12000r/min，持续）
电机最大输出转速	12100r/min
电动总成质量	64kg
变速器润滑油量	（0.65 ± 0.05）L
变速器润滑油类型	壳牌 S3 ATF MD3

前驱电动总成的技术参数与电动汽车的应用性能和安全性能密切相关。通过维护与保养可有效提高驱动系统的使用性能，延长电动汽车使用寿命。前驱电动总成维护与保养常见的内容如下：

1）每天开车前，检查补液罐中的冷却液在 max 与 min 之间。如果冷却液位低于 min 时，则必须补充。

2）每12000km，进行定期检查驱动电机及其控制器各固定点，检查螺栓是否松动，检查线束和插接器是否存在松动、老化、破损、腐蚀等现象（参考本任务"高压电缆线的性能检查"）。

3）每两个月检查电机本体和控制器水冷管道是否通畅，若冷却液管道有堵塞现象，则应及时清理堵塞物。

4）根据里程周期，更换电机冷却液以及前驱电动总成的齿轮油。

5）每半年检查清理一次电机本体和控制器的表面灰尘。清理方法是断开动力电源，用吸尘器清理电机本体和控制器表面灰尘。注意：禁止使用高压气体清洁灰尘，否则有可能造成粉尘爆炸。禁止用高压气枪直接对准控制器外壳上的"呼吸器"吹气，应用软毛刷进行清理。

6）电机轴承在一个大修周期内，不需要加润滑油脂。当轴承发生异响故障时，应解体电机，检查轴承异响原因（参考本任务的"任务实施"部分）。

7）若电机很长时间未用，建议测量电机的绝缘电阻。检查绝缘电阻应使用绝缘测试仪，检测值不低于20MΩ；否则须对绕阻进行干燥处理，以去除潮气。

引导问题 5

请查阅相关资料，简述如何检查电动助力转向系统（EPS）插接器是否松动、插接器引脚是否烧蚀。

_____
_____
_____

职业认证

智能新能源汽车职业技能等级要求（初级）中的驱动电机一般维修任务就要求报考人员能够检查驱动电机的高、低压线束及插接器是否涉水、松动，引脚是否烧蚀、腐蚀或破损，并进行紧固或更换。通过智能新能源汽车职业技能等级（初级）考核可获得教育部1+X证书中的"智能新能源汽车职业技能等级证书（初级）"。

其他部件保养

新能源汽车其他部件的保养过程可以参考秦 EV 的保养项目，见表 4-1-3。

表 4-1-3　秦 EV 维护和保养项目与步骤

保养项目	保养步骤
更换冷却液	详见能力模块三任务二的任务实施部分
更换制动液	详见维修手册制动系统排气部分
更换变速器壳牌齿轮油 S3 ATF MD3	详见维修手册前驱动力系统总成的拆卸与维修中变速器的拆卸与维修部分

（续）

保养项目	保养步骤
检查 EPS 搭铁处是否有异物或者烧蚀	R-EPS（齿条式电动助力转向系统）：车辆升起，拆下电机下护板，检查 R-EPS 搭铁是否牢固或烧蚀 C-EPS（管柱式电动助力转向系统）：拆下左侧 A 柱内饰护板，检查 C-EPS 搭铁是否牢固
检查 EPS 插接器是否松动，插接器引脚是否烧蚀	R-EPS：车辆升起，拆下电机下护板，重新插拔插接器检查是否松动，引脚是否烧蚀 C-EPS：拆下转向管柱罩，重新插拔插接器检查是否松动，引脚是否烧蚀
检查 EPS 电子控制单元（ECU）外壳是否被腐蚀	R-EPS：车辆升起，拆下电机下护板，检查 R-EPS ECU 外壳是否被腐蚀 C-EPS：拆下转向管柱罩，检查 C-EPS ECU 外壳是否被腐蚀
检查 EPS ECU 和电机连接处是否有异物或者被腐蚀	R-EPS：车辆升起，拆下电机下护板，检查 R-EPS ECU 与电机连接处是否有异物或被腐蚀 C-EPS：拆下转向管柱罩，检查 C-EPS ECU 与电机连接处是否有异物或被腐蚀
安全气囊模块及 ECU、传感器	1）检查仪表气囊故障指示灯，上电后亮 3s 后熄灭说明工作正常，如果故障指示灯常亮，需要检修安全气囊系统 2）拆下组合开关罩，检查时钟弹簧输入小线插接器是否固定好，如未固定，需要固定好 3）拆下杂物箱，检查前排乘客安全气囊插接器是否固定好，如未固定，需要固定好 4）检查座椅下方座椅侧安全气囊（装有时）插接器是否固定好，如未固定，需要固定好 5）检查安全气囊附近是否放置物品，如果有，需要取下 6）检查座椅是否装有座椅套（装有座椅侧气囊时），如果有，需要取下
检查高效过滤器（装有时）	拆掉前排乘客侧的杂物箱，将空调箱体滤网的护板拆下，将滤网抽出，检查滤网是否有树叶、石头等杂物，是否较多灰尘，如有，需要更换高效滤网
检查 PM2.5 速测仪滤网（装有时）	拆掉 PM2.5 速测仪的吸气接头，将滤网取出，检查滤网是否有较多灰尘，如有，需要更换滤网
检查静电过滤器（装有时）	拆掉前排乘客侧的杂物箱，将空调箱体滤网的护板拆下，将滤网抽出，检查滤网是否有较多灰尘，气孔是否有脏堵，如有，需要更换滤网
检查普通滤网（空调）	拆掉前排乘客侧的杂物箱，将空调箱体滤网的护板拆下，将滤网抽出，检查滤网是否有树叶、石头等杂物，是否较多灰尘，如有，需要更换滤网
更换冷却液	观察膨胀水箱中冷却液的液位，确认液位处于 max（最高）标记和 min（最低）标记之间。如果膨胀水箱中冷却液的液位处于或低于 min 标记，向膨胀水箱中添加冷却液，直至 max 标记，同时检查冷却系统有无泄漏
检查灯具灯泡、LED 是否点亮正常	依次打开每个灯具开关，检查灯具是否全部点亮，有无灯泡或 LED 不亮

（续）

保养项目	保养步骤
检查前照灯调光功能是否正常	1）打开近光灯，车辆停在平地，对着墙或其他屏幕，保证可以看到近光明暗截止线的光型 2）调节前照灯高度调节开关档位至 0 档，近光光线高度调至最高 3）调节前照灯高度调节开关档位至最高档，近光光线高度调至最低 4）调节前照灯高度调节开关档位至 0 档，近光光线高度恢复至最高；调节过程中光线移动无卡滞或停顿

引导问题 6

请查阅相关资料，简述进行高压电缆线的性能检查时有关安全方面的注意事项。

高压电缆线的性能检查

对高压电缆线进行性能检查的方法如下：

1）取下低压蓄电池负极，断开充配电端动力母线，如图 4-1-1 所示，等待 5min 至完全放电。

2）断开动力电池包高压锁止，取下充配电端动力电池包母线，如图 4-1-2 所示。

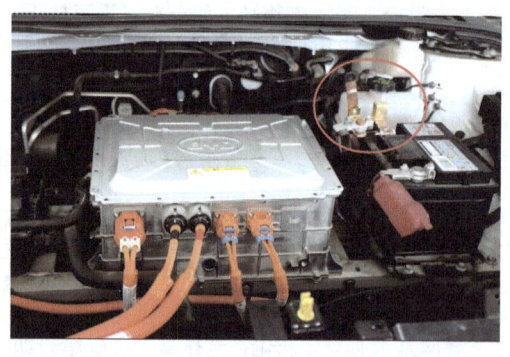

图 4-1-1　断开车辆低压蓄电池负极

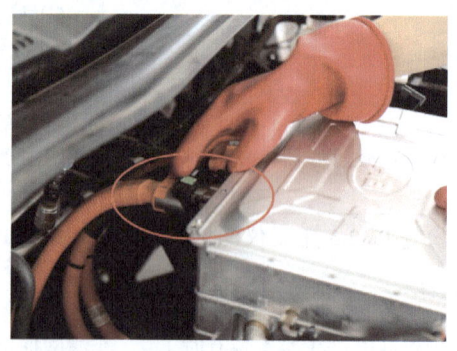

图 4-1-2　断开动力电池包高压锁止

3）使用万用表进行验电，选择直流电压档位，红、黑表笔分别插入动力电池包母线正、负极，测得电压 0V，如图 4-1-3 所示。用绝缘胶带封住动力电池包母线插头。

4）使用棘轮扳手加套筒，取下充配电端电机两相线，如图 4-1-4 所示。

5）外观检查：电机高压母线正、负端子表面是否有烧蚀、发黑痕迹，如图 4-1-5 所示；电机高压线束表面是否有破损；电机高压线束与高压端子连接处，是否连接牢靠、无松动。

6）电机高压母线弯曲度检查：由于空间的局限性，电缆通过的路径非常狭小且复杂，

图 4-1-3　万用表验电

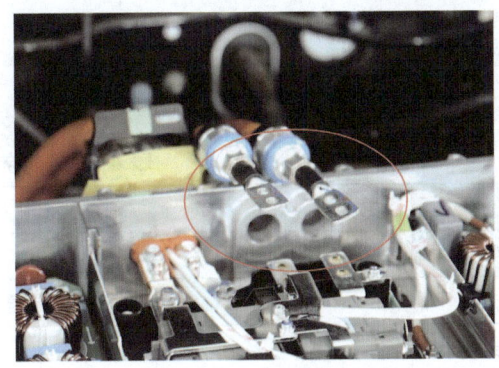
图 4-1-4　取下充配电端电机两相线

电缆横截面积较普通线束大,导致其所需的弯曲半径也要非常大,高压电缆高柔韧性是至关重要的,检查线束弯曲程度,如图 4-1-6 所示,线缆的最小弯曲半径一般要大于该线缆直径的 5 倍。

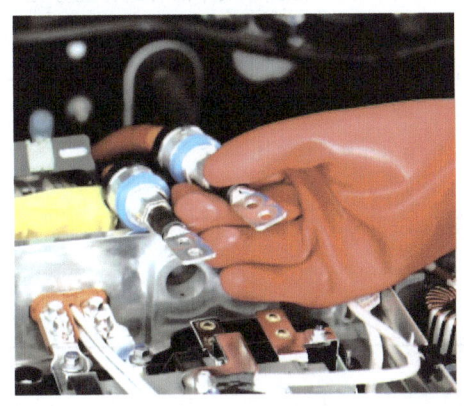
图 4-1-5　检查电机高压母线正、负端子

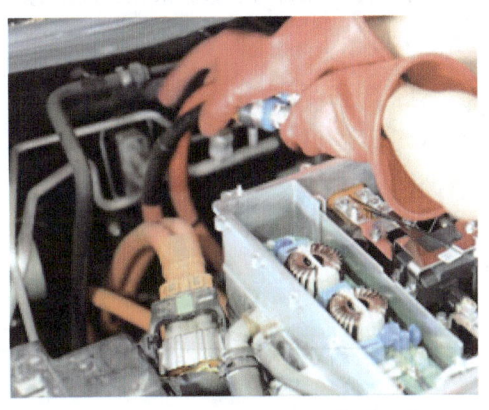
图 4-1-6　检查电机高压母线弯曲度

7)电机高压母线绝缘检查：使用绝缘测试仪,选择 500V 档位,红表笔分别搭电机母线正、负铜排,黑表笔搭车身,测得电机高压线束正极对壳体、高压线束负极对壳体的绝缘阻值,如图 4-1-7 所示。绝缘阻值要求大于 500Ω/V。

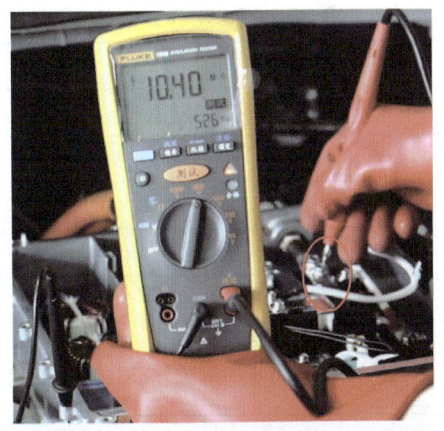
图 4-1-7　电机高压母线绝缘检查

👥 任务分组

进行任务分工,填入表 4-1-4 中。

表 4-1-4 学生任务分配表

班级		组号		指导教师	
组长		学号			
组员角色分配					
信息员		学号			
操作员		学号			
记录员		学号			
安全员		学号			
任务分工					

(就组织讨论、工具准备、数据采集、数据记录、安全监督、成果展示等工作内容进行任务分工)

📝 工作计划

按照前面所了解的知识内容和小组内部讨论的结果,制订工作方案,落实各项工作负责人,如任务实施前的准备工作、实施中的主要操作及协助支持工作、实施过程中相关要点及数据的记录工作等,并将结果填入表 4-1-5 中。

表 4-1-5 工作计划表

步骤	工作内容	负责人
1		
2		
3		
4		
5		
6		
7		
8		

进行决策

1）各组派代表阐述资料查询结果。
2）各组就各自的查询结果进行交流，并分享技巧。
3）教师对各组的计划方案进行点评。
4）各组长对组内成员进行任务分工，教师确认分工是否合理。

任务实施

引导问题 7

扫描二维码观看视频，了解如何完成检查及处理前驱电动总成异响的实训，并简述操作要点。

_____
_____
_____

【微课】前驱电动总成异响检查及处理办法（秦EV）

参考操作视频，按照规范作业要求完成操作步骤，完成数据采集并在表 4-1-6 和表 4-1-7 中进行记录。

表 4-1-6 实训准备

序号	设备及工具名称	数量	设备及工具是否完好
1	驱动三合一电机拆装平台	1台	□是　□否
2	一体化集成工量具	1套	□是　□否
3	三层工具车	1辆	□是　□否
4	耐磨手套	1副	□是　□否
5	警示牌	1套	□是　□否
6	灭火器	1套	□是　□否
7	千斤顶	1个	□是　□否
8	工装	1套	□是　□否
9	变速器油收集盘	1个	□是　□否
质检意见	原因：		□是　□否

场地设备准备

任务实施前需要做好场地防护准备，并检查实训场地和设备设施是否存在安全隐患，如不正常须及时汇报教师，进行处理后方可实施任务。

安全要求及注意事项

1）严格按照实训要求或教师指导进行拆装作业，以免造成部件损伤。

2）松开各部件固定螺钉时，请注意选用合适的工具，并控制力矩。
3）凡进行高压部件拔除或高压线束包裹操作时，须戴绝缘手套。
4）车底作业操作时，须全程佩戴安全帽。
5）断开低压插头或高压母线插头后，须用绝缘胶带包裹密封。
6）驱动电机日常维护在实车上直接操作，若检查过程中出现电机异响，需要从实车上拆卸电机进行检查。

表 4-1-7　前驱电动总成异响检查及处理办法

序号	步骤	记录	完成情况
1	安装台架高压供电线束		已完成□ 未完成□
2	安装台架旋变信号线束		已完成□ 未完成□
3	安装设备接地线		已完成□ 未完成□
4	安装电机接地线		已完成□ 未完成□
5	打开台架空气开关		已完成□ 未完成□
6	松开急停按钮，电源指示灯亮起		已完成□ 未完成□
7	按下点火开关，开关点亮		已完成□ 未完成□
8	按住制动开关 2~4s，等待内部继电器吸合接通后松手		已完成□ 未完成□
9	档位调至 D 位，旋转调速旋钮，驱动电机转动		已完成□ 未完成□
10	仔细听电机前驱电动总成异响发出位置，确认异响来源于变速器内部		已完成□ 未完成□
11	关闭调速旋钮。档位调至 N 位		已完成□ 未完成□
12	关闭点火开关，按下急停开关，关闭台架空气开关		已完成□ 未完成□
13	拆除设备与电机搭铁线束		已完成□ 未完成□
14	拆除台架旋变信号线束		已完成□ 未完成□
15	拆除台架高压供电线束		已完成□ 未完成□

（续）

序号	步骤	记录	完成情况
16	使用扭力扳手、18号套筒交叉拧松固定变速器与电机连接的六角法兰面螺钉，再将螺钉松开并取出		已完成□ 未完成□
17	将变速器与电机分离		已完成□ 未完成□
18	放入变速器油回收盘，使用扭力扳手、21号套筒拧松放油螺塞，然后再使用棘轮扳手、21号套筒取出放油螺塞，排放润滑油		已完成□ 未完成□
19	油液排完后，旋转变速器至输入轴面		已完成□ 未完成□
20	使用扭力扳手、10号套筒，拧松固定螺钉，再使用棘轮扳手、10号套筒取出变速器输入轴面一侧固定螺钉。旋转变速器端盖面		已完成□ 未完成□
21	使用棘轮扳手、8号套筒，拆卸传感器固定螺钉，并取出传感器		已完成□ 未完成□
22	使用扭力扳手、10号套筒松开并取出变速器端盖面一侧固定螺钉		已完成□ 未完成□
23	使用一字螺钉旋具撬出油封防尘罩		已完成□ 未完成□
24	取下变速器盖，将其放入工装内		已完成□ 未完成□
25	检查每个轴体有无异常处		已完成□ 未完成□
26	检查发现内部主轴附件下方轴承固定锁片螺栓缺失		已完成□ 未完成□
27	旋转变速器，使用扭力扳手、10号套筒拆卸主轴轴承固定锁片固定螺母		已完成□ 未完成□
28	使用棘轮扳手、10号套筒将螺母取出		已完成□ 未完成□
29	旋转变速器，放入千斤顶，并对准主轴花键端面		已完成□ 未完成□
30	缓慢升起千斤顶，将主轴顶出		已完成□ 未完成□
31	将主轴取出并放入工装内，收回千斤顶		已完成□ 未完成□
32	使用棘轮扳手、8号套筒安装并紧固主轴附件下方轴承锁片固定螺栓		已完成□ 未完成□
33	放入千斤顶至主轴安装孔位下方		已完成□ 未完成□

（续）

序号	步骤	记录	完成情况
34	放入主轴至千斤顶上		已完成□ 未完成□
35	缓慢放下千斤顶直至主轴到合适装配位置（下放过程中需要调整轴承固定锁片至螺栓孔内）		已完成□ 未完成□
36	旋转变速器，使用棘轮扳手、10号套筒安装主轴轴承固定锁片固定螺母		已完成□ 未完成□
37	安装变速器油封防尘盖		已完成□ 未完成□
38	依次安装变速器端盖固定螺栓		已完成□ 未完成□
39	安装放油螺塞		已完成□ 未完成□
40	安装变速器端盖及传感器并紧固固定螺钉		已完成□ 未完成□
41	松开放油螺塞并使用油液加注机加注齿轮油		已完成□ 未完成□
42	加注完毕后，安装液位固定螺钉并紧固		已完成□ 未完成□
43	连接电机与变速器		已完成□ 未完成□
44	安装电机与变速器固定螺钉		已完成□ 未完成□
45	实训完成，清点工具放回原位，进行场地6S工作		已完成□ 未完成□
总结提升			已完成□ 未完成□
质检意见	原因：		已完成□ 未完成□

评价反馈

1）各组代表展示汇报PPT，介绍任务的完成过程。

2）以小组为单位，对各组的操作过程与操作结果进行自评和互评，并将结果填入表4-1-8中的小组评价部分。

3）教师对学生工作过程与工作结果进行评价，并将评价结果填入表4-1-8中的教师评价部分。

表 4-1-8　综合评价表

班级		组号		姓名		学号	
实训任务							
评价项目		评价标准				分值	得分
小组评价	计划决策	制订的工作方案合理可行，小组成员分工明确				10	
	任务实施	能够正确检查并设置实训工位				5	
		能够准备和规范使用工具设备				5	
		能够正确、规范地完成高压电缆线的性能检查				20	
		能够正确、规范地检查及处理前驱电动总成异响				20	
		能够规范填写任务工单				10	
	任务达成	能按照工作方案操作，按计划完成工作任务				10	
	工作态度	认真严谨、积极主动，安全生产、文明施工				10	
	团队合作	小组组员积极配合、主动交流、协调工作				5	
	6S 管理	完成竣工检验、现场恢复				5	
		小计				100	
教师评价	实训纪律	不出现无故迟到、早退、旷课现象，不违反课堂纪律				10	
	方案实施	严格按照工作方案完成任务实施				20	
	团队协作	任务实施过程互相配合，协作度高				20	
	工作质量	能准确完成检修前驱电动总成异响的任务				20	
	工作规范	操作规范，三不落地，无意外事故发生				10	
	汇报展示	能准确表达、总结到位、改进措施可行				20	
		小计				100	
综合评分		小组评价分 ×50% + 教师评价分 ×50%					
总结与反思							

（如：学习过程中遇到什么问题→是如何解决的／解决不了的原因→心得体会）

任务二　完成变速器的维护与保养

学习目标

知识目标
- 了解变速器维护保养的必要性。
- 掌握变速器维护和保养的主要内容。
- 掌握螺栓、螺母的维护保养过程。

技能目标
- 能够对变速器进行维护和保养。
- 能够对变速器螺栓、螺母、轴承进行维护和保养。

素养目标
- 认真严谨、积极主动，安全生产、文明施工。
- 获得多途径检索知识、分析解决问题以及多元化思考解决问题的方法，形成创新意识。
- 严格执行各项规章制度及6S现场管理，培养精益求精的工匠精神。

知识索引

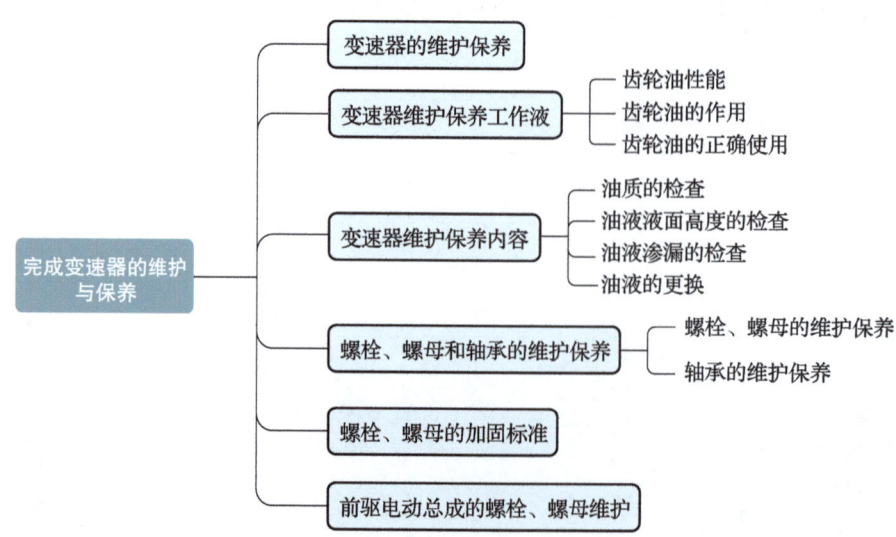

📖 情境导入

小王是秦 EV 车主，当车辆里程表显示 144000km 时，他决定开到 4S 店对汽车进行全面维护保养。你检查变速器齿轮油时发现油色泽变黑，有焦味溢出，你准备对这辆车的变速器、螺栓、螺母和轴承进行维护保养。

获取信息

❓ 引导问题 1

请查阅相关资料，简述自动变速器油没有及时更换会发生什么情况。

_____

_____

变速器的维护保养

任何机械的使用都要有维护，而自动变速器的维护最重要的就是自动变速器油的检查和更换。自动变速器内的润滑油被称为自动变速器油（ATF），它的作用除了润滑、降温和清洗以外，更主要的是通过油的流动传递转矩，也就是传递发动机和变速器之间的动力。ATF 的工作温度一般在 140℃ 左右，因此对油的质量要求很高，还必须保持清洁。

如果自动变速器中的 ATF 脏了，没有及时清洗更换会出现什么后果呢？第一，脏油中的油泥积炭会形成磨料磨损，从而加大各摩擦片及各部件的磨损，降低各部件的寿命。第二，脏油中的油泥积炭会使各阀体油管中的油流动不畅，影响动力传递，从而使自动变速器提速慢或失速，严重了就会使某个档位无油压致使烧片。第三，脏油还会使各缸之间的密封胶圈过早老化，使各缸卸油油压受影响，也会造成提速慢、失速等故障，严重者使各摩擦片打滑、烧片。

❓ 引导问题 2

请查阅相关资料，简述齿轮油的作用。

_____

_____

变速器维护保养工作液

变速器维护保养工作液是以石油润滑油基础油或合成润滑油为主，加入极压抗磨剂和油性剂调制而成的一种重要的润滑油，又称齿轮油。齿轮油用于润滑各种齿轮传动装置，以防止齿面磨损、擦伤、烧结等，延长其使用寿命，提高传递效率。齿轮油应具有良好的抗磨性、耐负荷性和合适的黏度；此外，还应具有良好的热氧化安定性、抗泡性、水分离性能和防锈性能。由于齿轮负荷一般都在 490MPa 以上，而准双曲面齿轮负荷更是高达 2942MPa，为防止油膜破裂造成齿面磨损和擦伤，在齿轮油中常加入极压抗磨剂，普遍采用硫－磷或硫－磷－氮型添加剂。

1. 齿轮油性能

齿轮油的性能要求如下：

1）合适的黏度。黏度是齿轮油最基本的性能。黏度大，形成的润滑油膜较厚，抗负荷能力相对较大。

2）足够的极压抗磨性。极压抗磨性是齿轮油最重要的性质和最主要的特点，是赖以防止运动中齿面磨损、擦伤、胶合的性能。

3）良好的抗乳化性。齿轮油遇水发生乳化变质会严重影响润滑油膜的形成，进而引起擦伤、磨损。

4）良好的氧化安定性和热安定性。良好的热氧化安定性有利于保证油品的使用寿命。

5）良好的抗泡性。生成的泡沫不能很快消失将影响齿轮啮合处油膜的形成，夹带泡沫使实际工作油量减少，影响散热。

6）良好的防锈、防腐蚀性。腐蚀和锈蚀不仅破坏齿轮的几何学特点和润滑状态，腐蚀与锈蚀产物还会进一步引起齿轮油变质，产生恶性循环。

此外，齿轮油还应具备其他一些性能，如黏附性、剪切安定性等。目前我国多数中、重负荷工业齿轮油所用的极压添加剂以硫－磷型为主，与国外同类产品质量水平相当。

2. 齿轮油的作用

齿轮油的作用如下：

1）降低齿轮及其他运动部件的磨损，延长齿轮寿命。

2）降低摩擦，减小功率损失。

3）分散热量，起一定的冷却作用。

4）防止腐蚀和生锈。

5）降低工作噪声、减少振动及齿轮间的冲击作用。

6）冲洗污物，特别是冲去齿面间污物，减轻磨损。

3. 齿轮油的正确使用

（1）正确选择使用等级

根据齿轮工作条件的苛刻程度选择使用等级。齿轮工作条件的苛刻程度是由齿轮的类型及其工作时的负荷和表面滑移速度决定的。普通齿轮传动可选用普通车辆齿轮油，准双曲面齿轮传动必须选用准双曲面齿轮油。若汽车在山区或满载拖挂行驶，并经常处于高负荷状态下，工作条件苛刻、油温较高，也可以选用准双曲面齿轮油。图4-2-1

所示是秦 EV 常使用的壳牌齿轮油。

（2）正确选择黏度等级

齿轮油的黏度等级一般是根据不同地区或季节的气温情况来选择的。气温高时，选择黏度高的齿轮油；气温低时，选择黏度低的齿轮油。如长江流域及其他冬季气温不低于 –10℃ 的地区，全年可用 90 号油；长江以北、冬季气温不低于 –26℃ 的寒区，全年可用 80W/90 号油；黑龙江、内蒙古、新疆等冬季气温在 –26℃ 以下的严寒区，冬季使用 75W 号油，夏季换用 90 号油；其他地区全年可用 85W/90 号油。

图 4-2-1　壳牌齿轮油 S4 GJ 75W-90

> **引导问题 3**
>
> 请查阅相关资料，简述变速器日常维护的主要工作内容。
> _____
> _____
> _____

变速器维护保养内容

变速器的工作性能与齿轮油的油液状态密切相关，变速器日常维护的主要内容是油质的检查、油液液面高度的检查、油液渗漏的检查、油液的更换。

1. 油质的检查

正常的新油液为红色或粉红色的透明液体，并有类似新机油的气味。使用半年以上的油液为略带褐色的红色透明液体。随着运行时间的延长和内部相对运动件的磨损，变速器不可避免地会产生各种故障，同时伴有自动变速器油液的变质与变色，因此需要定期对油质进行检查。以秦 EV 为例，每 12000km 检查一次自动变速器油液的品质，通过检查齿轮油的油质、颜色、气味和杂质，可以确认 ATF 是否热变质，以此来确定是否需要进行变速器保养或油液更换。

如果油质颜色变黑，有焦味且含有杂质时，则需要予以更换油液。油液的气味和状态可以说明变速器的工作状态，油液状态与变质原因分析见表 4-2-1。

表 4-2-1　油液状态与变质原因分析表

油液状态	变质原因
油液变成深棕色或棕褐色	没有及时更换油液或重负荷运转，某部件打滑或损坏造成变速器过热
油液中有金属屑	单向离合器或轴承严重损坏
油液中有胶质油膏	变速器油温长期过热
油液有烧焦味道	油温过高，液面过低，冷却器或管路堵塞导致离合器或制动器摩擦片烧蚀

（续）

油液状态	变质原因
油液蒸气	离合器、制动器打滑，制动器、离合器装配间隙过小以及油冷却系统循环不畅导致油温过高
油液出现乳白色泡沫状液体	冷却液进入油冷却器，造成油液中掺杂有冷却液

2. 油液液面高度的检查

变速器油液面的高低对变速器的性能影响很大。若液面过高，旋转机件旋转时剧烈搅动油液并产生气泡，气泡混入 ATF 内，会降低液压回路的油压，影响控制阀的正常工作；同时，还会引起离合器、制动器打滑，加剧磨损。若液面过低，油泵吸入空气或油液中渗入空气，同样会导致上述类似的问题；另外液面过低还会使润滑冷却条件变差，加速 ATF 的氧化变质。

由于各车型变速器的结构特点不同，其油液液面高度的检查方法也不同，具体检查方法不同厂家的规定各不相同，应按维修手册进行。

3. 油液渗漏的检查

大多数外部渗漏是可用眼睛发现的，对于难以发现的渗漏，可按照如下方法进行检查：

1）将车辆停稳后，在变速器正下方放一块大的硬纸板，等待 1~2min 后，根据滴在硬纸板上的油滴的位置确定大概的滴漏部位。

2）仔细检查可疑的渗漏组件和它周围的区域，要特别注意衬垫的配合面。在不易观察到的部位，可用一面小镜子协助检查。

3）如果还不能发现渗漏，可用清洗剂或溶剂将可疑部位彻底清洗干净，然后让汽车以不同的车速行驶几千米再检查可疑渗漏部位。

4）对于难以发现的外部渗漏，还可以向怀疑漏油的部位喷显像粉，再用紫外线灯照射，即可将渗漏处显示出来。

4. 油液的更换

（1）换油步骤

1）换油之前应先将车辆行驶一段路程，使自动变速器油温达到正常工作温度（50~80℃）。

2）拆卸自动变速器油底壳底部的放油螺塞，将油底壳内的油液放干净。有些车型的自动变速器油底壳上没有放油螺塞，应拆卸油底壳放油。

3）放油后应将油底壳及其他有关零件清洗干净。有些自动变速器油底壳上的放油螺塞是带磁性的，有些自动变速器油底壳内还专门放置了一块磁铁，目的是吸附油液中的铁屑，清洗时应注意将吸附的铁屑清洗干净。

4）每次换油时必须清洗自动变速器油滤清器滤网，更换滤清器滤芯。

5）清洗装复后，加入规定牌号和容量的自动变速器油液，起动车辆行驶一段路程至正常油温后再次检查油液液面高度，直至调整到符合要求为止。

（2）换油方法

提倡使用专用的油液加注设备更换。

（3）换油周期

通常在我国道路条件和使用环境下，乘用车每正常行驶 40000~80000km 应更换一次自动变速器油。新能源汽车中，家庭用秦 EV 规定每 40000km 换一次变速器油。上汽大众、一汽 – 大众与一汽轿车、东风雪铁龙、广汽本田系列乘用车和福特等系列乘用车均为每 60000km 换一次油。

> **引导问题 4**
>
> 请查阅相关资料，简述螺栓、螺母的检查与维护的注意事项。
>
> _____
> _____
> _____

螺栓、螺母和轴承的维护保养

1. 螺栓、螺母的维护保养

据统计，一辆乘用车上平均用到的螺栓、螺母约 500 种，数量达 4000 个，占整车基础零件总数的约 40%，在整车装配工作中，螺栓、螺母的安装工作量达到了 70% 的占比。这些螺栓、螺母既应保证有足够的预紧力，也不能拧得过紧。若拧得过紧易使连接件在外力的作用下产生永久变形，也会使螺栓本身产生拉伸变形，其预紧力反而下降，甚至造成滑扣或折断现象。同时，在车辆发生冲击、振动、变载及温度变化较大时，易导致连接螺栓、螺母松动、脱落，可能会造成汽车故障或安全事故。因此，螺纹连接牢固与否直接影响着汽车的使用寿命。

在汽车设计时对此应采取相应防松措施。常用的摩擦力防松法有弹簧垫圈防松、预紧力防松或特制的自锁螺纹防松等；机械防松法有开口销防松、锁片防松、保险铁丝防松等。

在日常的螺栓、螺母的检查与维护中需要注意的事项如下所述。

（1）检查螺栓、螺母连接是否牢固

在安装和加固螺栓、螺母时应使用专用扭力扳手，按照维修手册规定扭紧加固。注意先预紧再紧固，避免因用力过大导致螺栓断裂。

（2）检查碟形弹簧垫圈的装配方向是否正确

碟形弹簧垫圈在汽车上的使用日渐增多，但若安装不当，则不会起到防止螺纹松动的作用。正确的安装方向应该是将碟形弹簧垫圈的凹面朝向连接件，凸面朝向螺母。这样螺母拧紧后，由于碟形弹簧垫圈受力变形，支承表面受到反作用力从而起到锁止作用。

（3）检查保险铁丝拉紧方向是否正确

汽车底盘的有些部位，采用保险铁丝防止螺纹松动，如变速拨叉与变速拨叉轴的连接螺栓等。保险铁丝防松较为可靠，但安装时应注意保险铁丝规格的选择和穿入螺栓孔后的拉紧方向。保险铁丝过粗不易穿过去，保险铁丝直径应略小于所穿孔的直径，穿插时稍有阻力即可。区别保险铁丝穿入方向正确与否的方法是：假设将某一螺栓旋松，保险铁丝应处在拉紧状态，即旋松一颗螺栓就将其相邻的两颗螺栓拉紧；否则即为不正确。

（4）检查锁片是否锁止在螺母的侧平面上

汽车上较大件的螺母锁止常采用锁片防松，如汽车变速器第二轴前端锁止螺母等。锁片锁止应在螺母按规定力矩拧紧后，将锁片折向螺母的某一侧平面上，同时用锤击使其贴紧，不可将锁片贴在螺母的棱角处，否则将不会很好地起到防松作用的。

（5）检查弹簧垫圈的弹性是否失效，尺寸是否合适

弹簧垫圈在使用中常由于受热或长时间压缩而失去应有的弹性。因此，在安装弹簧垫圈前，应检查其弹性是否失效。检查的方法是看垫圈接口处两端上下是否错开了一定的角度。若其错开角度较小或没有错开角度，则此垫圈已失效。同时，垫圈尺寸应与相配合的螺栓尺寸对应，垫圈外径应略小于螺母外径为宜。

2. 轴承的维护保养

汽车上使用的轴承以滚动轴承为主，在多处应用，出现故障的概率也较大，因此是维护的重点。滚动轴承的维护可分为检视、润滑和调整三个方面。

（1）轴承的检视

在装配轴承之前，应对其进行外观检视，确定该轴承能否继续使用。具体方法如下：

1）转动清洗干净的轴承，检验滚动体与内、外圈滚道，凡出现麻点或烧蚀现象，都应予以更换。

2）转动轴承数圈，查听轴承的转动声音是否均匀无异响，观察轴承架是否变形，个别滚动体是否磨损过甚；对散架的轴承（滚动体从轴承架上脱落）应予以更换。

3）检查轴承内、外圈滚道是否有明显的压痕，压痕的出现将直接影响其预紧力的调整，有明显压痕的轴承应予以更换。

4）检查轴承与轴及轴承孔的配合情况是否符合要求。对于配合松旷的轴承，要分析其原因，若与轴承有关，应予以更换。滚针轴承应检查其配合间隙是否正常，间隙不应大于 0.10mm。

（2）轴承的润滑

轴承润滑的好坏直接影响轴承的使用寿命，进而影响该总成的平稳性和维修周期。采用油润滑的轴承，一般润滑良好，无须特别注意，但润滑油应按要求加够量。由于润滑脂对轴承润滑存在着分散性和随意性，应注意以下几点：

1）润滑脂在轴承内的添加量应合适。润滑脂的添加量以填充轴承空隙的 1/3~2/3 为宜，转速高的轴承应取其下限，转速低的轴承应取其上限。过多的润滑脂易使轴承过热，导致润滑脂溶化；过少的润滑脂不能形成良好的油膜。轮毂轴承润滑脂的量应保证填充轴承空隙的 2/3 左右，两轴承间的轮毂内不得填充润滑脂。发电机、水泵等高速转动的轴承填充量为其空隙的 1/3 即可。

2）润滑脂的选择应正确。使用的润滑脂类型应按汽车使用说明书的要求选择。由于锂基润滑脂具有滴点高、低温性能良好等特点，能满足汽车轴承的使用要求（锂基润滑脂按锥入度不同分为1号、2号、3号），汽车轴承应选用2号锂基润滑脂。

3）润滑脂更换周期的确定。润滑脂更换的前提是在润滑脂硬化变质之前进行。由于汽车各部轴承的使用环境不同，对润滑脂加注的方便程度各异，因而一方面应根据该车的维护里程更换润滑脂；另一方面可根据该车轴承运转中的噪声程度随时更换润滑脂。对于水泵轴承、传动轴十字轴承，润滑脂的更换周期相对应更短些。

（3）轴承的调整

每一副轴承装车后都需要进行调整。一是调整与轴的同轴度，二是调整轴承的预紧力。

1）同轴度的调整：为了保证轴有正确的位置，轴承装配时应使其与轴有良好的同轴度。

①靠轴承的定位装置（轴承外圈卡环及轴上的轴肩等），装轴承前应检查卡环是否良好可靠，轴肩是否平整，表面是否有杂质等。

②通过轴承试运转使其找正。在轴承盖固定螺栓拧紧而转矩未达到规定值之前，使轴承处于半自由状态试转动，让其自动找正。待试转动后，再按规定转矩拧紧固定螺栓，例如传动轴中间支承轴承等。

2）轴承预紧力的调整：对轴承实施合理的预紧，可提高滚动轴承的支承刚性。轴承预紧所遵循的原则是迫使轴承内、外圈间产生一定的轴向位移，从而达到预紧的目的。预紧力调好的轴承应转动灵活，无卡滞现象，轴向推拉、撬动应无明显的间隙感觉为合适。预紧力的调整方法有螺纹调整和垫圈调整两种。

①螺纹调整法。它是通过旋进、旋出螺母或螺栓来调整轴承预紧力，例如转向器轴承、轮毂轴承等。采用螺纹调整较简单，但应注意将调整螺栓或螺母锁紧，以防因松动而改变已调整好的预紧力。

②垫圈调整法。它是通过增减轴承内、外圈的止推垫圈而达到预紧目的，例如驱动桥轴承等。调整时应注意垫圈的增减不应影响该总成的总体装配质量。例如，若驱动桥轴承调整垫圈增减不当，将破坏锥齿轮的啮合印痕。

（4）更换轴承的注意事项

1）轴承侧面标有轴承号，更换新的轴承应按此号选配。

2）散架的轴承，应将内、外圈同时更换，不可只换轴承架和滚动体。

3）进口轴承选用与原车配套的同型号轴承为宜，若选用国产轴承须查阅有关手册和说明，按对应型号选配。

4）用干净的煤油或者汽油将轴承以及与它相配的相关零件清洗干净。

5）检查准备使用的轴承以及与它相关的零件，是否与原型号相符，尺寸是否合格。

6）用专用的装配工具（套筒）将轴承压入（注意：装配套筒直径不能超过轴承挡边的外径），在装配时，用力要均匀，千万不能冲击或者野蛮装配。

7）在轴承安装好后，应该转动轴承以及它的相关部件，看是否有卡滞现象和异常噪声。

8）按主机部件的要求，在适当的时候、适当的位置注入指定的润滑脂或润滑油。

> **引导问题 5**
>
> 请查阅相关资料，简述如果想确定一个公称直径 16mm 的螺栓的标准拧紧力矩需要哪些信息。
> _____
> _____
> _____

螺栓、螺母的加固标准

不同车型螺栓、螺母的加固标准参考维修手册，以秦 EV 为例，其螺栓、螺母加固标准见表 4-2-2。

表 4-2-2　秦 EV 螺栓、螺母加固标准

螺栓强度等级	屈服强度/（N/mm²）	螺栓公称直径/mm				
		6	8	10	12	14
		拧紧力矩/（N·m）				
4.6	240	4~5	10~12	20~25	36~45	55~70
5.6	300	5~7	12~15	25~32	45~55	70~90
6.8	480	7~9	17~23	33~45	58~78	93~124
8.8	640	9~12	22~30	45~59	78~101	124~165
10.9	900	13~16	30~36	65~78	110~130	180~201
12.9	1080	16~21	38~51	75~100	131~175	209~278
螺栓强度等级	屈服强度/（N/mm²）	螺栓公称直径/mm				
		16	18	20	22	24
		拧紧力矩/（N·m）				
4.6	240	90~110	120~150	170~210	230~290	300~377
5.6	300	110~140	150~190	210~270	290~350	370~450
6.8	480	145~193	190~264	282~376	384~512	488~650
8.8	640	193~257	264~354	376~502	512~683	651~868
10.9	900	280~330	380~450	540~650	740~880	940~1120
12.9	1080	326~434	448~597	635~847	864~1152	1098~1464
螺栓强度等级	屈服强度/（N/mm²）	螺栓公称直径/mm				
		27	30	33	36	39
		拧紧力矩/（N·m）				
4.6	240	450~530	540~680	670~880	900~1000	928~1237
5.6	300	550~700	680~850	825~1100	1120~1400	1160~1546

（续）

螺栓强度等级	屈服强度/(N/mm²)	螺栓公称直径/mm				
		27	30	33	36	39
		拧紧力矩/(N·m)				
6.8	480	714~952	969~1293	1319~1759	1694~2259	1559~2079
8.8	640	952~1269	1293~1723	1759~2345	2259~3012	2923~3898
10.9	900	1400~1650	1700~2000	2473~3298	2800~3350	4111~5481
12.9	1080	1606~2142	2181~2908	2968~3958	3812~5082	4933~6577

引导问题6

请查阅相关资料，简述进行前驱电动总成螺栓、螺母维护保养时的注意事项。

前驱电动总成的螺栓、螺母维护

以秦EV前驱电动总成为例，其主要的零部件如图4-2-2所示，零部件说明见表4-2-3。

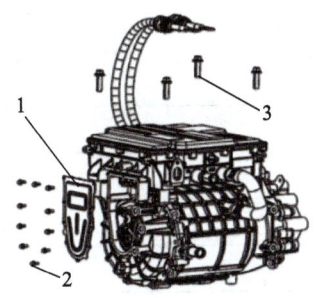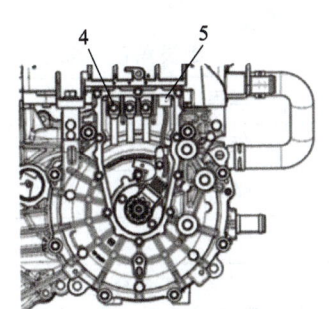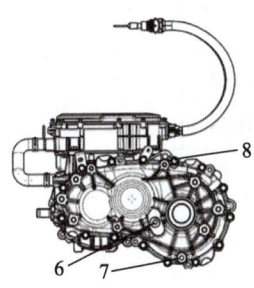

图4-2-2　秦EV前驱电动总成主要零部件视图

表4-2-3　秦EV前驱电动总成主要零部件明细

序号	零部件名称	数量	备注
1	电机端盖	1	
2	电机端盖固定螺栓	10	M5，拧紧力矩：（6±0.4）N·m
3	电机控制器固定螺栓	4	M10，拧紧力矩：（35±1）N·m
4	三相线固定螺栓	3	拧紧力矩：（9±0.5）N·m
5	旋变及温度传感器插接器	1	
6	注油螺塞组件	1	拧紧力矩：（37±2）N·m
7	放油螺塞组件	1	拧紧力矩：（50±3）N·m
8	变速器端盖固定螺栓	15	拧紧力矩：（25±1）N·m

在进行前驱电动总成螺栓、螺母维护保养时，需要注意以下几点：

1）拆分过程中，请注意保护好所有的零部件，做好螺栓的收纳工作，防止零部件意外损坏。

2）总成上的各螺栓安装时，应使用专用工具扭力扳手锁紧，须严格按表 4-2-4 中拧紧力矩操作，并打上漆标。如变速器注油口螺塞拧紧力矩为（37±2）N·m，放油口螺塞拧紧力矩为（50±3）N·m。

3）驱动电机端盖和总成合箱壳体上的螺栓、螺母、驱动电机控制器和驱动电机壳体上的螺栓，应按对角线松开和拧紧，如果发现螺栓有裂纹或损坏，需要及时更换。

4）清洁螺栓、螺母时，使用气枪直接清洁螺纹内碎屑，不能使用水或其他化学药品清洗。

5）安装驱动电机控制器时，注意驱动电机控制器的五个螺栓孔位置，三相线与驱动电机相连接时，注意不要刮伤驱动电机和驱动电机控制器。

任务分组

进行任务分工，填入表 4-2-4 中。

表 4-2-4　学生任务分配表

班级		组号		指导教师	
组长		学号			
组员角色分配					
信息员		学号			
操作员		学号			
记录员		学号			
安全员		学号			
任务分工					
（就组织讨论、工具准备、数据采集、数据记录、安全监督、成果展示等工作内容进行任务分工）					

工作计划

按照前面所了解的知识内容和小组内部讨论的结果，制订工作方案，落实各项工作负责人，如任务实施前的准备工作、实施中的主要操作及协助支持工作、实施过程中相关要点及数据的记录工作等，并将结果填入表 4-2-5 中。

表 4-2-5　工作计划表

步骤	工作内容	负责人
1		
2		
3		
4		
5		
6		
7		
8		

进行决策

1）各组派代表阐述资料查询结果。
2）各组就各自的查询结果进行交流，并分享技巧。
3）教师对各组的计划方案进行点评。
4）各组长对组内成员进行任务分工，教师确认分工是否合理。

任务实施

引导问题 7

扫描二维码观看视频，了解如何检查与更换秦 EV 车型的变速器油，并简述操作要点。

_____
_____
_____

【微课】变速器油的检查与更换

参考操作视频，按照规范作业要求完成操作步骤，完成数据采集并在表 4-2-6 和表 4-2-7 中进行记录。

表 4-2-6　实训准备

序号	设备及工具名称	数量	设备及工具是否完好
1	秦 EV	1 辆	□是　□否
2	一体化集成工量具	1 套	□是　□否
3	三层工具车	1 辆	□是　□否
4	车内四件套	1 套	□是　□否

（续）

序号	设备及工具名称	数量	设备及工具是否完好
5	车外三件套	1套	□是　□否
6	耐磨手套	1副	□是　□否
7	安全防护套装	1套	□是　□否
8	警示牌	1套	□是　□否
9	灭火器	1套	□是　□否
10	油液加注机	1台	□是　□否
质检意见	原因：		□是　□否

场地设备准备

任务实施前需要做好场地防护准备，并检查实训场地和设备设施是否存在安全隐患，如不正常须及时汇报教师，进行处理后方可实施任务。

安全要求及注意事项

1）严格按照实训步骤进行操作。
2）松开和固定变速器进、出油口螺塞时，应使用专用工具并注意力矩大小。
3）齿轮油有一定的腐蚀性和毒性，更换时避免直接与皮肤接触。
4）松开各部件固定螺栓时，请注意选用合适的工具，并控制力矩。
5）前驱电动总成的拆卸过程中，需要使用收纳盒放置各零部件，严格执行6S管理。

表4-2-7　变速器油的检查与更换

序号	步骤	记录	完成情况
1	确认变速器油的油温正常后再进行检查和换油		已完成□ 未完成□
2	规范操作举升机，升起车辆并锁定		已完成□ 未完成□
3	检查减速器放油螺塞、加注口螺塞及垫片处是否漏油		已完成□ 未完成□
4	使用扭力扳手拧松减速器加注口螺塞并取下		已完成□ 未完成□
5	使用扭力扳手松开放油螺塞，使用吸油纸擦拭干净周围油渍，拧下放油螺塞		已完成□ 未完成□
6	在拧下放油螺塞的同时，使用量杯接住变速器油液，直到油液排放完		已完成□ 未完成□

（续）

序号	步骤	记录	完成情况
7	擦干净放油孔周围的油液		已完成□ 未完成□
8	将放油螺塞放置于干净吸油纸上，将螺塞与密封垫片分离		已完成□ 未完成□
9	使用吸油纸将放油螺塞及密封垫片上的油渍擦拭干净		已完成□ 未完成□
10	将放油螺塞与密封垫片进行组合		已完成□ 未完成□
11	使用吸油纸擦拭干净放油口油渍		已完成□ 未完成□
12	将放油螺塞装回放油孔，使用棘轮扳手预紧，以 35N·m 的力矩进行紧固		已完成□ 未完成□
13	检查油液，使用长螺钉旋具伸进量杯，取出油液 2 滴，滴在白纸上，观察油液是否有金属杂物，是否足够澄清		已完成□ 未完成□
14	观察量杯底部是否有金属碎屑。发现底部有少量金属碎屑，需要进行变速器油液的更换		已完成□ 未完成□
15	使用油液加注机，将同牌号的新变速器油液 450mL 添加到新油桶上，管口插入车辆的油液加注口，启动加注机，加注约 450mL 变速器油液		已完成□ 未完成□
16	加注完毕后，使用棘轮扳手安装加注口螺塞，以 45N·m 的力矩进行紧固		已完成□ 未完成□
17	规范操作举升机，降下车辆		已完成□ 未完成□
总结提升			已完成□ 未完成□
质检意见	原因：		已完成□ 未完成□

评价反馈

1）各组代表展示汇报 PPT，介绍任务的完成过程。

2）以小组为单位，对各组的操作过程与操作结果进行自评和互评，并将结果填入表 4-2-8 中的小组评价部分。

3）教师对学生工作过程与工作结果进行评价，并将评价结果填入表 4-2-8 中的教师评价部分。

表 4-2-8 综合评价表

班级		组号		姓名		学号	
实训任务							
评价项目		评价标准				分值	得分
小组评价	计划决策	制订的工作方案合理可行,小组成员分工明确				10	
	任务实施	能够正确检查并设置实训工位				5	
		能够准备和规范使用工具设备				5	
		能够正确、规范地排放与检查变速器油				20	
		能够正确、规范地加注变速器油				20	
		能够规范填写任务工单				10	
	任务达成	能按照工作方案操作,按计划完成工作任务				10	
	工作态度	认真严谨、积极主动,安全生产、文明施工				10	
	团队合作	小组组员积极配合、主动交流、协调工作				5	
	6S 管理	完成竣工检验、现场恢复				5	
		小计				100	
教师评价	实训纪律	不出现无故迟到、早退、旷课现象,不违反课堂纪律				10	
	方案实施	严格按照工作方案完成任务实施				20	
	团队协作	任务实施过程互相配合,协作度高				20	
	工作质量	能准确完成实训规定的维护与保养任务				20	
	工作规范	操作规范,三不落地,无意外事故发生				10	
	汇报展示	能准确表达、总结到位、改进措施可行				20	
		小计				100	
综合评分		小组评价分 ×50% + 教师评价分 ×50%					
总结与反思							

(如:学习过程中遇到什么问题→是如何解决的 / 解决不了的原因→心得体会)

传统文化

车：
承载美好期望的交通工具

若是提到车，我们会想到什么？新能源汽车、公共汽车、载货汽车……汽车在我们的日常生活中具有重要的地位。孙中山先生曾在《民生主义》书中将人们的基本需求总结为"衣食住行"四大类，车正是我们出行时离不开的交通工具。那么，如果古人提到了车，他们会想到什么呢？

"车"最初是指陆地上有轮子的交通运输工具，最初的车有两个轮子，由马来拉。许慎《说文解字》中有"车，舆轮之总名。""舆"指车厢，"轮"指车轮。在古代车的构造当中，车厢和车轮是最重要的两个部件，因此许慎将"车"定义为以舆和轮为主要部件的交通工具的总称。

与今天不同的是，早期的车除了供出行使用外，更主要的用途是用于军事作战，所以，"车"有时专指战车。《史记·陈涉世家》中有"比至陈，车六七百乘，骑千余，卒数万人。"古代表示战车的数量，通常用"乘"，四匹马拉一辆车为"一乘"。因为拥有战车的数量标志着一国国力的强弱，所以才有"千乘之国""万乘之国"这样的说法。这种用战车的数量表示国家的强盛程度的说法，与我们现如今以汽车工业的水平判断国家工业的发展情况的思路有异曲同工之妙。

随着时代的发展，车的形制发生了巨大变化，"车"所涵盖的范围也随之不断扩大。跟"车"具有共同特征的利用轮轴转动来工作的工具也可以用"车"来称呼。明代陆容《菽园杂记》中列举了各种以"车"命名的工具："今观凡器之运转者，皆谓之车。……纺纱具曰纺车，飏谷具曰风车，缫丝具曰缫车……"这些并非出行工具的机械装置，也被称作车，车渐渐被用来代指一切机器，今天的"车间""试车"等词语中的"车"都属于这种用法。

成语"辅车相依"源自《左传·僖公五年》中的一段记载：春秋时期，晋国想越过虞国去消灭虢国，于是派使者向虞国借道。虞国大夫宫之奇认

能力模块四　新能源汽车驱动系统的维护与保养

191

为，虞国和虢国是互相依存的近邻，虢国如果灭亡了，虞国也会跟着遭殃。他引用当时的谚语"辅车相依，唇亡齿寒"来说明虞、虢两国之间这种互相依存的关系。在这里，"辅"指颊骨，"车"指牙床，这句话是说颊骨和牙床互相依靠，关系密切。而之所以用"车"来称呼牙床，是因为牙床对牙所起的承载作用就像车载物一样。

　　车的出现与发展不但解决了交通问题，还促进了道路设施、商贸运输、文化活动、军事战争等的飞速发展。改革开放40多年来，从主要依靠步行，到拥有第一辆自行车；从私家车作为家庭富裕的象征，到如今成为真真切切的代步工具；从长时间排队只为搭上一辆公交车，到如今手机一开就能叫到车；从时速几十千米的绿皮车，到时速几百千米的高铁动车……车轮上承载的不仅仅是人民日益增长的美好生活需要，更让人们看到了中国经济的发展，看到了一个崭新、开放、自信、多元的中国。

新能源汽车电机
及控制系统检修

能力模块五
新能源汽车驱动系统的检测与维修

任务一　　拆卸与安装前驱电动总成

学习目标

知识目标

- 掌握拆装前驱电动总成的工作流程。
- 掌握前驱电动总成的主要部件。

技能目标

- 能够完成前驱电动总成在实车上的拆卸。
- 能够完成前驱电动总成在实车上的安装。

素养目标

- 认真严谨、积极主动,安全生产、文明施工。
- 获得多途径检索知识、分析解决问题以及多元化思考解决问题的方法,形成创新意识。
- 严格执行各项规章制度及6S现场管理,培养精益求精的工匠精神。

情境导入

正所谓"异响不是病,响起来真要命"。提到汽车异响,相信每位经验丰富的驾驶人都会感同身受,异响造成的困扰会很久,却有可能也查不出产生异响的原因。有些情况下的异响很好解决,如车门窗部位摩擦造成异响、车行李舱或后排座椅处异响、紧固件松掉造成异响;有些情况下的异响则需要专业维修人员处理,如驱动电机异响、制动系统异响、轮胎异响,这些异响不容忽视,需要及时处理。

现在有一台秦EV出现驱动电机异响,维修人员通过声响初步判断电机内部出现问题,需要拆下电机进行更具体的检查。你作为助理工程师需要协助你的主管完成此任务。

 任务分组

进行任务分工,填入表 5-1-1 中。

表 5-1-1　学生任务分配表

班级		组号		指导教师	
组长		学号			
组员角色分配					
信息员		学号			
操作员		学号			
记录员		学号			
安全员		学号			
任务分工					

(就组织讨论、工具准备、数据采集、数据记录、安全监督、成果展示等工作内容进行任务分工)

工作计划

按照小组内部讨论的结果,制订工作方案,落实各项工作负责人,如任务实施前的准备工作、实施中的主要操作及协助支持工作、实施过程中相关要点及数据的记录工作等,并将结果填入表 5-1-2 中。

表 5-1-2　工作计划表

步骤	工作内容	负责人
1		
2		
3		
4		
5		
6		
7		
8		

进行决策

1）各组派代表阐述资料查询结果。
2）各组就各自的查询结果进行交流，并分享技巧。
3）教师对各组的计划方案进行点评。
4）各组长对组内成员进行任务分工，教师确认分工是否合理。

任务实施

引导问题 1

扫描二维码观看视频，了解如何在实车上拆卸与安装前驱电动总成，并简述操作要点。

_____
_____
_____

前驱电动总成的拆卸（秦EV）

前驱电动总成的安装（秦EV）

参考操作视频，按照规范作业要求完成操作步骤，完成数据采集并在表 5-1-3~表 5-1-5 中进行记录。

表 5-1-3　实训准备

序号	设备及工具名称	数量	设备及工具是否完好
1	秦 EV	1 辆	□是　□否
2	一体化集成工量具	1 套	□是　□否
3	三层工具车	1 辆	□是　□否
4	车内四件套	1 套	□是　□否
5	车外三件套	1 套	□是　□否
6	耐磨手套	1 套	□是　□否
7	安全防护套装	1 套	□是　□否
8	警示牌	1 套	□是　□否
9	灭火器	1 套	□是　□否
10	冷却液回收盘	1 个	□是　□否
质检意见	原因：		□是　□否

场地设备准备

任务实施前需要做好场地防护准备，并检查实训场地和设备设施是否存在安全隐患，如不正常须及时汇报教师，进行处理后方可实施任务。

安全要求及注意事项

1）严格按照实训要求或教师指导进行拆装作业，以免造成部件损伤。

2）松开各部件固定螺钉时，注意选用合适的工具，并控制力矩。

3）凡进行高压部件拔除或高压线束包裹操作时，须佩戴绝缘手套。

4）车底作业操作时，须全程佩戴安全帽。

5）断开低压插头或高压母线插头后，须用绝缘胶带包裹密封。

6）冷却液、齿轮油等化工产品有一定的腐蚀性和毒性，放出时避免直接与皮肤和空气接触。

7）前驱电动总成的电机位于前机舱底部，拆卸过程复杂，涉及零部件较多，须严格执行 6S 管理。

表 5-1-4　在实车上拆卸前驱电动总成

序号	步骤	记录	完成情况
1	准备工作： 1）检查耐磨手套有无破损，如有破损，须进行更换 2）检查绝缘手套有无破损，确定其在合格、有效期内，绝缘等级应大于 1000V 3）检查万用表外观有无破损 4）检查红、黑表笔外观有无破损，连接万用表红、黑表笔并调至欧姆档，万用表校表 5）将车辆正确停放至举升工位，规范铺设车内四件套，进入车内、踩下制动踏板、按下启动开关、降下驾驶位车窗 6）确认车辆状态，车辆下电 7）打开前机舱盖，规范铺设车外三件套 8）确认举升机的 4 个举升点放置正确		已完成□ 未完成□
2	分离万向节与转向器输入轴： 1）拆下万向节防尘罩 2）拆卸万向节与转向器输入轴的连接螺栓 3）分离万向节与转向器输入轴的连接		已完成□ 未完成□
3	排放齿轮油： 1）规范操作举升机，升起车辆并锁定 2）正确排放齿轮油 3）规范操作举升机，降下车辆		已完成□ 未完成□
4	拆卸充配电总成： 1）断开低压蓄电池负极并使用绝缘胶带缠绕 2）断开充配电总成低压插接器 3）使用绝缘一字螺钉旋具断开高压母线，等待 5min 4）使用万用表直流电压档对高压母线插接器进行验电 5）使用绝缘胶带缠绕高压母线及充配电总成插接器 6）正确排放冷却液 7）拆卸充配电总成冷却水管并安装堵头		已完成□ 未完成□

（续）

序号	步骤	记录	完成情况
4	8）依次拆卸充配电总成高压插接器并使用绝缘胶带缠绕 9）拆卸 DC/DC 变换器线束固定螺母并取出 10）使用 7 号套筒、棘轮扳手拆卸充配电总成上盖的螺栓并取下上盖 11）使用绝缘工具 8 号套筒拆卸直流充电正、负极高压线固定螺栓并使用绝缘胶带缠绕 12）拆卸电机控制器高压正、负极线固定螺钉 13）取出高压线并使用绝缘胶带缠绕 14）盖上充配电总成上盖 15）拆卸充配电总成 4 个固定螺钉 16）取出充配电总成		已完成□ 未完成□
5	拆卸前机舱组件固定支架螺钉并取出		已完成□ 未完成□
6	拆卸前驱电动总成电动水泵与电动压缩机总成： 1）断开前驱总成低压线束与固定卡扣 2）使用 13 号套筒拆卸电机控制器接地点固定螺钉 3）拆除真空管与前驱电动总成冷却管路 4）拆卸电动水泵总成并取出 5）拆卸电动压缩机总成并取出		已完成□ 未完成□
7	拆卸左前与右前轮胎： 1）使用专用工具拆卸轮胎固定螺母防尘帽 2）使用指针式扭力扳手、21 号套筒，对角预松轮胎固定螺母 3）规范操作举升机，将车辆举升至轮胎离地约 150mm 并锁定 4）使用棘轮扳手、21 号套筒，拆卸轮胎固定螺母 5）取下左前、右前轮胎		已完成□ 未完成□
8	拆卸左、右半轴： 1）依次拆除转向节连接的转向拉杆、稳定杆、悬挂下部固定螺钉、线束及管路 2）拆卸左前与右前传动半轴总成 3）规范操作举升机，升起车辆并锁定 4）取出左、右半轴		已完成□ 未完成□
9	拆下前驱电动总成： 1）拆卸左、右两侧挡板固定卡扣与固定螺钉并取出固定支架 2）使用棘轮扳手、13 号套筒拆卸驱动电机接地线固定螺钉 3）使用指针式扭力扳手、19 号套筒，预松并拆卸前副车架后支架与车身连接的 2 颗固定螺钉 4）电动举升机举升至副车架总成底部，确认举升点可靠 5）拆卸后悬置冷却水管固定卡扣		已完成□ 未完成□

（续）

序号	步骤	记录	完成情况
9	6）使用指针式扭力扳手、19号套筒，预松前副车架总成6颗固定螺钉 7）使用棘轮扳手、19号套筒拆卸前副车架总成6颗固定螺钉 8）缓慢降下动力蓄电池举升机，拆下前驱电动总成		已完成□ 未完成□
总结提升			已完成□ 未完成□
质检意见	原因：		已完成□ 未完成□

表5-1-5　在实车上安装前驱电动总成

序号	步骤	记录	完成情况
1	准备工作： 1）检查耐磨手套有无破损，如有破损，须进行更换 2）检查绝缘手套有无破损，确定其在合格、有效期内，绝缘等级应大于1000V		已完成□ 未完成□
2	安装前驱电动总成： 1）使用电动举升机将前驱电动总成举升到合适位置 2）安装前副车架总成的6颗固定螺钉 3）使用棘轮扳手、19号套筒预紧前副车架总成的6颗固定螺钉 4）使用预置式扭力扳手、19号套筒，以210N·m力矩进行紧固 5）安装后悬置冷却水管固定卡扣 6）降下电动举升机 7）使用棘轮扳手、19号套筒预紧前副车架后支架与车身连接的2颗固定螺钉并使用扭力扳手以210N·m力矩紧固 8）安装左、右半轴总成 9）使用棘轮扳手、13号套筒安装驱动电机接地线并紧固 10）使用棘轮扳手、10号套筒安装支架固定螺母并紧固 11）安装支架固定卡扣		已完成□ 未完成□
3	安装左、右半轴： 1）规范操作举升机，将车辆降下至轮胎离地约150mm并锁定 2）安装左、右半轴总成 3）安装半轴固定螺母 4）使用棘轮扳手、32号套筒预紧固定螺母 5）使用预置式扭力扳手、32号套筒以235N·m的力矩进行紧固 6）依次安装转向节连接的转向拉杆、稳定杆、悬挂下部固定螺钉、线束及管路		已完成□ 未完成□

（续）

序号	步骤	记录	完成情况
4	安装左前与右前轮胎： 1）预紧半轴固定螺母 2）规范操作举升机，降下车辆 3）使用预置式扭力扳手，以 125N·m 力矩对角紧固轮胎螺母 4）安装车轮固定螺母的防尘帽		已完成□ 未完成□
5	安装前驱电动总成电动水泵与电动压缩机总成： 1）安装电动压缩机总成 2）使用棘轮扳手、10 号套筒紧固空调压缩机 4 颗固定螺钉 3）使用十字螺钉旋具安装电动水泵带支架总成固定螺钉 4）安装前驱动总成的冷却水管、真空管 5）安装前驱电动总成的所有低压插接器及线束固定卡扣		已完成□ 未完成□
6	安装前机舱组件固定支架		已完成□ 未完成□
7	安装充配电总成： 1）安装充配电总成 2）安装充配电总成低压供电线束、高压线束、接地线		已完成□ 未完成□
8	加注齿轮油： 1）规范操作举升机，升起车辆并锁定 2）拆卸变速器油位固定螺钉 3）使用油液加注机加注齿轮油 4）加注完毕后安装油位固定螺钉 5）安装车辆底部挡泥板		已完成□ 未完成□
9	安装冷却水管与高、低压插接器： 1）规范操作举升机，降下车辆 2）依次连接安装前机舱组件冷却水管 3）拆除高压母线及充配电总成插接器绝缘胶带，连接充配电总成高压母线插接器 4）连接充配电总成低压插接器		已完成□ 未完成□
10	连接万向节与转向器输入轴： 1）正确连接万向节与转向器输入轴 2）安装连接螺栓并紧固 3）安装万向节防尘罩		已完成□ 未完成□
11	加注冷却液： 1）拆除低压蓄电池负极绝缘胶带，安装低压蓄电池负极 2）加注冷却液至 max 刻度，拧紧冷却液壶盖 3）车辆上电运行 15min，检查冷却液壶的液位高度应在 max 与 min 之间 4）连接故障诊断仪、清除故障码 5）车辆下电		已完成□ 未完成□

（续）

序号	步骤	记录	完成情况
12	完成前驱电动总成的安装操作		已完成□ 未完成□
13	实训现场 6S 整理： 1）规范拆除车外三件套，关闭前机舱盖 2）规范拆除车内四件套 3）清点工具放回原位，进行场地 6S 工作		已完成□ 未完成□
总结提升			已完成□ 未完成□
质检意见	原因：		已完成□ 未完成□

评价反馈

1）各组代表展示汇报 PPT，介绍任务的完成过程。

2）以小组为单位，对各组的操作过程与操作结果进行自评和互评，并将结果填入表 5-1-6 中的小组评价部分。

3）教师对学生工作过程与工作结果进行评价，并将评价结果填入表 5-1-6 中的教师评价部分。

表 5-1-6　综合评价表

班级		组号		姓名		学号	
实训任务							
评价项目		评价标准		分值		得分	
小组评价	计划决策	制订的工作方案合理可行，小组成员分工明确		10			
	任务实施	能够正确检查并设置实训工位		5			
		能够准备和规范使用工具设备		5			
		能够正确、规范地拆卸前驱电动总成		20			
		能够正确、规范地安装前驱电动总成		20			
		能够规范填写任务工单		10			
	任务达成	能按照工作方案操作，按计划完成工作任务		10			
	工作态度	认真严谨、积极主动、安全生产、文明施工		10			
	团队合作	小组组员积极配合、主动交流、协调工作		5			
	6S 管理	完成竣工检验、现场恢复		5			
		小计		100			

（续）

评价项目		评价标准	分值	得分
教师评价	实训纪律	不出现无故迟到、早退、旷课现象，不违反课堂纪律	10	
	方案实施	严格按照工作方案完成任务实施	20	
	团队协作	任务实施过程互相配合，协作度高	20	
	工作质量	能准确完成实训规定的安装与拆卸任务	20	
	工作规范	操作规范，三不落地，无意外事故发生	10	
	汇报展示	能准确表达、总结到位、改进措施可行	20	
		小计	100	
综合评分		小组评价分 ×50% + 教师评价分 ×50%		
总结与反思				

（如：学习过程中遇到什么问题→是如何解决的 / 解决不了的原因→心得体会）

任务二 检修前驱电动总成机械类故障

学习目标

知识目标
- 掌握前驱电动总成的机械类故障检测的主要项目。
- 掌握前驱电动总成的机械类故障检测过程中的注意事项。
- 掌握变速器的结构与作用。

技能目标
- 能够独立完成前驱电动总成的机脚垫的检查。
- 能够独立完成前驱电动总成的外观检查（磕碰、漏油、漏液等）。

素养目标
- 认真严谨、积极主动，安全生产、文明施工。
- 获得多途径检索知识、分析解决问题以及多元化思考解决问题的方法，形成创新意识。
- 严格执行各项规章制度及6S现场管理，培养精益求精的工匠精神。

知识索引

检修前驱电动总成机械类故障 —— 变速器总成常见故障及处理方法

情境导入

在新能源汽车维修项目中，比较典型的有前驱电动总成的机械类故障检修，你的主管要求你对新员工进行前驱电动总成机械类故障检修的培训。

新能源汽车电机及控制系统检修　姓名　　　班级　　　日期

获取信息

引导问题 1

请查阅相关资料，简述秦 EV 车型变速器总成常见故障有哪些。

_____

_____

_____

竞赛指南

2022 年全国职业院校技能大赛——汽车技术赛项里的纯电动汽车技术模块要求参赛选手在规定时间内对纯电动汽车系统进行故障诊断与排除，依据故障树诊断逻辑完整展示作业过程，完整准确填写"纯电动汽车技术选手报告单"，在作业过程中熟练查阅维修资料，规范使用工量具和仪器设备，准确测量技术参数和判断故障点，做到安全文明作业。

职业认证

电动汽车高电压系统评测与维修职业技能等级要求（初级）中的驱动电机检查、保养与拆装、测试任务要求报考人员能完成驱动电机的机械类检查，并进行必要的清洁保养。通过电动汽车高电压系统评测与维修职业技能等级（初级）考核可获得教育部 1+X 证书中的"电动汽车高电压系统评测与维修职业技能等级证书（初级）"。

变速器总成常见故障及处理方法

在前面的能力模块四中已就变速器的维护保养做过详细介绍，在本任务中主要就变速器拆装与检测展开介绍。

在秦 EV 车型上，变速器总成拆卸前须先把前驱电动总成从整车上拆下，然后对变速器总成进行拆卸和维修。在拆分过程中，要注意保护好所有零部件，做好收纳工作，防止零部件被意外损坏，同时也要防止异物掉入变速器腔体内。

秦 EV 车型的变速器总成的主要结构如图 5-2-1 所示。

秦 EV 车型变速器总成常见故障及处理方法见表 5-2-1。

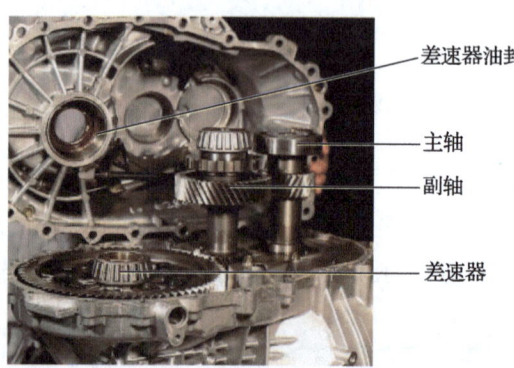

图 5-2-1　秦 EV 车型变速器总成主要结构

表 5-2-1　秦 EV 车型变速器总成常见故障及处理方法

常见相关故障	故障确认	故障处理方法
差速器油封漏油	目视 2 个差速器油封位置或触摸检测	见本任务实施部分
放油螺塞处漏油	目视放油螺塞处或触摸检测	见本任务实施部分
行驶异响	有明显异响或者关窗后行驶有异响	整车行驶时，确定异响位置，进行录音，将录音数据提供给技术部门进行同步确认，如果确定是前驱电动总成出现的异响，更换新件处理
其他问题	确认问题故障	提供故障数据给技术部门同步排查，然后根据结果安排维修

任务分组

进行任务分工，填入表 5-2-2 中。

表 5-2-2　学生任务分配表

班级		组号		指导教师	
组长		学号			
组员角色分配					
信息员		学号			
操作员		学号			
记录员		学号			
安全员		学号			
任务分工					
（就组织讨论、工具准备、数据采集、数据记录、安全监督、成果展示等工作内容进行任务分工）					

工作计划

按照小组内部讨论的结果，制订工作方案，落实各项工作负责人，如任务实施前的准备工作、实施中的主要操作及协助支持工作、实施过程中相关要点及数据的记录工作等，并将结果填入表 5-2-3 中。

表 5-2-3　工作计划表

步骤	工作内容	负责人
1		
2		
3		
4		
5		
6		
7		
8		

进行决策

1）各组派代表阐述资料查询结果。
2）各组就各自的查询结果进行交流，并分享技巧。
3）教师对各组的计划方案进行点评。
4）各组长对组内成员进行任务分工，教师确认分工是否合理。

任务实施

引导问题 2

扫描二维码观看视频，了解如何完成本次实训任务，并简述操作要点。
_____
_____
_____

【微课】前驱动总成的外观检查（磕碰、漏油、漏液等）（秦EV）

参考操作视频，按照规范作业要求完成操作步骤，完成数据采集并在表 5-2-4 和表 5-2-5 中进行记录。

表 5-2-4 实训准备

序号	设备及工具名称	数量	设备及工具是否完好
1	秦 EV	1 辆	□是　□否
2	一体化集成工量具	1 套	□是　□否
3	三层工具车	1 辆	□是　□否
4	车内四件套	1 套	□是　□否
5	车外三件套	1 套	□是　□否
6	耐磨手套	1 副	□是　□否
7	安全防护套装	1 套	□是　□否
8	警示牌	1 套	□是　□否
9	灭火器	1 套	□是　□否
质检意见	原因：		□是　□否

场地设备准备

任务实施前需要做好场地防护准备，并检查实训场地和设备设施是否存在安全隐患，如不正常须及时汇报教师，进行处理后方可实施任务。

安全要求及注意事项

1）严格按照实训步骤进行拆装作业，以免造成部件损伤。
2）松开各部件固定螺栓时，请注意选用合适的工具，并控制力矩。
3）本任务所有实训均在实车上检查操作。

表 5-2-5 前驱电动总成的外观检查（秦 EV）

序号	步骤	记录	完成情况
1	准备工作： 1）检查耐磨手套有无破损，如有破损，须进行更换 2）检查绝缘手套有无破损，确定其在合格、有效期内，绝缘等级应大于 1000V 3）将车辆正确停放至举升工位，规范铺设车内四件套 4）进入车内、踩下制动踏板、按下启动开关、降下驾驶位车窗 5）确认车辆状态，车辆下电 6）打开前机舱盖，规范铺设车外三件套 7）确认举升机的 4 个举升点放置正确		已完成□ 未完成□

（续）

序号	步骤	记录	完成情况
2	前驱电动总成的外观检查： 1）规范操作举升机，升起车辆并锁定 2）手持手电筒，检查前驱电动总成的外观有无破损、凹坑 3）检查驱动电机总成冷却系统连接处有无出现漏液 4）检查前驱电动总成系统有无涉水痕迹 5）佩戴好绝缘手套，检查前驱电动总成的高压插接器有无松动 6）检查高压线束绝缘层有无破损 7）使用穿心一字螺钉旋具，检查后悬置机脚垫间隙 8）检查左前机脚垫 9）检查右前机脚垫 10）检查前驱电动总成上的螺钉是否有出现松动的情况，若有，则按照维修手册的安装螺钉的扭力标准进行紧固 11）规范操作举升机，降下车辆 12）完成前驱电动总成的外观检查		已完成☐ 未完成☐
3	实训现场 6S 整理： 1）规范拆除车外三件套，关闭前机舱盖 2）规范拆除车内四件套 3）清点工具放回原位，进行场地 6S 工作		已完成☐ 未完成☐
总结提升			已完成☐ 未完成☐
质检意见	原因：		已完成☐ 未完成☐

评价反馈

1）各组代表展示汇报 PPT，介绍任务的完成过程。

2）以小组为单位，对各组的操作过程与操作结果进行自评和互评，并将结果填入表 5-2-6 中的小组评价部分。

3）教师对学生工作过程与工作结果进行评价，并将评价结果填入表 5-2-6 中的教师评价部分。

姓名　　　班级　　　日期　　　能力模块五　新能源汽车驱动系统的检测与维修

表 5-2-6　综合评价表

班级		组号		姓名		学号	
实训任务							
评价项目		评价标准				分值	得分
小组评价	计划决策	制订的工作方案合理可行，小组成员分工明确				10	
	任务实施	能够正确检查并设置实训工位				5	
		能够准备和规范使用工具设备				5	
		能够正确、规范地检查前驱电动总成的外观				20	
		能够正确、规范地检查前驱电动总成的机脚垫				20	
		能够规范填写任务工单				10	
	任务达成	能按照工作方案操作，按计划完成工作任务				10	
	工作态度	认真严谨、积极主动，安全生产、文明施工				10	
	团队合作	小组组员积极配合、主动交流、协调工作				5	
	6S 管理	完成竣工检验、现场恢复				5	
		小计				100	
教师评价	实训纪律	不出现无故迟到、早退、旷课现象，不违反课堂纪律				10	
	方案实施	严格按照工作方案完成任务实施				20	
	团队协作	任务实施过程互相配合，协作度高				20	
	工作质量	能准确完成实训规定的检修任务				20	
	工作规范	操作规范，三不落地，无意外事故发生				10	
	汇报展示	能准确表达、总结到位、改进措施可行				20	
		小计				100	
综合评分		小组评价分 ×50% + 教师评价分 ×50%					
总结与反思							

（如：学习过程中遇到什么问题→是如何解决的/解决不了的原因→心得体会）

任务三 检修前驱电动总成电气类故障

学习目标

知识目标
- 掌握前驱电动总成的电气类故障检测的主要项目。
- 掌握前驱电动总成的电气类故障检测过程中的注意事项。

技能目标
- 能够独立完成驱动电机相检测。
- 能够独立完成前驱电动总成电机的检查。

素养目标
- 认真严谨、积极主动，安全生产、文明施工。
- 获得多途径检索知识、分析解决问题以及多元化思考解决问题的方法，形成创新意识。
- 严格执行各项规章制度及 6S 现场管理，培养精益求精的工匠精神。

情境导入

在新能源汽车维修项目中，比较典型的有前驱电动总成的电气类故障检修，你的主管要求你对新员工进行前驱电动总成电气类故障检修的培训。

任务分组

进行任务分工，填入表 5-3-1 中。

表 5-3-1　学生任务分配表

班级		组号		指导教师	
组长		学号			
组员角色分配					
信息员		学号			
操作员		学号			
记录员		学号			
安全员		学号			
任务分工					
（就组织讨论、工具准备、数据采集、数据记录、安全监督、成果展示等工作内容进行任务分工）					

工作计划

按照小组内部讨论的结果，制订工作方案，落实各项工作负责人，如任务实施前的准备工作、实施中的主要操作及协助支持工作、实施过程中相关要点及数据的记录工作等，并将结果填入表 5-3-2 中。

表 5-3-2　工作计划表

步骤	工作内容	负责人
1		
2		
3		
4		
5		
6		
7		
8		

进行决策

1）各组派代表阐述资料查询结果。
2）各组就各自的查询结果进行交流，并分享技巧。
3）教师对各组的计划方案进行点评。
4）各组长对组内成员进行任务分工，教师确认分工是否合理。

任务实施

引导问题 1

扫描二维码观看视频，了解如何完成此次实训任务，并简述操作要点。

_____

_____

_____

【微课】前驱动电机总成的检查（秦EV）

职业认证

新能源汽车检测维修专业能力评价标准要求报考人员能制订电机及控制器维修方案（包括：驱动电机绝缘性检测、电机控制器 IGBT 模块的检测、位置传感器的检查与标定、驱动电机及控制系统故障检测诊断与排除等内容）。通过相应考核可获得由交通运输部颁发的"交通运输专业能力评价合格证书"。

参考操作视频，按照规范作业要求完成操作步骤，完成数据采集并在表 5-3-3~表 5-3-5 中进行记录。

表 5-3-3 实训准备

序号	设备及工具名称	数量	设备及工具是否完好
1	秦 EV	1 台	□是 □否
2	前驱电动总成	1 台	□是 □否
3	一体化工量具	1 套	□是 □否
4	龙门举升机	1 台	□是 □否
5	高压防护手套	2 副	□是 □否
6	安全帽	2 个	□是 □否
7	耐磨手套	若干	□是 □否
8	万用表	1 台	□是 □否
9	绝缘测试仪	1 台	□是 □否
10	毫欧表	1 台	□是 □否
11	气密性检查套装（气压枪）	1 个	□是 □否
质检意见	原因：		□是 □否

场地设备准备

任务实施前需要做好场地防护准备，并检查实训场地和设备设施是否存在安全隐患，如不正常须及时汇报教师，进行处理后方可实施任务。

安全要求及注意事项

1）进行驱动电机相检测时，注意远离滚动的半轴与轮毂，避免人员伤害。

2）进行驱动电机检测时，万用表、电阻测试仪需要校零。

3）使用绝缘测试仪时，需要戴高压防护手套操作。

4）驱动电机相检测在实车上完成，前驱电动总成电机的检查在前驱电动总成上完成。

表 5-3-4　驱动电机相检测

序号	步骤	记录	完成情况
1	电机三相电压检查：拆卸右侧车轮与挡板，举升车辆，将车辆上电挂档，电机转动，使用万用表交流电压档测得三相电机绕组 U—V、V—W、W—U 间的电压，电压示数随着转速变化，示数范围在零至高达数百伏之间		已完成□ 未完成□

（续）

序号	步骤	记录	完成情况
2	检测到电机能够正常上电		已完成□ 未完成□
总结 提升			已完成□ 未完成□
质检 意见	原因：		已完成□ 未完成□

表 5-3-5　前驱电动总成电机的检查

序号	步骤	记录	完成情况
1	查看驱动三合一的电机和电机控制器铭牌，铭牌应清晰，应包括主要参数：额定电压、额定功率、额定转矩、相数、工作制、峰值转矩、峰值功率、最高转速、绝缘等级、防护等级等  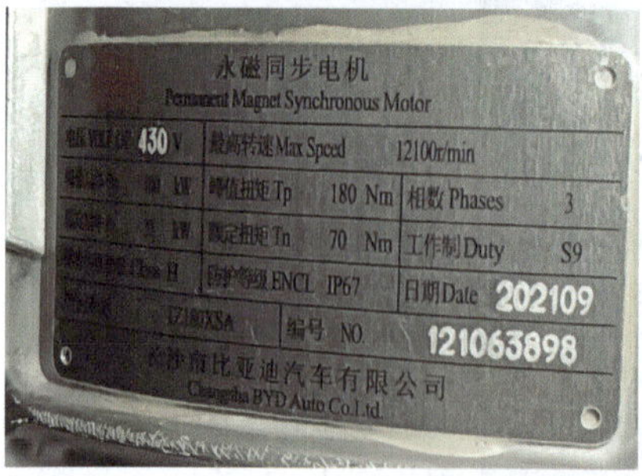		已完成□ 未完成□
2	电机冷却回路密封性检查：对于液冷的电机及电机控制器，应承受不低于 200kPa 的压力，无渗漏		已完成□ 未完成□
3	检查工具准备：气压表、气压管、卡箍、卡簧钳 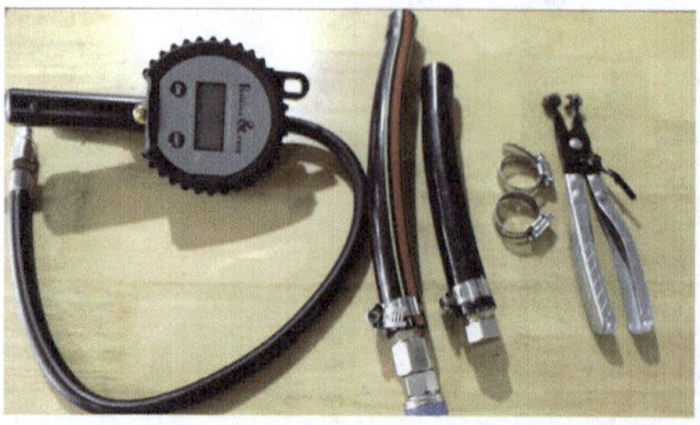		已完成□ 未完成□

（续）

序号	步骤	记录	完成情况
4	拔下电机控制器的进水管与出水管，用防水胶带缠绕管头，均接上气压管，并在气压管两末端装上卡箍，卡箍须锁紧，避免气压外泄（注意操作环境应空旷，避免气压过大冲击金属管头，砸到周围人员）		已完成□ 未完成□

（续）

序号	步骤	记录	完成情况
5	将气压表的出气孔插入已安装的进水口气压管和出水口气压管，缓慢增加气压，直至气压表显示超200kPa即可。气压不断增加直至200kPa过程中，进水管与出水管均无异样，说明冷却回路气密性良好		已完成□ 未完成□
6	松开电机控制器与电机的固定螺钉		已完成□ 未完成□

（续）

序号	步骤	记录	完成情况
7	松开电机小端盖的固定螺钉，取下小端盖，检查端盖密封圈是否完好、无脱落，内部有电机三相绕组、旋变与温度传感器。目视检查电机内部三相绕组、旋变、温度传感器插接器连接完成，接线端无烧蚀现象		已完成□ 未完成□

（续）

序号	步骤	记录	完成情况
8	松开电机到电机控制器的三相线束，摘下旋变插头，取下电机控制器		已完成□ 未完成□
9	使用毫欧表检测电机 U—V—W 三相电阻（比亚迪公司称为 A—B—C 三相电阻）。在无尘车间，室温环境（23±2）℃测试时，三相阻值范围为 26.9~31.9mΩ。注意：使用毫欧表时须戴绝缘防护手套		已完成□ 未完成□
10	连接毫欧表，黑线接 T1，红线接 T2，选择毫欧表 5A 档（10mA~5A 档位均可）。红、黑表笔直接接触，选择"START"，显示 0mΩ；断开表笔，显示无穷大		已完成□ 未完成□

（续）

序号	步骤	记录	完成情况
11	选择毫欧表最大量程档（5A档位），测得U—V阻值（实训操作中，环境湿度、温度以及仪表精度会产生一定的影响，与标准值范围有所差异）		已完成□ 未完成□
12	采用类似操作，表笔分别连在U—W、V—W之间，测得U—W阻值与V—W阻值		已完成□ 未完成□
13	使用绝缘测试仪检测冷态绝缘电阻。注意：使用绝缘测试仪时须佩戴绝缘防护手套		已完成□ 未完成□
14	红表笔线插欧姆插孔，选择1000V档位，红、黑表笔直接接触进行校零测试		已完成□ 未完成□

（续）

序号	步骤	记录	完成情况
15	红表笔线插入绝缘孔，选择1000V档位，黑表笔搭电机外壳，红表笔搭W相铜排，测得W相绝缘阻值（主机厂要求绝缘电阻须大于20MΩ方能符合绝缘要求）		已完成□ 未完成□
16	分别将红表笔搭在U相、V相上，黑表笔继续搭电机外壳，可测得U相、V相绝缘阻值		已完成□ 未完成□
17	使用万用表检测温度传感器：将小探针接线连接在表笔上，打至欧姆档，小探针分别插入旋变插头的1号和6号引脚，测得温度传感器阻值。要求温度10~40℃时，阻值范围为50.04~212.5kΩ		已完成□ 未完成□

序号	定义
1-温	温度传感器①
2-温	温度传感器②
3-绿	励磁+
4-红	cos+
5-黄	sin+
6-温	温度传感器①
7-温	温度传感器②
8-白	励磁-
9-黑	cos-
10-蓝	sin-

（续）

序号	步骤	记录	完成情况
18	使用万用表检测电机旋变传感器励磁、正弦、余弦阻值（正、余弦标准阻值范围为 55~65Ω，励磁阻值为 15~25Ω）		已完成□ 未完成□
19	小探针分别插入旋变插头 3 号和 8 号引脚，测得励磁阻值		已完成□ 未完成□
20	小探针分别插入旋变插头 4 号和 9 号引脚，测得余弦阻值		已完成□ 未完成□
21	小探针插入旋变插头 5 号和 10 号引脚，测得正弦阻值		已完成□ 未完成□

（续）

序号	步骤	记录	完成情况
22	装回电机控制器，安装旋变插头与三相线束固定螺钉，使用10N·m扭力扳手加固螺钉。必须确保箱体电机三相线端子插头与驱动电机控制器插座对正，注意保护箱体电机三相线端子插头		已完成□ 未完成□
23	安装电机小端盖，使用6N·m力矩加固端盖螺钉		已完成□ 未完成□

（续）

序号	步骤	记录	完成情况
24	安装电机与电机控制器连接的固定螺钉，使用 25N·m 力矩的扭力扳手加固		已完成□ 未完成□
总结提升			已完成□ 未完成□
质检意见	原因：		已完成□ 未完成□

评价反馈

1）各组代表展示汇报 PPT，介绍任务的完成过程。

2）以小组为单位，对各组的操作过程与操作结果进行自评和互评，并将结果填入表 5-3-6 中的小组评价部分。

3）教师对学生工作过程与工作结果进行评价，并将评价结果填入表 5-3-6 中的教师评价部分。

表 5-3-6 综合评价表

班级		组号		姓名		学号	
实训任务							
评价项目		评价标准				分值	得分
小组评价	计划决策	制订的工作方案合理可行，小组成员分工明确				10	
	任务实施	能够正确检查并设置实训工位				5	
		能够准备和规范使用工具设备				5	
		能够正确、规范地完成驱动电机相检测				20	
		能够正确、规范地检查前驱电动总成电机				20	
		能够规范填写任务工单				10	
	任务达成	能按照工作方案操作，按计划完成工作任务				10	
	工作态度	认真严谨、积极主动、安全生产、文明施工				10	
	团队合作	小组组员积极配合、主动交流、协调工作				5	
	6S 管理	完成竣工检验、现场恢复				5	
		小计				100	

（续）

评价项目		评价标准	分值	得分
教师评价	实训纪律	不出现无故迟到、早退、旷课现象，不违反课堂纪律	10	
	方案实施	严格按照工作方案完成任务实施	20	
	团队协作	任务实施过程互相配合，协作度高	20	
	工作质量	能准确完成实训规定的任务	20	
	工作规范	操作规范，三不落地，无意外事故发生	10	
	汇报展示	能准确表达、总结到位、改进措施可行	20	
		小计	100	
综合评分		小组评价分 ×50% + 教师评价分 ×50%		
总结与反思				

（如：学习过程中遇到什么问题→是如何解决的/解决不了的原因→心得体会）

行业前沿

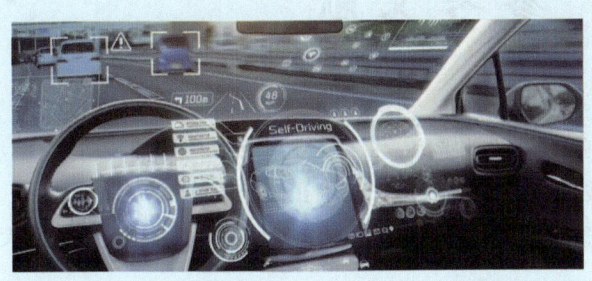

智能网联汽车：
行业未来的发展方向

美国作家威廉·吉布森说过：未来已经来临，只是尚未流行。全球正掀起一场新能源汽车、智能网联汽车的革命，正在或即将影响我们的未来生活。

大家对新能源汽车已经有所了解，不知道大家对智能网联汽车有怎样的了解呢？智能网联汽车是一个跨技术、跨产业领域的新兴体系，从不同角度、不同背景对它的理解是有差异的，各国对智能网联汽车的定义不同，叫法也不尽相同，但终极目标是一样的，即可上路安全行驶的自动驾驶汽车。

我们可以从三个维度对智能网联汽车进行剖析，即"智能""网联"和"汽车"。

"智能"是指搭载先进的车载传感器、控制器、执行器等装置和车载系统模块，具备复杂环境感知、智能化决策与控制等功能。

"网联"主要指信息互联共享能力，即通过通信与网络技术，实现车内、车与车、车与环境间的信息交互。

"汽车"是智能终端载体的形态，可以是燃油汽车，也可以是新能源汽车，未来是以新能源汽车为主。

目前，随着汽车保有量的增加，能源短缺、环境污染、交通拥堵和事故频发等社会问题也层出不穷，智能网联汽车是解决这些社会问题的有效方案，代表着汽车行业未来的发展方向。智能网联汽车作为新一轮科技革命背景下的新兴产品，可显著改善交通安全，实现节能减排，减缓交通拥堵，提高交通效率，并拉动汽车、电子、通信、服务、社会管理等行业协同发展，对促进汽车产业转型升级具有重大战略意义。可以说，智能网联汽车是新能源汽车未来的发展方向。

参 考 文 献

［1］钟再敏. 车用驱动电机原理与控制基础［M］. 北京：机械工业出版社，2021.
［2］陈社会，赵奇. 驱动电机及控制技术［M］. 北京：高等教育出版社，2021.
［3］徐景慧，胥泽民，彭宇福. 新能源汽车驱动电机系统检测维修［M］. 北京：北京理工大学出版社，2020.